# 舞动真情

WU DONG
ZHEN QING

（美）伊莎多拉·邓肯

孙瑜　徐欣 译　　（苏）叶赛宁 著

北方文艺出版社

**图书在版编目（CIP）数据**

舞动真情/（美）伊莎多拉·邓肯（Isadora Duncan）
,（苏）叶赛宁（Sergey A·Y）著；孙瑜，徐欣译. —— 哈
尔滨：北方文艺出版社，2018.10〔2021.3 重印〕
  ISBN 978-7-5317-4327-9

  Ⅰ.①舞… Ⅱ.①伊…②叶…③孙…④徐… Ⅲ.
①邓肯(Duncan, Isadora 1878–1927) – 自传 Ⅳ.
① K837.125.76

  中国版本图书馆 CIP 数据核字〔2018〕第 190417 号

**舞 动 真 情**
WUDONG ZHENGQING

作 者 /（美）伊莎多拉·邓肯（Isadora Duncan）（苏）叶赛宁（Sergey A·Y）
译 者 / 孙瑜　徐欣

责任编辑 / 李玉鹏　　　　　　　　装帧设计 / 张　爽
出版发行 / 北方文艺出版社　　　　网　址 `/ www.bfwy.com
邮　编 / 150008　　　　　　　　　经　销 / 新华书店
地　址 / 哈尔滨市南岗区宣庆小区 1 号楼

印　刷 / 保定市铭泰达印刷有限公司　　开　本 / 880×1230　1/32
字　数 / 289 千　　　　　　　　　　印　张 / 11.5
版　次 / 2018 年 10 月第 1 版　　　　印　次 / 2021 年 3 月第 2 次印刷

书　号 / ISBN 978-7-5317-4327-9　　　定　价 / 69.80 元

　　伊莎多拉·邓肯（1878—1927），美国著名舞蹈家。生于旧金山，母亲是音乐教师，从小就给予了她良好的音乐教育，培养了她的舞蹈志趣。她6岁时就能教小伙伴跳舞，并表现出对僵化、刻板的古典芭蕾舞的反感，立志把自己的舞蹈建立在自然的节奏和动作上。后来，她在大英博物馆潜心研究古希腊艺术，从古代雕塑、绘画和音乐中找到了理想的舞蹈方式，因创立了一种基于古希腊艺术的自由舞蹈而首先在欧洲扬名，是世界上第一位身着薄如蝉翼的舞衣、披头赤脚在舞台上表演的艺术家。其后，她在德、俄、美等国开设了舞蹈学校，成为现代舞的创始人。主要作品有根据《马赛曲》、贝多芬《第七交响曲》、门德尔松《春》和柴可夫斯基《斯拉夫进行曲》改编的舞蹈。在感情生活方面，邓肯有着多段恋情，育有三个子女，均早夭。其中，最引人注目的是与俄罗斯诗人叶赛宁之恋。卓越的舞蹈才华和丰富的感情经历使邓肯成为20世纪的传奇人物之一。

# 目　录

邓肯自传

# 前　言

我承认刚开始写自传时，我有点担心。这倒不是因为我的生活没有小说精彩动人，或没有电影冒险刺激；也不是担心这本书成不了一部空前绝后的自传。问题的症结出在——写作本身！

我历经多年的奋斗不懈、辛勤努力和探索，只为了创造一个简单的舞姿。我很了解写作这门艺术，知道要写好一些简单、美丽的语句，必须用多年的光阴去埋头苦干。我常觉得，即使有一个人千里跋涉去到赤道，在那儿创造出征服雄狮猛虎的丰功伟绩，并试着将这一切记录下来，结果仍可能是徒劳无功；反之，另一个从未出过远门的人却可以栩栩如生地写出在热带丛林中的猎虎实况，使得读者深信他曾身历其境，对他遭逢的危困与恐惧感同身受，甚至嗅到狮子的味道，听得见响尾蛇步步紧逼的可怕声音。但事实上，这一切离开了想象，只不过是子虚乌有。同样的，我所经历过的种种非凡奇特的事情可能也会索然无味，因为我并没有塞万提斯[①]的神来之笔——甚至还不如卡萨诺瓦[②]的文采。

还有另外一点。我们如何能真实地呈现自我呢？我们真的了解自己吗？在我们身边有朋友对我们的评价、自己对自己的评价、崇拜者对我们的评价，还有仇人对我们的评价，所有的评价都不

---

[①] 塞万提斯（1547—1616），西班牙小说家、剧作家和诗人，是西班牙文学举足轻重的人物。其小说《堂·吉诃德》曾被翻译成60余种文字，书中的堂吉诃德与仆人桑丘·潘沙这两个人物，成为世界文学作品中最为人所熟悉的两个形象。

[②] 卡萨诺瓦（1725—1798），以意大利冒险家和"浪荡公子"闻名，他在自传《我的生平》中描绘了他缺乏道德信念的生活。

一样。我深知个中道理，因为许多早晨当我喝咖啡时，才看到早报里赞扬我如女神般美丽、说我是个奇才的评论，尚来不及自我陶醉，就马上被另一份写着我实在是毫无天分、身材奇丑又令人讨厌的报纸给打晕了。

我很快就放弃阅读评论我的文章。我无法强求他人对我只褒不贬，也不能认定所有负面评价都是过于苛刻、杀伤力极强的挑衅。以前曾有一位柏林评论家不断地对我穷追猛打、拼命中伤，批评我对音乐一窍不通。有天我写信请他来见我一面，要向他证明他的谬误。他来了，坐在茶桌的另一端，我一连一个半小时对他讲解我的根据音乐创造舞姿的理论。当时我就发觉他看起来十分茫然而且无动于衷，但最让我啼笑皆非的是：他居然从口袋里掏出一个助听器，并说他有严重的重听，甚至即使戴着助听器坐在剧院的第一排座位上，也只能勉强听到交响乐的演奏！我居然为了这个男人对我的妄评，曾在夜里辗转难眠！

因此，假如别人从不同的角度看到的我们都是不一样的话，我们要如何发掘另一个自我，以便在书中描述呢？那会是贞洁的圣母玛丽亚？邪恶的梅萨利纳①？悔改的马格达伦②？还是附庸风雅的女贵族？这众多奇异的女子中，哪一位才是我要找的呢？对我而言，要找的似乎不止一位，而是成百上千——我的灵魂保持超然，不受她们中任何一位的影响。

有人说得好：写作首要之务就是作者必须对所写之事从无体验。若真要以文字表达一个人的切身经历，就会发现这些事是难以捉摸的，回忆不如梦境明晰。的确，我的很多梦境似乎比真实的回忆生动许多。人生如梦，这样也好，要不然有谁能熬过其中

---

① 梅萨利纳（？—48），罗马皇帝克劳狄一世的妻子。她公开改嫁，密谋以新婚夫婿西利乌斯取代克劳狄的帝位，阴谋被揭发后遭处决。

② 马格达伦是传说中以香膏抹耶稣的脚，以此悔罪的卖春妇。

的苦难呢？举例来说，像"露西塔尼亚号"①沉船这样一个灾难，应该会在受难的男女脸上留下永难磨灭的震慑才对；然而我们却在各处看见他们欢笑着、快乐着。只有在罗曼史中，人们才会在一瞬间蜕变。在真实人生中，即使在遭逢骤变后，主人翁依旧跟以往毫无两样。我们还是可以在蒙马特②的夜晚，看到失去往日荣华的俄国王公们，像过去一样愉快地同歌女喝茶。

真实地记录个人生命的历程，就是在创作一部伟大的作品。虽然如此，还是很少有人胆敢真实地描述自己的人生。卢梭③为人类做了至高无上的牺牲，揭开自己灵魂的真貌，让世人一窥他最私密的行为与思想，一本伟大的书《忏悔录》就此诞生。惠特曼④将真实的自己献给美国，他的书曾一度因"伤风败俗"而被禁。这样的措辞在今天看来实在荒谬。从来没有女性诉说她真实完整的生命经历，那些最富有名气的女性自传都只陈述一些表面的生活状况，描绘旁枝末节或趣闻逸事，却完全无法让人看清她们真实的生命内容。至于喜悦或愤怒的关键情节，她们却只字未提。

我的艺术只是努力在舞姿与动作中表达真实的"我"，甚至为了找到一个纯真的舞姿，我曾付出漫长岁月。语言有不同的意义。在蜂拥前来一睹我丰采的观众面前我毫无保留，我已献给他们自己灵魂最深处的动力。从一开始我就舞出自己的生命：在孩童时期，我舞出对成长的由衷喜悦。在豆蔻年华，我尽情地舞出对生活暗流涌动的悲剧性的领会以及对生命的无情残忍的忧愁。

---

① 露西塔尼亚号，英国客轮，1915年5月7日载乘客和船员1959人，由纽约驶往利物浦途中，不幸被德国潜艇击沉，1198人葬身海底，其中有美国公民128人，事件在美国引起普遍义愤，间接促使美国参加第一次世界大战。

② 蒙马特位于法国巴黎北部地区，塞纳河右岸。19世纪和20世纪初，许多艺术家住在山坡地带，为附近地区带来放荡不羁的名声。

③ 卢梭（1712—1778），法国哲学家、作家和启蒙思想家。

④ 惠特曼（1819—1892），美国著名诗人，其诗集《草叶集》是美国文学史上的里程碑。

16 岁时，我在没有音乐伴奏下献舞。快结束时突然有人在观众席上大喊："这是死神与少女之舞！"从此这场舞蹈就被叫作"死神与少女"。但那并非我的本意，我只是努力呈现自己对于看似快乐的表象下所蛰伏的悲剧性的粗浅领悟。就我的认知，这场舞蹈应该叫作"生命与少女"才对。此后我舞出曾被观众称之为死亡的生命奋斗过程，舞出我与生命搏斗而得来的短暂快乐。

没有什么比通俗戏剧或小说中的英雄佳人更偏离真实人性的了。由于他们常被赋予很多卓越的品格，所以他们几乎不可能犯错。"他"，高贵、勇敢、刚毅……"她"，纯真、温柔……诸如此类。其他较为卑劣的素质和奸恶则全赋予剧中的恶棍或"坏女人"。但事实上我们知道，善恶是无法绝对分开的。我们或许不会触犯"十戒"，但人人都可能犯错。在我们内心都蛰伏了一个十足的离经叛道者，只要一有时机他便会一跃而出。高风亮节的人只是还没受过真正的诱惑，或许是他拥有专心一意的人生目标，因而无暇旁顾身旁的种种诱惑。

我曾看过一部很棒的片子《轨道》，主题是说所有人的生命就像一部部在固定轨道上运行的机器，当机器出轨或是遇上无法超越的障碍物时，不幸就此产生。若是驾驶者在看到前面的险坡时，不会被疯狂的念头所驱使而放开刹车，任其粉身碎骨的话，那么他就"有福"了。

经常有人问我觉不觉得爱高于艺术，我总回答说这两者是唇齿相依的，因为艺术家是独一无二的性情中人，只有他才能对美有纯粹的见解；而爱，就是灵魂得以审视不朽之美的时候。

邓南遮[1]应该是当代最传奇的人物之一了，虽然他个子很小，而且除了容光焕发时，实在称不上俊美。可是当他和所爱之人说话时，马上就化成太阳神阿波罗般的形貌，获取了许多当代才女

———————————

[1] 邓南遮（1863—1938），意大利诗人、剧作家与小说家。

和美人的青睐。当邓南遮爱上一个女人时，他便将她的灵魂从地面飞升到贝亚特丽斯（但丁《神曲》中的女主人翁）神游的璀璨仙境，依序将每一个女人转化为神性中的构成部分，带她翱翔天境，让她深信自己真的是与贝亚特丽斯这位但丁用不朽诗歌吟咏的女神同在。邓南遮曾在巴黎受到狂热崇拜，所有的名媛美女都为他倾倒。那时，他轮流为她们披上闪亮的面纱，使她们超脱于芸芸众生之上，行走时仿佛有灿烂的灵光环绕。可是，当诗人的热情一旦消退，面纱不见了，灵光也黯然失色，女人又变回从前的平凡。她并不清楚自己曾经历过什么，但依稀记得自己猛然坠入凡间，然后，回顾受到邓南遮宠爱时的升华，才明白自己终其一生也无法重获这爱的魔力了。她哀怜于自己的命运，变得愈来愈伤心绝望，直到有人看到她时，说：“邓南遮怎么会爱上这个平凡无奇、哭红双眼的女人呢？”邓南遮就是这么伟大的情人，他能将最平凡无奇的俗人升华为昙花一现的仙人。

　　诗人的生命中只遇到一个禁得起这种考验的女人，她就是圣洁的贝亚特丽斯转世，邓南遮无须为她披上面纱。因为我一直都相信埃莉诺拉·杜丝①就是但丁笔下贝亚特丽斯的现世转生，因而邓南遮在她面前就只能屈膝膜拜，这是他生命中体验过的最无与伦比的幸福。在其他女人身上，他只看到了自己赋予她们的素质，但埃莉诺拉却高居于他之上，向他启示神的灵感妙思。

　　人们对献媚的神奇魔力是多么无知！我想，任何女人听到邓南遮充满魔力的赞美时，心里的感受大概就像夏娃在伊甸园中听到蛇的媚惑时是一样的吧！邓南遮可以让女人觉得自己就是宇宙的中心。

　　我曾同他在森林里有过一次美妙的散步。我们走着走着停了下来，两个人都静默不语。然后邓南遮赞叹地说：“噢！伊莎多拉，

――――――――

　　① 杜丝（1859—1924），意大利女演员。她在1897年和邓南遮坠入情网，他为她写了精彩的作品，她也帮助他完成成功的剧作。

唯独你才配与我共享大自然，其他女人只会毁了这美景；唯独你能与它相融合一。"（有哪个女人能抗拒得了这样的赞美呢？）"你就是翠树，就是天空的一部分，就是主宰大自然的女神。"

这就是邓南遮的神奇魔力，他让每一个女人都觉得自己是主宰不同领域的女神！

我躺在那格斯科家中的床上，试着去分析那个人们称为"记忆"的东西。我感受到南部阳光的炙热；听见孩子们在邻近公园玩闹的声音；感受到自己的体温。仰头看着自己赤裸的双腿——将它们伸直，我的乳房柔软，我的双臂从未停止以柔软的弧度摆动。12年来，我一直是身心俱疲的，这副胸膛蕴藏了一份永无休止的苦痛，眼前的双手也留下了悲伤的烙印，且当我独自一人时，眼泪也很少是干涸的。从12年前的那天起，泪水已经淌流了12年，当时，我正躺在另一张沙发上，突然被一阵尖厉的哭喊惊醒，我转头看见洛翰葛林像个负伤的男人，说："孩子们死了。"

我记得当时感觉到一股莫名的不适，喉头感到一阵灼热，就像是咽下了烧红的煤炭。但我不明白他的话，我非常轻柔地跟他说话，试着让他冷静下来，告诉他这不可能是真的。一会儿，其他人来了，但我还是搞不清楚发生了什么事。后来有个长着深色胡子的男人进来，他们说他是医生。"没有这回事，"他说，"我会救活他们的。"

我相信他。我想跟他一起去，但人们把我拉回来，因为他们不想让我知道其实已经没有任何希望了。他们怕这个打击使我崩溃，事实上当时我已经升华到另一个境界。我身旁的每个人都在哭泣，但我却没有哭。相反，我强烈地渴望去安慰每一个人。回想起来，我很难理解当时自己那种异常的心理状态。是因为我真的有远见，明白死亡并不存在——明白这两具冰冷的躯体不是我的孩子，而只是他们脱下的外衣吗？明白我孩子的灵魂仍在天堂的光辉中永远活着吗？一位母亲哭天抢地，一生只有两次——在出生与死亡时——当我意识到他们冰冷的小手再也无法紧紧握住我的手时，我听见自己的哭声，这跟我在他们出世时所听到的哭声是一样的。为什么会一样呢？一个是无比喜悦的哭泣，另一个却是撕心裂肺的哭喊。我知道它们是一样的，尽管我不知道为什么。这是不是因为在整个宇宙中，只存在一种伟大的哭声呢？这种哭声是母体创造生命的哭声，包含了悲伤、喜悦、欢乐、悲痛？

# 第一章

孩子的性格在母腹中就已经成型。在我出生前，我母亲一直处在强烈的精神煎熬中，境况悲惨。除了冰牡蛎和冰镇香槟外，她什么都吃不下。假如有人问我是何时开始跳舞的，我会回答"在我母亲腹中"，或许是由于牡蛎和香槟的作用吧！那是属于阿佛洛狄忒①的食物。

当时我母亲正遭逢悲惨的体验，以至于她常说："这个将出世的孩子一定非同寻常。"她预料生的会是一个怪物。事实上，由于从出生那一刹那起我就开始手舞足蹈，激烈的程度让我母亲不得不喊着说："你瞧，我说得没错，这孩子是个疯子！"不过在往后的日子里，当我穿着娃娃装站在桌子中央，随着任何音乐舞动时，全家人及朋友们便沉浸于欢乐中。

我记得的第一件事是一场火灾，那时我是从楼上的窗口被抛到警察的臂弯中的。当时我只有两三岁大，即使周围骚动不宁，充满着尖叫声与火焰，我仍清楚地记得警察的保护，和我双手环抱他颈部时所产生的抚慰感。他一定是爱尔兰人。我听见母亲激动地喊着："我的儿子，我的儿子。"还看见人群挡住她，不让她冲进误以为困有我两个哥哥的楼房里。后来我记得两个哥哥被发现正坐在一家酒吧的地板上穿鞋袜，然后他们坐进一辆马车，再后来是坐在柜台前喝热可可。

我是在海边出生的，我也注意到我生命里所有的重大事件都是在海边发生的。我对舞蹈、对动作的原始灵感，是产生于海洋

---

① 希腊神话中的爱与美的女神，相当于罗马神话中的维纳斯。

的韵律。我的命运星辰也是由在海洋中诞生的阿佛洛狄忒女神所掌，因此每当她的星上升时，我的运势也都非常顺意。在这些时刻，我的生命相当平顺，我也充满创作灵感。我还发现伴随这个星辰的消逝而来的往往是厄运。或许在今天占星术并不像古埃及或加尔底亚王朝时那样举足轻重，但可以肯定的是，我们的心理状态的确受星体影响，所以如果父母们能了解其中的道理的话，他们就会为创造出更美丽的孩子去潜修星象学了。

我也相信，在海边或在山上出生会使一个孩子的命运大相径庭。海对我总有一股吸引力，而山却让我感到隐隐的不适且引发我想飞的欲望。山带给我的印象一直像是一个被禁锢在大地上的囚犯。仰望山顶，我产生不了一般游人所产生的仰慕之情，反倒是渴望纵身一跃逃开。我的生命与艺术是源于海洋的。

小时候母亲相当贫困，她无法为孩子们请仆人或家庭教师，这个情形赋予我一个不受自然拘束的生命，让我能拥有童稚之情并且永葆赤子之心。我的母亲是个乐师，以教音乐为生，当她在学生家上课时，通常整天不在家，很晚才回家。此时只要我能够逃脱学校的监禁，我就自由了。我可以独自一人在海边游荡，纵情幻想。我是多么同情那些整天有保姆、家庭教师随侍在侧，总是被保护、照顾，并且精心打扮的孩子们。他们对人生还能有选择吗？由于母亲太忙，无暇考虑到她的孩子可能会发生什么危险，因此我和两个哥哥才能脱缰野马般地行事，有时也会有一些大胆的冒险奇遇，这些遭遇要是被我们的母亲知道的话，她肯定会急疯了。幸运的是她很有福气，对这些事一直浑然不知。其实幸运的是自己，因为真的是这放纵、没有拘束的童年生活激发了我用舞蹈表现自由的创作灵感。我从未受制于在我看来只会给孩子带来伤害的、永无休止的"不可以"。

早在5岁时我就上了公立学校。母亲大概是谎报我的年龄了，因为她当时必须找一个地方安置我。我相信一个人日后的作为，在小时候就已经清楚可见了，像我当时就已经是个舞者和革命家了。爱尔兰天主教家庭中受洗成长的母亲，一直是个虔诚的天主教徒。在发现父亲并不如她想象中的那么完美之后，她离了婚，带着 4 个孩子一起去面对这个世界。那时起她就放弃天主教信仰，转为一个十足的无神论者，她成为英格索尔 ① 的信徒，当时她常为我们朗诵他的作品。

　　她对一些事有与众不同的看法，像多愁善感就被她视为毫无意义。在我还很小时，她就向我们揭发了圣诞老人的秘密，这造成有次在学校圣诞庆祝会上，当老师边发蛋糕糖果边说"小朋友，你们看，圣诞老人带什么东西给你们啊"的时候，我站起来冷冷地说："我不相信，才没有圣诞老人呢！"惹得老师气急败坏。她说："只有相信圣诞老人的小朋友才有糖果！"我说："那我不要你的糖果！"当时老师大为恼火，为了好好教训我，她命令我坐到前面的地上。我走到前面，面向全班同学，发表了生平第一次著名的演说："我不相信谎言！"我大喊，"我妈妈告诉我，她穷到没法扮圣诞老人，只有有钱的妈妈们才能装成圣诞老人送礼物。"

　　这时老师一把抓住我，拼命要将我按坐下，但我双腿紧绷，死死抓着她，所以最后她也只是让我的脚后跟碰着了地板。她无法逼我坐下，便改让我到角落罚站。不过即便我站在那儿，还是回过头去大喊："根本没有圣诞老人，根本没有圣诞老人！"直到最后她不得不送我回家。在回家的路上，我仍不断地大喊大叫："根本没有圣诞老人！"只因为说实话就没有糖果吃、被处罚，我对自己所遭遇的不公平待遇始终无法释怀。我跟母亲讲述此事，问她："我错了吗？根本就没有圣诞老人，不是吗？"她回答："根本没有圣诞老人，也根本没有上帝，只有你自己的灵魂才能帮助

————————
　　① 英格索尔（1833—1899），美国政治人物和演说家。对《圣经》有较严正的批判，人们称他为"伟大的不可知论者"。

你。"那晚，我坐在小毯子上，依偎着妈妈，听她为我们朗诵英格索尔的讲演词。

在我看来，孩子们在学校所接受的普通教育是完全没用的。记得以前在班上时，我不是被看成绝顶聪明且名列前茅，就是被视为不可救药的蠢材，成绩倒数。这关键在于兴趣这玩意儿，看我是否愿意费工夫去强记上课内容，但我真的不了解这一切有何意义。无论我是名列前茅还是倒数第一，对我而言上课都是一样的无趣乏味，我总是巴望着时钟指针走到3，然后就自由了。我真正的教育是从晚上开始的，母亲会为我们弹奏贝多芬、舒曼、舒伯特、莫扎特、肖邦的音乐，或大声为我们朗诵莎士比亚、雪莱、济慈或彭斯[①]的诗篇，这些时光总让我们心醉神迷。大部分的诗词母亲都朗朗上口，基于模仿的心态，有一天在学校庆祝会上，当时6岁的我当众吟诵了威廉·莱托的《安东尼致克丽奥佩脱拉》[②]，震惊了全场：

> 埃及啊，死亡离我不远，离我不远了！
> 生命的狂潮迅速地退落。

还有一次，老师要求学生们写出个人的生平，我写的故事是这样的：

> 当我5岁时，我们住在二十三街的一幢小屋。因为付不起房租，我们不能继续住在那里，只好搬到十七街。不久，又因为缺钱被房东赶走，又搬到二十二街。可是

---

① 彭斯（1759—1796），苏格兰最著名的浪漫派诗人，为苏格兰方言诗做出重要贡献。

② 安东尼，罗马政治家和军事将领，因迷恋埃及女王克丽奥佩脱拉，与屋大维决裂，后兵败自杀。

在那里我们还是无法平安过日子，又被迫搬到第十街。

过去就这样以永无休止的搬迁继续着。当我起立为全校师生朗读这篇作文时，老师生气极了，她以为我在恶作剧，送我到校长室，母亲也被请来。可怜的母亲读到这篇作文时，泪水夺眶而出，她对他们发誓，里面所说的句句属实——这就是我们流浪生活的写照。

我希望学校教育已经同我小时候不一样了。在我的记忆里，公立小学的教学既残忍又不了解孩子。我还记得当时必须空着肚子呆坐在硬板凳上，或者是穿着湿淋淋的鞋子的悲惨情形。在我看来老师是冷血怪物，只会折磨我们。孩子们对这些委屈从来不愿诉说。

我从不记得曾经因为家里的贫困而受苦，因为我们已经习以为常，只有在学校时我才会觉得苦不堪言。对一个骄傲又敏感的孩子来说，我印象中的公立学校制度就和教养院一样无耻。我一直在憎恶这种制度。

大概在我6岁时，有一天母亲回家发现我召集了一些还不太会走路的邻居小娃儿坐在地板上，我站在前面教他们挥舞双手。母亲问我这是在做什么时，我告诉她这是我的舞蹈学校。她高兴极了，坐到钢琴前为我们奏曲。学校就这样继续办着，而且大受欢迎。后来邻近的小女孩们也来了，他们的父母会付给我一点教学费。这就是后来被证明极为赚钱的工作的开端。

我10岁时，来上课的小女孩越来越多。我告诉母亲说，既然已能谋生了，再去上学只是徒然浪费时间，没什么用。我觉得赚钱比读书重要多了。我把头发扎在脑后，向人宣称自己已满16岁。由于我在同龄孩子里个子很高，因此大家都深信不疑。之后，由姥姥带大的姐姐伊丽莎白也来与我们同住，并加入教学的行列。需要我们两人的人越来越多，旧金山的许多富豪都请我们去教课。

# 第二章

由于母亲在我还在襁褓中的时候即与父亲离异，因此我对父亲一无所知。有一次当我问姨母自己到底有没有爸爸时，她回答说："你爸爸是魔鬼，他毁了你母亲的一生！"自此之后我总将他想象成图画书中头长着角、拖着尾巴的妖怪，每当其他小朋友说到他们的爸爸时，我就闭口不语。

7岁时，我们住在三楼的两间空荡荡的房里。有一天，我听见前门铃响，走去客厅开门时，看见一个相貌端正、头戴大礼帽的绅士问：

"请问，邓肯太太住在这里吗？"

"我就是邓肯太太的小女儿。"我回答。

"这就是我的翘鼻子公主吗？"陌生的绅士说（这是他给我起的小名）。

他突然将我拥入怀中，一边流泪一边亲吻着我。他的举动令我非常讶异，于是我问他是谁。他泪流满面地说："我是你的父亲。"

这消息让我欢喜异常，连忙冲进去报告家人。

"外面有个人说他是我爸爸。"

母亲站了起来，脸色苍白，神情激动，走进隔壁房间并锁上房门。一个哥哥躲到床底，另一个躲到橱柜中去，姐姐这时也开始歇斯底里。

"叫他滚，叫他滚！"他们狂喊着。

我十分诧异，不过作为一个彬彬有礼的小女孩，我走出去对他说：

"我家人身体不太舒服，所以今天没办法招待你。"陌生人听完，拉着我的手，要我同他一起去散散步。

我们下楼走上街头，我快步跟在他身边，心里陶醉地想着这个英俊的绅士就是我父亲，他并不像我所想象的那样长着长角和长尾巴。

他带我到一家冰淇淋店，让我把冰淇淋和蛋糕吃个饱。我手舞足蹈地回到家，却发现家里人全都愁眉不展。

"他是一位风度翩翩的男士，明天还要来再带我去吃冰淇淋。"我告诉家人。

可是家人仍不愿见他，过些时候，他就回到洛杉矶他的另一个家了。

此后几年我都没有再见过父亲。有一天，他突然又出现了。这次母亲发慈悲见了他。他送给我们一幢漂亮的房子，里头有几间偌大的练舞室、网球场、谷仓和风车房。这份厚礼来自于他发的第四笔财。他这一生曾三度发财，但都悉数散尽。这第四笔财富也同样随着时间流逝了，这所房子和其他财产也都没了。不过，我们毕竟在那里住了几年，这房子的确是往后两段风暴航旅来临前的避风港。

在父亲破产前，我不时会见到他，知道他是个诗人，也开始欣赏他。他的一首诗曾预言了我整个舞蹈生涯。

我提到父亲的事，是因为这些早年的印象对我往后的生命产生了极大的影响。一方面我以多愁善感的小说作为精神食粮，另一方面一个活生生的不幸婚姻实例就摆在我眼前。我的童年就在神秘的父亲的阴影笼罩下度过，没有人愿意谈到他，可怕的"离婚"两个字也深深烙印在我的脑海中。因为我无法向任何人问及这些事情，便试着自己推论。我所读的大部分小说都以结婚或是幸福的情境结尾，因此没有理由再继续赘述。不过其中的一些书，特别是艾略特的《亚当·比德》<sup>①</sup>中有个未婚少女生了一个孩子，这极大的耻辱只能由这个未婚母亲来承受。女性所遭受的不公平待遇令我印象深刻，当我将之与父母的故事对照，当时我就决定要对抗婚姻，为解放女性而战，争取每一个女人随个人意愿生育儿女的权利，护卫女权，褒扬妇德。一个 12 岁的小女孩会有这样的想法或许会令人奇怪，不过人生际遇让我非常早熟。我深入了解婚姻法，对于女性的受奴役处境感到震怒。我开始以探寻的目光看着母亲的已婚女友们，总觉得每一个人的脸上都烙着妒恨的标记与奴隶的卑屈。当时我便发誓决不让自己沦落到这种地步。虽然付出与母亲疏远和不被社会谅解的代价，但是我一直都遵守这一誓言。苏维埃政府所做的好事之一就是废止旧的婚姻制度。他们只要两个人在一个本子上签名，并在其下附注："此约不涉及任何一方的责任义务，且双方可随时依其意愿撤销此约。"这样的婚姻才能被每一个心灵自由的女性所接受，也是我唯一接受过的婚姻制度。<sup>②</sup>

我相信我的思想或多或少已接近现今社会中的每一位精神自主的女性，但是 20 年前我对婚姻的抗拒，还有我个人带头示范女性拥有未婚生育的权利，却引起了不少误解。如今时代变了，我们的观念也有重大转变，因此，我认为今天每一位有见地的女性都会认为：婚姻规范永远无法被任何一位精神自主的女性所接受。假如这样有见地的女性可以明知不可为而为之（指结婚），那只是因为她们缺乏足够的勇气维护自己的信仰，而且如果你能看到过去十年间的离婚记录的话，就会明白我所说的话。听我宣传自由信条的女性多半胆怯地回答说："可是谁来抚养孩子呢？"

---

① 艾略特（1819—1880），英国维多利亚时代杰出的女小说家。她的第一部小说《亚当·比德》是以农村为背景的现实主义的优秀作品，开创了英国小说对人的深切同情与严酷的道德评价相结合的创作手法。

② 这里是指邓肯在 1922 年 5 月与苏联诗人叶赛宁结婚。

在我看来假如结婚典礼只是用来保证对方抚养子女的话，那么你就是怀疑你所嫁的男人很可能会在某些情况下拒绝抚养亲生子女，这样的论点是非常卑鄙的，因为你是将终身托付给一个假想的恶棍。不过我对男性的看法还没有到认为绝大多数男人都是丧尽天良的坏人的程度。

我们的童年能够浸淫在音乐与诗歌中要归功于母亲。每天晚上，她总会坐在钢琴旁连续弹奏好几个小时，对我们起床与睡觉的时间没有硬性规定，对生活也没有任何约束。相反的，我觉得母亲可以说是忘记了我们的存在，她在音乐和诗歌中浑然忘我，完全无视周围的一切。她的一位姐妹，也就是我们的奥古斯塔阿姨也同样的才华横溢。她时常造访我们，并且为我们表演戏剧。她非常美丽动人，有着黑色的眼珠与乌亮的秀发，我还记得有一次她穿着像哈姆雷特那样的黑天鹅绒"短裤"。她的声音优美极了，假如不是她父母认为同戏剧扯上关系就是在跟恶魔打交道的话，想必她早已是伟大的歌唱家了。现在我明白她的生命被难以理解的原因——美国清教徒精神毁掉的。美国早期的拓荒者带来一种直到今天都还残存的精神意识。他们以强悍性格征服了这未开化的国家，驯化印第安人以及野兽。不过他们也不断试着要驯化自己，这对艺术造成极大伤害。

奥古斯塔阿姨从幼年开始就饱受这种清教徒精神的逼迫。她的美貌，她那自然优美的气质，她那黄莺出谷般的声音，全被埋没了。到底是什么因素让当时的人们宣称"我宁可我的女儿死，也不愿看见她在舞台上"呢？现在伟大的男女演员已经打入最不容纳外人的圈子，因此这样的想法几乎让人无法理解。

我想应该是身上所流的爱尔兰血液，让我们这群孩子不停地对抗着清教徒思想的暴虐。

搬进父亲送的大房子里产生的第一个结果，就是哥哥奥古斯丁在谷仓中的剧场演出。我记得他从毛毯上剪了一块下来，当作

《李伯大梦》<sup>①</sup>中的主人翁李伯的胡子，当我坐在饼干箱上看到他真实自然的演出时，不禁感动得流泪。我们的感情都非常丰富，并不想受到抑制。

这个小剧场越办越好，渐渐在邻近地区小有名气。不久，我们又想沿着海岸巡回演出。我负责跳舞，奥古斯丁朗诵诗歌，后来伊丽莎白和雷蒙也参与了喜剧演出。虽然那时候我只有12岁，其他兄姐也不过十几岁，但这些遍及圣克拉拉、圣罗莎、圣巴巴拉等沿海地区的巡回演出却非常成功！

我童年的主导精神是，抱着坚定不移的精神，不断与社会的偏狭观念对抗，反抗对生命的限制。怀着与日俱增的欲望，飞向我想象中或许更广阔的事物。我记得我经常向我的家人和亲友侃侃而谈，而且总是以"我们必须离开此地；我们在这里将永远无法完成任何事情"这句话作为结束。

在整个家庭里，我是最天不怕地不怕的，所以，当家里没有东西可吃时，我总是自告奋勇地去找肉店老板，运用我的小把戏诱使他不收分文地送我羊排。我总是被派去诱使面包店老板继续让我们赊账。我总是得到一种冒险的乐趣，特别是在成功时（而我总是成功）这种感觉尤甚。我会高兴地拿着战利品跳着舞回家，感觉就像是一个抢掠得手的劫匪。这是一项很好的教育，因为从学习如何哄骗凶恶的肉店老板，我也获得日后与凶恶的经理们周旋的技巧。

记得有一次，那时我还不过是个小娃娃，发现我妈妈对着她为某家店铺编织的却不被收购的一些东西哭泣。我从她手里接过篮子，戴了一顶编织帽和一双编织手套，去挨家挨户地兜售。结果，我卖掉了所有的东西，带着比店铺给的多一倍的款项回到家里。

每当我听到家长说要为子女留下一笔钱时，总纳闷，难道他

---

① 《李伯大梦》是美国作家欧文的作品，源自一则德国民间故事，借以隐喻美国的独立。

们没有意识到这样做会剥夺孩子生命中的冒险精神吗？上一代留给下一代的每一分钱，只会让他们更加软弱。你能给孩子的最好财产就是让他去走自己的路，完全自立自强。因为教舞，我和姐姐得以进入旧金山的富豪之家。我并不羡慕这些有钱人家的孩子；相反的，我可怜他们。我很诧异他们的生活如此狭隘愚昧，而且，同这些百万富翁的子女相比，我似乎比他们富有一千倍，因为我能让生命活出真正的价值。

我们教舞的名气日渐响亮，我们把它叫作新的舞蹈体系，不过实际上并没有任何体系。我只随着自己的奇思异想即兴创作，脑海中想到什么好点子，就教什么。我初期创作的舞蹈之一是朗费罗①的诗《我将一支箭射入空中》。我给学生们念这首诗，并要他们以姿势与动作来领会诗的精神。晚上当我构思舞蹈时，母亲就在身旁弹琴。一位曾住在维也纳的可爱的女长辈经常同我们共度良宵，她说我令她想起埃尔斯勒②的成就。"伊莎多拉以后会成为埃尔斯勒第二"，她的这番言词激发了我的雄心壮志。她要我母亲带我去向旧金山一位著名的芭蕾老师学舞，不过我并不欣赏他的教学。他要我踮起脚尖站着，我问他为什么要这么做，他回答说："因为这姿态很美。"我告诉他这姿态很丑而且违反自然，上完第三堂课我就走了，一去不回。他称之为舞蹈的那些既僵硬又陈腐的体操动作只会扰乱我的梦想，我所梦想的是一种与众不同的舞蹈。我不知道那会是什么样子，只是不断地向一个看不见的世界摸索前进，直觉告诉我一旦找到了钥匙，我就能登入其殿堂。当我还是个小女孩时，我的艺术就存在于我体内了，是我母亲的英勇探险精神让这种艺术感觉不至于凋萎。我相信不

---

① 朗费罗（1807—1882），19世纪著名的美国诗人。

② 埃尔斯勒（1810—1884），奥地利芭蕾舞家。在芭蕾中采用戏剧化的民间舞蹈（性格舞蹈），以生动活泼和雄伟壮丽的舞姿和技巧，尤其是足尖舞技巧闻名，在欧洲颇负盛名。

论孩子长大后从事何种事业，都应该从小就开始培养。我真不知道有多少家长明白，他们所给予子女的所谓教育只会造就他们的平庸，而且会剥夺他们成就美好与原创性事物的机会。不过我想也只能这样，要不然谁来提供有组织的文明社会里千千万万不可或缺的店员与银行办事员等等呢？

我的母亲有4个子女。要是经过强迫教育，她能将我们训练成务实的公民。有时她会悲叹，"为什么4个全都是艺术家，没有一个是务实的普通人呢？"但是，正是由于她那好动的精神我们才成了艺术家。我的母亲丝毫不在乎物质享受，她也教育我们不要将诸如房地产、家具等财物以及所有形式的财产放在眼里。正因她的示范，我从来不佩戴首饰。她教导我们这些东西全是束缚人的桎梏。

离开学校后我很喜欢阅读书籍。我们当时住在奥克兰，当地有个公立图书馆，那时无论家离那儿有多远，我都或跑步或跳着舞到那儿去。图书馆员是个善良漂亮的女人、加州的一位女诗人——艾娜·库尔布里丝。她鼓励我阅读，我觉得每当我借阅好书时，她总是很高兴，她美丽的双眼里闪耀着热情。后来我才知道我父亲曾一度与她热恋，她显然是父亲终生热爱的女子，也许是冥冥中的机缘将我们拉在一起。

那段时间我读遍了狄更斯、萨克雷①、莎士比亚的作品，还读了成百上千的小说，不管是好是坏，精华或是糟粕，我全都读。晚上我常熬夜，在白天收集的蜡烛头的火光下，一直读到拂晓。我开始写小说，还担任报社编辑，报上的文章——社论、地方新闻、短篇小说全是我一个人写的。此外我还创造了一种秘密文字来写日记，因为这个时候我有了一个非同寻常的秘密——我恋爱了。

除了教小朋友外，姐姐和我还收了一些年纪稍大的学生，由她来教当时称为"社交舞"的华尔兹、玛祖卡及波尔卡舞等等。

---

① 萨克雷（1811—1863），英国小说家。

在这些学生中有两个年轻人，一个是年轻医生，另一个是药剂师。这位药剂师非常英俊潇洒，还有个令人心动的名字——弗农。当时我才11岁，可是由于扎起头发、穿着长外套的关系，看起来年纪要大一些。就像黎塔的女主人一样，我在日记中写着自己正狂热地恋爱着，而且我现在仍相信当时自己的确在热恋中。弗农是否意识到这些，我并不知道。那样的年龄让我羞于示爱。我们只是一起参加舞会，然后他会跟我跳几乎每一支舞曲，回家后我会熬到午夜以后，在我的日记中诉说小鹿乱撞的感受，"在他怀中，"我如此陈述着，"我飘飘然。"当白天他在大街上的一家药局工作时，我会走上好几里路，只为了从药局那儿经过一次。有时我会鼓足勇气进去问候他："你好吗？"我甚至找到他住的地方，并常在晚上溜出家，去凝望着他窗口透出的灯光。这份热情持续了两年，我相信自己当时深受相思的煎熬。两年之后，他与一位奥克兰上流社会的年轻女孩结婚。我将自己绝望的痛楚在日记中倾吐，我还记得他举行婚礼当天的情形，也记得当我看见他挽着身着白纱的平凡女子走在教堂廊道时的感受。此后我们就再没见过面。

直到最近，我在旧金山演出时，化妆室里出现了一位头发雪白，但看起来非常年轻俊美的男子。我一眼就认出了他，他就是弗农。当时我想，经过这么多年，我应该可以告诉他自己年少时的激情了，我想他应该会很得意才对。然而，他却害怕得要命，一直谈论着他的妻子，就是那位相貌平凡的女子，还说他对她的爱从无二心。啊！有些人就是能这样过着单纯的生活！

这就是我的初恋。当时我爱得发狂，我相信自此之后自己再没停止过热恋。现在我刚从最近一次剧烈并极具摧毁性的打击里慢慢恢复过来，可以说现在的我正处于戏剧最后一幕上场前的幕间休息，抑或这场表演已结束了？或许我会刊出自己当时的照片，请读者谈他的想法。

# 第三章

受到阅读书籍的影响，我打算离开旧金山到国外发展。我的想法是随同一个著名的剧团一起出去，因此有一天我就去找一个当时已在旧金山巡回演出一星期的剧团的经理，要求为他表演舞蹈。试演于某天早晨在一个空荡的黑色大舞台上举行，由母亲为我伴奏。我穿着一件白色的希腊式及膝上衣，随着门德尔松[①]的《无言歌》起舞。音乐结束时，经理沉默了一会儿，然后转身对母亲说：

"这种东西不适合剧场，它比较适合教堂。我看你还是带你的小女儿回家吧！"

虽然我大失所望，却不气馁，我开始想其他的方法出国。我首先召集全家开会，然后用一个小时滔滔不绝地向他们阐述我在旧金山无法生活下去的种种理由。母亲听得有点茫然，不过马上同意跟着我到任何地方去。最后决定我俩先行出发——买了两张到芝加哥的经济舱车票，姐姐同两个哥哥暂留旧金山，等我赚到够全家用的钱后再去接他们。

我们抵达芝加哥时，正是炎热的 6 月。我们随身只带了一个小皮箱，一些奶奶留下来的老式珠宝和 25 块钱。我希望能够马上得到雇用，这样事情便很顺利和简单了。但是天不从人愿。我带着我的白色希腊式及膝上衣拜访了一个又一个经理，在他们面前跳舞，但是他们的回答都同第一个经理一模一样："很可爱，

---

① 门德尔松（1809—1847），德国作曲家、钢琴家兼指挥家，浪漫乐派领导者之一，他的作品在音乐史上占有重要地位。

不过并不适合剧场。"

几个星期过去了，我们的钱也花光了，用奶奶的首饰典当得来的钱也所剩无几了。我们再也付不出房租，行李也被扣住了。有一天我们到了身无分文的地步，只好流落街头。

我的外衣上还别着纯正的小蕾丝衣领，那天我在炎炎烈日下走了一整天，一心要把这个蕾丝衣领卖掉。终于，到了傍晚时，我卖掉了它，卖了 10 块钱。那是一个非常漂亮的爱尔兰蕾丝，我用它换来了支付房租的钱。我利用剩下的钱买了一整箱番茄。接着整整一星期，我们就靠这些番茄维持生计——没有面包或盐，我可怜的母亲虚弱到连坐都坐不起来了。每天一早我就去找经理们面谈，但到最后，我决定只要有工作我就做，所以便到职业介绍所去求职。

"你能做什么？"柜台的女人问。

"什么都能做。"我回答。

"哼！我看你什么都不能做吧！"

绝望至极，有一天我试着去找共济会神殿大楼屋顶花园的经理求职。他嘴上叼着根大雪茄，帽子半遮住一只眼睛，傲慢地看着我舞蹈，瞧着我随门德尔松《春之歌》的旋律飘过来又飘过去。

"嗯，你很漂亮，"他说，"也很优雅。假如你能摒弃这种舞蹈方式，改跳另一种比较有刺激性的，我就聘用你。"

我想到母亲在家里快昏倒的情景，于是问他所谓有刺激性的舞蹈是什么样子。

"嗯，"他说，"不是你刚才跳的那种。是要穿短裙，加波浪折边，还有甩开大腿的！你可以先跳希腊舞，然后再转动折边裙子和甩开大腿，这应该会是个很有趣的转变！"

可是我上哪儿去找有波浪折边的裙子呢？我知道向他借贷或是预支薪水都不可行，因此只淡淡地说明天我会带着折边裙子，带着有甩腿和刺激性动作的舞蹈来面试。我走了出去，那是个芝加哥常见的大热天，我沿着街头游荡，饥饿使得我精疲力竭，头昏脑涨，这时我发现马歇尔菲尔德百货公司就在我眼前，我便走进去要求找经理。当我跟着一个人进到办公室时，看见一个面容和善的年轻人坐在桌子后方。我跟他解释明早以前急需一件有折边的裙子的缘由，并说假如他能赊给我的话，只要我一经被雇用就马上偿还赊账。我不知道是什么力量驱使这个年轻人应允了我的要求。多年后遇见他时，他已是超级大富翁，他就是高登·塞尔弗里奇先生[①]。我买了一些做裙子用的红色和白色料子，还有蕾丝折边。我腋下夹着这包东西回到住处，看到母亲已经奄奄一息了。可是她还是坚强地坐在床上，连夜为我制作这套装束，并在早上缝好最后一只折边。我穿着这身服装再去见那个经理时，乐队早已恭候多时。

"你用什么音乐？"

其实我还没想到用什么音乐，于是我指定了当时流行的音乐。一开始我就奋力跳出经理所要的有刺激性的舞蹈，边跳边即时构思舞步。他满意极了，拿起嘴上的雪茄，说：

"很好！明天晚上你可以来了，我会特别宣布这个消息。"

他很慷慨地预付了我当周的 50 块薪水。

我用一个艺名在这个屋顶花园一炮而红，可是这一切让我憎恶至极。因此当这个星期要过去，经理要同我续聘，甚至允诺让我巡回演出时，我拒绝了。我们已经脱离饥饿，我也受够了以违背我理想的舞蹈方式讨好观众——这是我第一次，也是最后一次这么做。

我想这个夏天是我生命中最痛苦的时期之一，每次我来到芝加哥街头时，这里的街景总会让我产生一种恶心的饥饿感。

虽然经历了这可怕的一切，但我勇敢的母亲却从未提过要打道回府。

---

[①] 塞尔弗里奇（1864—1947），美裔英籍商人。

有一天，有人给了我一张名叫安柏的名片，让我去找她。安柏是芝加哥一家大报社的副主编，一个约莫50来岁，高挑、瘦削的红发女子。我告诉她自己对舞蹈的理解，她很和蔼地听我说着，并邀请我跟母亲一起去"波希米亚"（意谓放荡不羁的文化界）俱乐部，她说在那儿我们会遇见许多艺术家和文人。当晚我们就去了这个位于一栋高楼的顶部，里面有几间摆着桌椅的空房的聚会场所。这个地方挤满了我所见过的最不同凡响的人物。安柏站在他们当中，像个男人似的大喊：

"豪放的波希米亚人集合！豪放的波希米亚人集合！"

每次她一喊波希米亚人集合，他们就会高高举起啤酒杯，用欢呼歌唱应和她。

就这样我以自己的宗教式舞蹈出场。这些波希米亚人有些不知所措，不晓得如何反应。虽然如此，他们还是觉得我是个可爱的小女孩，并邀请我每天晚上都过来同他们聚聚。

波希米亚这个团体的组合相当奇特，其中有来自各国的诗人、艺术家、演员。他们似乎只有一个共同点———一贫如洗。我猜大概有不少波希米亚人和我们母女一样，要不是靠着慷慨的安柏所提供的三明治和啤酒，根本没有东西吃。

在这群波希米亚人当中有个叫米罗斯基的波兰人，他是个45岁上下的男子，有着刺目的红色卷发、红色胡子和一双能洞察人心的锐利眼睛。他通常都坐在角落里，边抽着烟斗，边观赏波希米亚人表演的余兴节目，嘴角微微掀起挖苦的笑容。但是在这些我为之献舞的人群中却唯有他明白我的理想与我的舞蹈。他也是个穷光蛋，但却时常邀我同妈妈到一家小餐馆用晚餐，或带我们坐车到乡下去，在林间吃午餐。他酷爱菊花，无论何时来找我，总会抱着一大捧菊花。直到现在，这种金红色的菊花总会让我联想起米罗斯基的红色头发与胡须……

他是个非常怪异的诗人与画家，曾尝试在芝加哥做生意，却从未成功，并差点饿死在那里。

那时我只是个小女孩，年纪太轻，无法理解他的悲剧和爱情。我想在现今这个复杂的时代，没有人能了解那时的美国人是多么天真和无知。当时我对生命的看法是纯粹诗意且浪漫的，从没有体验或接触过感官的爱情，而且过了很长一段时间，才意识到自己已经激起米罗斯基对自己的狂痴爱恋了。这位约莫45岁的男子早以只有波兰人才会有的激情，疯狂而愚蠢地爱上当时天真无邪的我。我母亲对此也丝毫没有察觉，仍让我们频繁地单独相处。孤男寡女一起在林中散步很具有某种心理效应。到最后，他终于吻了我，并且向我求婚，当时的我相信这就是我生命中最伟大的一场恋爱了。

但是夏天就要过去，而我们的钱也花光了。我认为在芝加哥已没什么好期待的，必须去纽约发展。可是怎么去呢？有一天我在报上看到伟大的奥古斯丁·达利[1]同他的由艾达·里恩[2]领军的剧团正在镇上。我下定决心去见这位拥有"美国最爱好艺术与最具审美观的剧场经理"美名的伟人一面。多少个午后与傍晚，我站在剧场的舞台门边，一次又一次地请人恳请奥古斯丁·达利见我一面，但收到的回复永远是他太忙了，只能让我见他底下的经理。但是我拒绝了，我强调我一定要见到达利本人。终于，在一个傍晚，我获准去见这个伟人。

达利是个很帅的男子，不过面对陌生人时他总是装出一副凶神恶煞的模样。我很害怕，但还是鼓足勇气向他发表了非同凡响的演讲。

"达利先生，我有个很重要的想法要呈献给您，您可能是这个国家里唯一能了解它的人了。我已经发现那种舞蹈！我已经

---

① 奥古斯丁·达利（1838—1899），美国剧作家、剧场经理。

② 艾达·里恩（1860—1916），爱尔兰出生的女演员，合作对象包括达利、萧伯纳等，1873年首次在美登台。

找到失传了两千年的艺术！您是个超凡的舞台艺术家，可是在您的剧场里还缺少一种伟大的古希腊剧场所具备的特色，那就是舞蹈的艺术——也就是希腊悲剧中的合唱队。没有这个合唱队，就像是没有支撑头和身体的四肢。我为您带来这种舞蹈，我为您带来将彻底改造时代的理念！我是在哪儿发现它的呢？是在太平洋边，是在内华达山中摇曳的松林里。我看见年轻美利坚合众国的绝美身姿在落基山顶起舞。我们国家最伟大的诗人是沃尔特·惠特曼，我已经找到足以匹配惠特曼诗歌的舞蹈了！我正是惠特曼的精神后裔。为了美国的子孙，我将会创作出表现美国精神的新舞蹈！我将为您的剧场带来它所缺乏的生命之音和舞者的灵魂。因为您知道，"我继续说，试着不去理睬这位大经理不耐烦的打岔（"够了！够了！"），"因为您知道，"我继续说，并提高声量，"剧场的起源就是舞蹈，第一位演员正是舞者。他边跳边唱，这就是悲剧的诞生。只有当舞者携所有自发性的伟大艺术回归剧场时，剧场才是真正的剧场！"

达利不知道如何看待我这个虽然瘦小却胆大包天，敢对他发表长篇大论的古怪小孩。他只是如此回答：

"嗯，我现在有出要在纽约上演的哑剧里面缺个小角色。10月1日你可以来试演，如果合适的话我就用你。你叫什么名字？"

"我叫伊莎多拉。"我回答说。

"伊莎多拉，很美的名字，"他说，"好，伊莎多拉，10月1日纽约再见吧。"

我喜不自禁地赶回家，告诉母亲这个喜讯。

"终于，"我说，"有人赏识我了，伟大的奥古斯丁·达利要雇用我了。10月1日以前我们必须抵达纽约。"

"是啊，"母亲说，"我们用什么买火车票呢？"

现在难题来了。不过我急中生智，拍了封电报给旧金山的一个朋友：

成功获聘！奥古斯丁·达利。10 月 1 日须抵纽约。
电汇 100 元车资。

　　接着奇迹发生了——钱来了。钱来了，姐姐伊丽莎白和哥哥
奥古斯丁受到这封电报的鼓舞，认定我已获得成功，也赶来与我
们会合。我们想办法让大家都能搭上火车前往纽约，大家满怀希
望。我想，终于，这个世界认同我了！假如当时我知道往后面临
的是辛酸岁月的话，恐怕早已丧失勇气了。

　　想到要与我分离，米罗斯基悲痛绝望。但我俩已发誓永远相
爱，我也向他解释，如果我在纽约赚到大钱，我们要结婚就容易
多了。这并非是当时我相信婚姻，只是认为必须这样做才能让我
母亲满意。当时我还没完全为自由恋爱而战，后来我才这么做。

邓肯自传

# 第四章

我对纽约的第一印象是，这里比芝加哥拥有更多的艺术与优美之处。我很高兴再度来到海边，内地城市总让我感到气闷。

我们暂住在第六街一条小巷子里的供膳寄宿所。寄宿所里住着各式各样奇怪的人们，他们同那群波希米亚人一样有一个共同之处：无力偿还债务，处在濒临被扫地出门的边缘。

一天早晨，我来到达利的剧场报到，我又一次获准面见这位大人物。我想再次向他重申我的观念，不过他似乎既忙又烦。

"我们从巴黎请来了优秀的哑剧明星简·梅，"他说，"如果你能演哑剧的话，这里有个角色给你。"

直到这时，我依旧不认为哑剧是项艺术。动作是诗意且富有感情的表现，和语言毫无关系，但是哑剧中的人们以姿态手势替代了语言，因此这不是舞者或演员的艺术，反倒是介于两者之间内容空洞贫乏的玩意儿。然而，除了接受这个角色以外我别无他法。我把剧本拿回家研习，可是这个剧本在我看来是蠢不堪言，和我的理想与抱负完全背道而驰。

第一次演排，让我大失所望。简·梅是个脾气超级火爆的娇小女人，动辄大发雷霆。他们要我指着她代表"你"，按住我的心代表"爱"，然后猛烈地捶着自己的胸膛代表"我"，这一切看来真是太滑稽可笑了。由于无心于此，我表现得极其糟糕，简·梅因此大为不悦。她转过身去对达利说我根本没有表演天分，不能胜任这个角色。当我听到她这么说时，知道这意味着我们将被困在那个可怕的寄宿所里，任由冷血无情的房东太太宰割。我的脑海里浮现出前一天见到一名合唱队女孩被轰到街上，连皮箱都来不及拿的情景，想起可怜的母亲在芝加哥所受的种种苦痛。一想到这一切，眼泪不禁夺眶而出。我猜自己当时看起来一定既可怜又可悲，因为达利先生的表情温和多了。他拍拍我的肩膀，对简·梅说：

"你看，她哭的时候表情很丰富啊。她会学会的。"

但是这些排练却让我苦不堪言。我总觉得他们叫我做的动作粗俗不堪且愚蠢透顶，和他们选择的配乐一点关系也没有。不过年轻人适应力极强，后来我终于抓到了那个角色的情绪。

简·梅饰演粉白脸的丑角皮耶罗，其中有一幕是我要向皮耶罗求爱。我必须配合背景音乐，在不同的三节里靠近皮耶罗，亲他三次。由于彩排时过分投入，我竟在皮耶罗的白脸颊上留下红唇印。这一下皮耶罗马上变回简·梅，火冒三丈地打了我一巴掌，响亮地揭开我的剧场生涯！

虽然如此，随着排练的推进，我却不由自主地欣赏起这位哑剧女演员出色生动的表演。假如她不是被囚禁在哑剧虚伪乏味的形式中的话，很可能会成为一位伟大的舞者。但是哑剧的表演形式真的太束缚人了！我对哑剧一直有这样的看法：

"如果你想说话，为什么不直接说呢？为何要费力地打手势，好比是在聋哑疗养院里呢？"

首演当晚，我身穿法国督政时期的蓝绸子戏装，头戴金色假发和一顶大草帽。我要带给世人的艺术革命终结了！现在我穿成这样，完全不是我自己。我亲爱的母亲就坐在第一排，看起来狼狈不堪。但即使这样她还是没有提议回旧金山，只是我看得出来她失望透了，因为我辛苦奋斗所换来的竟是这样可怜的结果！

在哑剧的排演过程中我们身无分文。我们被赶出寄宿所，搬进一八〇街上两间空荡荡的房间里。我没钱坐车，常常要徒步走到达利先生位于二十九街的剧场。为了抄近路，我时常在泥路上跑着，在人行道上跳着，在木板上走着。我自有一套对付贫穷的办法。因为没钱，中午没办法吃午饭，我就在午餐时间躲在舞台包厢里，用睡觉来消除疲惫，然后下午再起来空着肚子排演。这样的排练持续了六个星期，直到演出一星期后，我才真正领到薪水。

在纽约演出三个星期后，剧团开始到各处做只演一场的巡回表演。我领到一星期 15 块钱的薪水，我用一半作开销，将另一半拿回家交给母亲。当我们来到某一站时，我并不去旅馆休息，而是提着行李徒步去找便宜的客栈。我的极限是一天包括吃住 50 分钱，为了找到符合这种条件的地方，有时必须辛苦跋涉好几里路。有时也会找到非常诡异的地方，我记得有个地方曾租给我一间没有钥匙的房间，住在那里的男人多数是醉醺醺的，不断试着要闯入我的房间。我害怕极了，只好把笨重的衣柜推到房间门口堵着。即使如此我还是不敢睡，整夜保持警戒。我想象不出还有什么比四处巡回演出的戏班更为凄惨和没有保障的生活了。

简·梅永远不觉得累，每天早上都要召集我们排练，而且对每一件事都看不顺眼。

我随身带了几本书，不停地看着，每天都写信给米罗斯基，不过并没有向他倾诉自己可怜的处境。

这样巡演两个月后，哑剧班回到纽约。但这次演出却亏了本，对达利先生的财务造成严重的打击，简·梅因此黯然返回巴黎。

我该怎么办呢？我又去见了达利先生，试着让他对我的艺术感兴趣。可是他对我说的依旧毫无兴趣。

"我正要表演《仲夏夜之梦》，"他说，"如果你愿意的话，可以跳精灵那一幕。"

我主张舞蹈要表达人性的情感与情绪，对精灵根本毫无兴趣。但是我还是答应了，并提议在泰姐妮亚和奥伯龙出场前的有森林的场面中，合着门德尔松的诙谐曲跳一段舞蹈。

《仲夏夜之梦》正式演出时，我身着一身白色和金色薄纱做成的束腰长衣，还有一对亮晶晶的翅膀出场。我试着告诉达利先生说我不需要纸糊的翅膀就能演出翅膀的感觉，可是他相当固执。首演当晚只有我一个人上台跳舞。我很高兴，终于能单独在这个大舞台上跳舞了！我真的是在跳舞，跳得台下观众全都不由自主地鼓起掌来，我创造了所谓的"满堂彩"。我期待当自己穿着翅膀下场时，达利先生会高兴地祝贺我。事实刚好相反，他气急败坏！"这里不是音乐厅！"他暴跳如雷地说，好像没有听见观众的如雷掌声。第二天晚上，当我出场跳舞时，发现所有灯光都熄灭了。此后每次我都在黑暗中跳《仲夏夜之梦》，观众除了看到一个不停振动的白色东西外，什么也看不清。

《仲夏夜之梦》在纽约演出两个礼拜后，开始到各地巡演，我又开始找寻客栈的沉闷之旅了。只是，这时我的薪水已经调高到一周25块钱。

一年就这样过去了。

我非常不快乐，我的美梦，我的理想，我的抱负，似乎全都成了泡影。我在剧团里只有几个朋友，他们都觉得我怪。我常常捧着一本奥列留斯①的书在舞台布景后走来走去，试着以斯多葛派哲学来缓解长久的挫折感。不过在这次巡回旅途中我结交了一位朋友，她就是饰演泰姐妮亚皇后，本名叫穆德·温特的年轻女孩。她很甜美又有爱心，不过却有一种怪癖，除了以橘子果腹外拒绝吃其他食物。我觉得她并不适宜生活在这个世界，果然，几年后我得知她已死于恶性贫血。

奥古斯丁·达利剧团里的台柱是艾达·里恩，她是一位伟大的女演员，不过对地位比她低的人却冷漠无情。我在剧团里唯一的喜悦就是可以看她表演。她很少像我一样跟着流动戏班到各地演出，但当我回到纽约就能时常看到她演出罗莎琳德②、贝亚特

---

① 奥列留斯，罗马君主，斯多葛派哲学家诗人。
② 莎士比亚的田园式爱情喜剧《皆大欢喜》中的女主人公。

丽斯和波西娅①等人物。她是世上数一数二的伟大演员之一，可是这位伟大的艺术家在日常生活中却丝毫不在意在剧团里赢得好人缘。她非常骄傲拘谨，似乎连向我们说声早安都觉得费事，这从有一天剧院后台贴出的以下布告便可见一斑：敬告剧团同仁，无须跟里恩小姐道早安！

在我跟着奥古斯丁·达利的戏团的两年时间里，的确从没荣幸能同里恩小姐说上话。显然她认为戏团里的所有配角都不值得她注意。记得有一天她在等达利的调配时，用手挥过所有人的头说："天啊！经理，你怎么可以让我等这些微不足道的小人物呢！"（我也是这些小人物之一，因此一点也不喜欢她的这种称呼。）我无法理解为什么像艾达·里恩这样伟大的艺术家和迷人的女人，竟然会犯这样的错误。我只能将此解释为当时她已年近50，一直被奥古斯丁·达利捧在手心，可能她痛恨他近来不顾她的反对，接二连三地选中了剧团里的一些漂亮女孩，让她们连续好几个星期，甚至好几个月，担纲演出重要角色。身为一个表演艺术家，我对里恩小姐崇敬万分。如果当时她能对我稍为友善的话，对我的人生将会意义重大。但是在这两年当中她从没正眼瞧过我。事实上，我记得有一次当我在《暴风雨》（莎士比亚名剧）的尾声为庆祝米兰达同费迪南德的婚礼而跳舞时，从头到尾她都故意掉过头去，让我尴尬到几乎没办法继续跳。

当我们巡回演出《仲夏夜之梦》，终于来到芝加哥时，我高兴地去找我所认定的未婚夫。当时已是夏天了，在没有排练的日子，我们都在林间漫步，我愈来愈欣赏伊凡·米罗斯基的聪明才智。几周后当我要返回纽约时，我俩商定他将随我回去结婚。我哥哥得知这个消息后，开始打听他的背景，并发现他在伦敦早有妻室。我母亲一听吓坏了，坚持我俩必须分手。

---

① 莎士比亚喜剧《威尼斯商人》中的佳人。

# 第五章


　　如今全家又住在纽约。我们找到一间有浴室的工作室，由于我不要任何家具，以便能腾出空间作为练舞之地，所以我们买了5张弹簧垫。在工作室的四面墙上全挂上窗帘，白天就把床垫立起来，晚上就睡在床垫上，只盖一床被子。伊丽莎白在工作室里办起学校，就像我们在旧金山时一样。奥古斯丁参加了一个戏班，很少在家，大部分时间都在各地巡演。雷蒙则投身新闻界。为了让收支平衡，我们将工作室以小时计费租给教演讲、音乐、唱歌等的教师们。可是因为只有一个房间，全家人不得不外出散步。我还记得下雪时，我们在中央公园用跑步来取暖，然后我们回家站在门边听着。那时有个演讲教师总是教同一首诗，并总用一种带着感伤哀婉的声调重复念着"梅布尔，小梅布尔，脸庞靠着窗扉"，学生们则用毫无感情的声音跟着念，然后这位老师会呵斥道：

　　"难道你们感受不到诗里面的伤感吗？你们真的一点儿也感受不到吗？"

　　此时奥古斯丁·达利计划推出《艺妓》一剧，他安排我在剧中担任四重唱之一。可是我这辈子连个音符都没办法唱好！其他三个人说我总让他们跑调，所以我往往只是甜美地张着嘴巴站在他们旁边，不出一声！母亲常说我真是了不得，当别人龇牙咧嘴地唱着歌时，我依然保持着可爱的表情。

　　《艺妓》这出戏愚蠢至极，造成我跟奥古斯丁·达利的决裂。记得有一天当他穿过黑漆漆的剧场时，发现我正伏在包厢的地板上哭泣。他弯下腰来问我出了什么事，我告诉他自己再也受不了他在剧场里表现的那些极其愚蠢的东西了。他告诉我其实他自己也不喜欢《艺妓》，只不过他必须要考虑财务问题。达利用手拍拍我的背想安慰我，但这个举动却惹恼了我。

"你何必留我在这里？我才华横溢，"我说，"你却没让我好好发挥！"

达利只是惊讶地看了我一下，然后"哼"了一声就走了。

这是我最后一次见到奥古斯丁·达利，因为几天后我鼓足勇气递上辞呈。不过这次经验让我厌恶透了剧场：夜复一夜不断地重复同样的字眼、同样的动作，还有同样冗长无意义的废话，他们的任性和生活方式实在令我憎恶到了极点。

我离开达利，回到位于卡内基音乐厅里的工作室，身上的钱只剩下一点点，但我却再次穿上自己的束腰小衣跳舞，母亲则为我伴奏。由于白天我们几乎无法使用工作室，可怜的母亲只得整个晚上为我伴奏。

此时我迷上了内文①的音乐，我用他的《纳希苏斯》②《奥菲莉娅》③《水仙》等曲子编舞。有一天我正在工作室练舞，门突然开了，接着冲进一个双眼冒火、怒发冲冠的年轻人。虽然他年纪很轻，但似乎已深受日后导致他死亡的重病所扰。他冲向我，大喊着：

"我听说你用我的音乐编舞！我不准，我不准！我的音乐不是跳舞用的音乐！谁都不能用它来跳舞！"我拉着他的手，带他到一张椅子旁。"坐好，"我说，"看我用你的音乐跳舞。假如你不喜欢的话，我发誓以后绝对不会再用。"

我开始用他的《纳希苏斯》跳舞。我在这美妙的旋律中，想

---

① 内文（1862—1901），美国现代古典乐作曲家。

② 纳希苏斯，希腊神话中因迷恋自己水中的影子，溺死后化成水仙的美少年。

③ 奥菲莉娅，莎士比亚《哈姆雷特》中的女主人公。

象着纳希苏斯站在溪边，迷上水中自己的形象，最后日见消瘦，终于化作水仙。我就这样舞着，最后一个音符还没完，他就从椅子上跳起来，冲向我，用双手抱住我。他望着我，热泪盈眶。"你真是个天使，"他说，"你是奇才！你方才跳的舞蹈正是我当初创作这乐曲时脑海中所见到的景象。"

接着我为他跳了《奥菲莉娅》，然后是《水仙》。他愈来愈入神，最后，他干脆自己坐到钢琴前，为我即兴创作了一首他称为"春"的美妙曲子——我一直很遗憾他从没将这首为我演奏许多次的曲子写下来。内文兴奋不已，当下就提议我俩携手在卡内基音乐厅的小音乐室中举办几场音乐会，他要亲自为我演奏。

内文一手包办音乐会的筹备，从预定音乐室到制作节目单等，并且每天晚上都与我一起排练。我一直认为艾斯伯特·内文具有成为一位伟大作曲家的所有条件，他本可以成为美国的肖邦。可惜，终生挥之不去的病魔让他身心备受煎熬，最后竟导致他英年早逝。

第一场音乐会非常成功，之后的几场在纽约轰动一时。假如我们当时讲求实际，去找个演出经纪人的话，当时我就可能开始成功的舞蹈生涯了。不过那时候我们却无知得可笑。

许多上流社会的女士也在观众席中，她们让我出入众多的纽约交谊场所。此时我已根据菲茨杰拉德①所翻译的《鲁拜集》全诗创作了一支舞，有时由奥古斯丁为我大声朗诵，有时则由我姐姐伊丽莎白朗诵。

夏日渐近了。阿斯特太太邀请母亲、伊丽莎白和我到她在新港的别墅。当时的新港是最时髦的度假胜地。阿斯特太太在美国的地位，就好像女王在英国一样。见到她的人均心怀敬畏并且战战兢兢，甚至比面见皇室还惶恐。她安排我在草坪上表演，新港

---

① 菲茨杰拉德（1809—1883），英国作家，以翻译《鲁拜集》而闻名。

所有的名媛绅士们都在看我跳舞。我有张这次表演的照片，拍的就是可敬的阿斯特太太坐在哈利·莱尔旁边，周围有范德比尔特、贝尔蒙特、菲什等家族的人[①]围绕着她。此后我又到新港的其他别墅跳舞，不过由于这些女士们对金钱实在太吝啬，以至于我们几乎无法赚到支付旅费和膳宿的钱。虽然她们很推崇我的舞蹈，觉得它非常迷人可爱，但是她们一点也不了解我的舞蹈。大体说来，我们的新港之旅徒然留下失望的印象。这些人似乎太囿于个人优越的地位以及富有的虚荣，以至于没有一点艺术感。

那个时代的人们总认为艺术家是次等公民，是高等仆役。这样的观念已经大有改变了，尤其是在帕德列夫斯基[②]成为波兰共和国总理之后。

就像加州在各方面都让我很不满意一样，纽约也让我相当失望，我强烈希望能找到一个比纽约更适合我的地方。当时我梦寐以求的是伦敦以及可能会在那里遇见的作家和画家——梅瑞狄斯[③]、詹姆斯[④]、瓦茨[⑤]、斯温伯恩[⑥]、伯恩·琼斯[⑦]、惠斯勒[⑧]等，

---

[①] 范德比尔特（1794—1877），美国企业家，经营航运和铁路。贝尔蒙特家族是19世纪和20世纪美国银行界、艺术界和政界显赫的家族。菲什（1851—1923），美国银行家，伊利诺伊州中央铁路公司总裁。

[②] 帕德列夫斯基（1860—1941），波兰钢琴家、作曲家及政治家。1919年曾任波兰总理。二战时流亡美国。

[③] 梅瑞狄斯（1828—1909），英国小说家、诗人。他广泛应用的内心独白是乔伊斯等人意识流技巧的先导。

[④] 詹姆斯（1843—1916），美国小说家，1915年入英国籍。他对人物内心世界的刻画，使其成为20世纪意识流运动的先驱。

[⑤] 瓦茨（1817—1904），英国画家和雕塑家。作品主题大多具有严肃的道德意识。

[⑥] 斯温伯恩（1837—1909），英国诗人、批评家，因在音韵方面的创新而著称，被誉为维多利亚时代中期反叛诗人的象征。

[⑦] 伯恩·琼斯（1833—1898），英国19世纪后期画家和工艺设计家，其绘画仿中世纪浪漫主义作品，明显地体现了前拉斐尔派的后期风格。

[⑧] 惠斯勒（1834—1903），美国画家及版画家。

这些都是富有魅力的名字，而且说实在话，我在纽约实在找不到理解或支持我观念的人。

与此同时伊丽莎白的学校越办越好，因此我们从卡内基音乐厅搬到温莎旅馆一楼的两间超大房间，这两个房间的租金是一星期90美元。不久我们就了解到，光靠舞蹈课的学费收入，是不够支付房租和其他支出的。虽然表面上看来我们很成功，但事实上我们的银行账户已出现了赤字。温莎旅馆气氛阴郁，再加上我们还得想办法支付这些巨额开销，因此住在那里怎么也快活不起来。有天晚上姐姐和我坐在火炉旁，盘算着如何筹钱还债。我突然大叫："能救我们脱离苦海的唯一出路就是旅馆失火烧光！"当时三楼住了个家里摆满古董的有钱老太太，她习惯每天早上8点整到餐厅吃早餐。我们计划第二天早上碰见她时由我向她借贷。不过那天老太太脾气坏得很，她拒绝借给我们钱，而且还抱怨旅馆的咖啡难喝：

"我在这家旅馆住了好多年，"她说，"可是他们若再不给我煮好一点的咖啡，我就要搬走了。"

当天下午她果真离开了，因为旅馆突然失火，她也被烧成灰炭！伊丽莎白英勇镇定地救出她的学生们，她让她们手拉手排成一路纵队逃出旅馆大楼。可是我们却来不及救出任何家当，失去了所有物品，包括几幅很珍贵的全家照片。我们暂时栖身在位于同一条街上的白金汉旅馆，几天后我们再度同初到纽约时一样——身无分文。"这是命运，"我说，"我们必须到伦敦去。"

# 第六章

春季结束时，种种不幸让我们在纽约已山穷水尽。温莎旅馆
大火后我们一无所有，连换洗的衣物都没有。我曾受雇于奥古斯
丁·达利，还曾在新港为纽约的上流阶层献舞，不过都是辛酸的
幻灭。当时我觉得，假如美国能给我的一切不过如此，那么继续
在如此冷漠的观众面前去敲一扇封得如此紧密的大门就没什么用
处了。我最大的愿望是到伦敦去！

家里如今只剩下四人。奥古斯丁在随着某个小剧团四处巡演，
他扮演罗密欧并爱上一个扮演朱丽叶的 16 岁女孩，有一天他回
家宣布了自己婚期。此举被视为背叛行为。我一直不理解母亲为
何会如此盛怒，她的反应就像当初父亲来看我们的时候一样。她
走进房间"砰"地关上门。伊丽莎白以沉默做回应，雷蒙则歇斯
底里地发作起来。我是唯一能以同情心看待这件事的人。我告诉
因愤怒而脸色苍白的奥古斯丁说，我愿意跟他一起去看他的妻子。
他领我来到位于一条小街上的一间阴暗的公寓，我们爬了五层楼，
走进一个房间，见到了朱丽叶。她很漂亮，但看起来虚弱、病恹
恹的。他们向我透露两人正在期待一个新生命诞生。

因此，在我们到伦敦的计划中，奥古斯丁是必然被排除在外
的。全家人似乎认为他不配同我们一起追寻伟大的未来。

而现在，在夏初之际，我们再度发现自己身无分文地身处一
间空荡的公寓里。那时我想到了个绝妙主意，就是去央求我曾献
过舞的富太太们提供一笔足够我们全家人前往伦敦的资金。

我首先拜访了一位住在五十九街、豪宅能够俯瞰中央公园的

太太。我告诉她温莎旅馆的大火烧掉了我们的一切，而且我在纽约得不到赏识，还有我确信在伦敦肯定能得到赏识。

最后，她走到书桌前，拿起笔来签支票。她把支票折起来交给我，我热泪盈眶地蹦跳着离开她家。可是老天啊！到了第五大道时我才发现，这张支票只有50块钱，这根本无法让全家人到伦敦。

我到另一位住在第五大道尽头的百万富翁的妻子那里试运气。我从第五十九街走了50个街区才抵达她的公馆。我在那里受到一位年长女性更为冷淡的接待，她甚至斥责我的要求荒诞无理，还解释说如果我学的是芭蕾舞，或许她对我还会有不同的看法，因为她以前认识过一个发了财的芭蕾舞者。我穿的衣服不太透风，以致我差点中暑，当时是午后4点钟，可中午我什么东西也没吃。这个情况倒让这位女士不安起来，她差遣一个威严的管家为我端来一杯可可和一些面包。我的泪水滑落在可可和面包上，即便如此，我依旧试着说服这位女士。"有一天我一定会成名，"我告诉她，"这会为你增光，因为你懂得赏识美国的天才。"终于这位名下财产总值6000万的富婆签了一张支票给我——又是50美元！不过她还附带说明："你一赚钱就得还我。"

我根本不愿还她，宁可把钱送给穷人！

我用这个方式四处游说纽约的贵妇们，终于成功攒到去伦敦所需的300块钱。可是如果到伦敦还想留点钱的话，这笔款项还是不够买普通轮船的二等舱票。

幸亏雷蒙想到了一个很棒的主意。他去码头找到了一艘要到赫尔的运牛船，船长被雷蒙的诉说感动，破例同意载我们同行。由于所有家当都在温莎旅馆大火中被烧，我们那天早上只带着几只手提袋就上了船。我相信这次航程对雷蒙日后吃素有很大的影响，因为从中西部平原漂洋过海到伦敦的好几百头畜生在货舱里以角互相抵触、挣扎呻吟的可怜景象，让我们印象深刻至极。

当我日后坐在大型游艇的豪华客舱中时，往往会想到这次运牛船之旅，想到我们压抑不住的愉快与欢欣。我很好奇长久处于奢华中怎么没有造成神经衰弱吗？当时咸牛肉和无味的茶是我们唯一的滋养品，床铺很硬、舱位狭小、伙食粗劣，但是在前往赫尔的两个星期航行期间，我们却快乐无比。我们不好意思以本名搭这样一艘船，就用外婆的姓氏——奥戈尔曼签名。我把自己叫作玛吉·奥戈尔曼。

　　船上的大副是个爱尔兰人，我常同他一起在月光下站在瞭望塔上，他常跟我说："玛吉·奥戈尔曼啊，真的，如果你点头的话，我会做你的好丈夫的。"有些夜晚，好心的船长会请大家喝热威士忌甜酒。虽然颇为艰苦，但这的确是一段非常美好的时光，只有被捆起来的可怜的牛所发出的哀号与呻吟让我们很难过。不知道人们现在是否还是用这种野蛮的方法将牛运送到英国！

　　5月的一个清晨，我们在赫尔上岸，搭乘火车，几小时后抵达伦敦。我们通过《泰晤士报》上的广告找到了马布尔拱门附近的一家小旅店。刚到伦敦的头几天，我们乘坐公用马车四处游逛，身边的每一件事物无不让我们惊喜欢悦，完全忘了事实上剩下的钱已为数不多。我们喜欢到处观光，总会在威斯敏斯特大教堂、大英博物馆、南肯辛顿博物馆、伦敦塔花好几个钟头，还参观了裘园、瑞奇蒙公园和汉普敦宫，然后才精疲力竭但兴高采烈地回家，所作所为完全像有个父亲会从美国寄钱来给我们似的。几个星期后，当不悦的房东太太来催讨房租时，我们才如梦初醒。

　　后来有一天，当我们从国立美术馆听完关于科雷吉欧之"维纳斯与阿多尼斯"①的精彩演讲，回到旅馆时，眼见房门"砰"的一声在我们面前摔上，行李也被锁在里面。一检查口袋，才知道我们只剩下6先令。于是只得回到马布尔拱门和肯辛顿花园，坐在长椅上考虑下一步该怎么办。

────────

　　① 科雷吉欧（1489—1534），意大利文艺复兴时期重要画家。阿多尼斯是维纳斯钟爱的美少年，狩猎时被野猪咬死。维纳斯恳求天神宙斯使他复活。宙斯同意让阿多尼斯半年留在冥府，半年与维纳斯为伴。

# 第七章

如果我们能看到反映自己生活的影片，不免会惊呼："这真的发生过吗？"当然我记忆中漫无目的地走在伦敦街头的那四个人，可能就存在于狄更斯的想象世界里。可是如今看来实在很难相信这是事实。我们年轻人在面临一系列苦难后，仍能保持斗志是不足为奇的，但是可怜的母亲一生经历过无数困难与苦恼，亦已老去，却还能淡然看待种种挫折。我现在回想起来真觉得不可思议。

我们沿着伦敦街头走着，没有钱，没有朋友，没有办法找到当晚的栖身之处。我们试过两三间旅馆，可是因为我们没有行李，旅馆全都坚持我们必须预先付费。我们又试了两三间公寓，但所有房东太太都同样冷酷无情。最后我们被逼到格林公园的一张板凳上，但即使这样还是有个粗暴的警察过来喝令我们走开。

这种情况持续了三天三夜，我们以廉价面包果腹。虽然处境如此恶劣，但是我们的活力实在惊人，白天我们还去大英博物馆。记得当时我读的是翻译成英文的温克尔曼[①]所写的《雅典之旅》，我完全沉浸于书中，忘了自己的奇特遭遇；我哭了，但并不是为了个人悲惨的命运而哭，而是为了温克尔曼在游历归来的途中不幸去世而哭。

到了第四天拂晓，我决定采取某种行动。嘱咐好母亲、雷蒙和伊丽莎白不出声地跟着我走之后，我大摇大摆地走进伦敦最好的一间旅馆，告诉半睡半醒的服务生说我们刚搭火车到这里，行

---

① 温克尔曼（1717—1768），德国考古学家和艺术史学家。

邓肯自传

043

李随后就会从利物浦运来。我吩咐他马上安排几间房间，顺便把包含咖啡、荞麦蛋糕和其他美式佳肴的早餐送过来。

那一整天我们都睡在舒适无比的床上。我不时打电话下去，指责服务生为什么我们的行李还没送过来。

"不换衣服根本不能出去见人。"我说，当晚我们就在房间里用餐。

第二天清晨，断定这招已使到了极限，我们就像当初进旅馆时一样走了出去，只不过这次并没叫醒夜班服务生！

我们精神焕发地走在街上，再次准备好要面对世界。那天早晨我们慢慢散步到切尔西教堂，坐在教堂的墓地上，我注意到地上有张报纸。拾起报纸，看到一则消息说一位我曾在她家跳过舞的纽约贵妇在格罗夫纳广场买了房子，并在那里大宴宾客。我灵机一动，"在这儿等着。"我对他们说。

午餐前，我独自一人找到了格罗夫纳广场，那位贵妇当时正好在家，她很和善地接待了我。我告诉她自己已来到伦敦，正在一些上流家庭的客厅中表演跳舞。

"我星期五的晚宴上正好需要舞蹈表演，"她说，"你能在晚餐后为我做些表演吗？"

我同意了，并且巧妙地暗示她必须先预支一笔钱。她极其明理，马上就写了张 10 英镑的支票给我，我带着这张支票跑回切尔西教堂墓地，看到雷蒙正在发表关于灵魂的演说。

"我星期五晚上要到某太太位于格罗夫纳广场的家里献舞，威尔士王子也可能会到，我们赚到钱了！"我把支票拿给他们看。

雷蒙说："我们必须拿这些钱去找一间工作室，并且先预付一个月的房租，我们再也不能忍受那些粗俗的房东太太的侮辱了！"

我们动身去找工作室，最后在切尔西的国王路附近找到一间小的工作室，当晚就睡在那里。工作室里没有床，只能睡在地板上，可是我们却觉得自己又像艺术家一样生活了。

我用付完房租剩下的钱买了些罐头食品，并且到一家叫作"自由"的商店买了几码白纱作为出席某太太晚宴的装扮。席间，我跳了内文的《纳希苏斯》，当时瘦弱的我在舞中扮演迷恋自己水中倒影的清瘦少年。我还跳了内文的《奥菲莉娅》，我听见人们的窃窃私语："这孩子怎么会有这么悲戚的表情呢？"晚宴快结束时，我又跳了门德尔松的《春之歌》。

母亲为我伴奏，伊丽莎白读了几首由安德鲁·兰[①]翻译的《戴奥克里图斯诗选》[②]，雷蒙则就舞蹈及其未来对人类心理可能产生的影响作了简短演讲。这些演出有些超出了这群酒足饭饱的观众的理解范围，不过也相当成功，女主人也很满意。

只有教养良好的英国人才会对我赤脚、着凉鞋与透明白纱跳舞视而不见，不过我这种简单的装束几年后却在德国风靡一时。英国人就是这么彬彬有礼的民族，有礼到没有一个人评论我服装的独特之处，也没有人提到我舞蹈的别具一格。每个人都说"好美妙啊！""令人浑然忘我！""非常谢谢你！"之类的话。仅此而已。

从那次晚会后，我陆续接到许多知名人士的邀约。头天我是在王亲国戚前或在劳瑟女士的花园里跳舞，但第二天却发觉自己已没钱吃饭了。这是因为有时有钱可领，但绝大多数的时候却没钱可领。女主人们都说："你将在某某公爵夫人前跳舞。许许多多著名人士都在看你的舞蹈，你很快就会在伦敦红得发紫了。"

记得有一天我在一场慈善义演上连续跳了好几个小时的舞。一位有爵位的夫人亲手倒茶并拿一些草莓给我，以作为答谢，可是因为连续几天没吃饱，我的身体已经虚弱到无法承受这些草莓

---

① 安德鲁·兰（1844—1912），苏格兰学者、文人，以写童话故事和翻译《荷马史诗》著称。

② 戴奥克里图斯（公元前3007—公元前260），希腊诗人、牧歌的创始人。

加奶油。就在这时，另一位夫人举起一只装满金币的袋子说："瞧瞧你为'盲女之家'募集到这么多钱！"

母亲和我都太过腼腆，无法告诉这些人，说他们的残酷是前所未闻的；相反，为了能衣着光鲜地出席这些场合，我们将钱花在了衣服上，以致没有正常饮食。

我们买了一些吊床放在工作室，并且租了一架钢琴。不过我们还是把绝大部分的时间花在大英博物馆内。雷蒙在那里临摹了所有希腊瓶饰与浮雕，我则试着找出与酒神祭祀群舞者头部姿势、脚步节拍还有酒神杖的摆动和谐一致的音乐韵律。我们每天还在大英博物馆内的图书室里待几个小时，中午就在休息室里吃廉价面包配牛奶咖啡。

伦敦的美使我们着迷。这里有我在美国所错失的一切文化美和建筑美，如今我可以饱览这一切。

在我们离开纽约前，我已经一年多没见到米罗斯基了。后来有一天，我接到芝加哥一个朋友的来信，说米罗斯基志愿投身"西班牙战争"，随军队驻扎在佛罗里达，并因感染伤寒而不幸去世。这封信对我是个致命的打击，我无法相信这个消息。有天下午，我走到古博学会翻遍了旧报纸合订本，在数百个死亡名字中找到了以极小字体印刷的他的名字。

朋友的来信中还写着米罗斯基在伦敦的妻子的姓名和住址。有一天我雇了一辆有盖的双轮出租马车，动身去找米罗斯基夫人。她的住址离城很远，大约是在哈默史密斯附近。当时我仍多少受到美国清教徒精神的影响，因此，米罗斯基在伦敦竟还有一个从未向我提及的妻子这一事实让我很震惊。所以，我并未告诉任何人我要去找她。我给了车夫住址，车子走了不知多少里路，几乎到了伦敦市郊。那里有一排又一排外观相似、大门非常阴郁昏暗的灰色小屋，屋子的名号一间比一间吓人：有舍伍德别墅、格伦寓、伊力斯米尔、恩尼斯莫尔以及其他丝毫不相称的名号，最后终于到了"斯特拉之家"。我按了门铃，一位阴郁异常的伦敦女仆前来开门。我说要找米罗斯基夫人，接着就被带进一间通风不良的客厅。那天我穿了一件白色的格里纳韦①式的棉布外套，臂下挽了一条蓝色丝带，头上戴了一顶大阔边草帽，卷曲的发束落在肩上。

"斯特拉之家"是所女校。我听见楼上的脚步声，一个尖锐、清脆的声音说："女孩们，保持秩序！保持秩序！"随后进来一个我生平所见过的最矮小的成年女人。她——身高不超过四英尺，骨瘦如柴，有着闪耀的灰色眼睛，灰发稀疏，小脸惨白，紧闭苍白的薄唇——进来时，即使米罗已不幸过世，我仍被一股混杂着恐惧与妒意的复杂情绪所刺痛。

她并不是很热情地迎接我。我试着表明来意。

"我知道，"她说，"你是伊莎多拉，米罗常在信里提到你。"

"我很抱歉，"我畏缩地说，"他从没对我提过你。"

"是啊，"她说，"他当然不会提，我本来可以去找他的，但现在——他却走了。"

她用一种哀婉的声调说着，让我不由得哭了起来，她也跟着哭了，仿佛我们一直都是好朋友似的。

她带我上楼到她的贴满米罗斯基照片的房间。那里有他年轻时的照片——脸庞俊美，魅力十足。还有一张是他穿着军服时拍的，她已在那张照片周围围上了黑纱。她说了他们的故事，说他是怎样到美国去找出路，只是当时没有足够的旅费，以便两人一起去。

"我早该跟他在一起的，"她说，"他总是写信说：'再等一小段时间，我就能赚到钱让你过来了。'"

几年过去了，她还是在那所女校担任教师，头发逐渐斑白，

———————————
① 格里纳韦(1846—1901)，英国插画家，现代童书插画先驱，以其独具一格、富有魅力的儿童读物闻名。

但是米罗却一直没把让她到美国的钱寄来。

　　我将这个有耐心的小个子老妇人（在我看来她非常老）的命运与我的闯荡经历两相对照后，仍旧百思不得其解：既然她是伊凡·米罗斯基的妻子，又希望和他一起去，为什么没能成行呢？就算是坐下等舱也行啊！不管当时或日后，我一直想不通为何当一个人想做某件事时，会有什么理由阻碍他去做；因为只要我想，我就马上去做了，虽然这往往造成我的不幸与苦难，但至少也获得了自行其是的快感。但是这个可怜的、耐心的瘦小女子，怎么能年复一年地等候她丈夫想办法送她到美国呢？

　　我坐在环绕着米罗相片的房里，她紧紧握住我的手，不断地谈论他的事，直到我发觉天色已晚。

　　她要我答应再来看她，我也要她一定来看我们，可是她说自己从无空闲，从早到晚都得忙着教书和改女学生的作业。

　　因为我已经先差走了出租马车，只好搭公共马车回家。记得当时为了米罗和他可怜的小妻子的命运，我一路哭着回家；不过同时我也怀着一种奇特的力量所带来的欢愉感受，并且蔑视那些失败者，或者是那些把生命浪费在等待上的人们。这对年轻的人来说过于残忍！

　　我一直是枕着米罗斯基的照片和信件睡觉的，不过从那天起，我将那些东西打包放到行李箱里去了。

　　当我们在切尔西的工作室第一个月租期届满时，天气很热，我们就到肯辛顿租了一间有家具的房子，那儿有一架钢琴和较多的工作空间。但很快到了7月底，伦敦的社交季节突然结束了，8月就在眼前，而我们却没有在旺季存下多少钱。整个8月，我们都游走于肯辛顿博物馆和大英博物馆的图书室，常常在闭馆后，从大英博物馆走回肯辛顿的住处。

　　一天傍晚，矮小的米罗斯基夫人出乎意料地出现在我面前并邀我一起吃晚饭。她非常兴奋，这次造访对她来说是一件了不起的大事。她甚至为我们的晚餐点了一瓶勃艮第葡萄酒。她要我告诉她米罗在芝加哥时的模样，说过些什么话。我告诉她，他是多么喜欢在树林里采摘菊花，还说有一天当阳光洒在他的红头发上时，他怀里是怎样抱着一大抱菊花，我又是怎样总将他同菊花联想在一起。她哭了，我也流下眼泪。我们又喝了另一瓶勃艮第，完全沉浸在美好的回忆里。然后她就转乘了好几次公用马车，回"斯特拉之家"了。

9月到了，伊丽莎白决定回美国赚点钱，因为她一直同以前在纽约的学生的母亲们保持通信联系，而其中一个家长给她寄了一张支票作为回去的旅费。

"因为，"她说，"我赚了钱后，就能寄来给你。而你很快就会成名致富，所以我不久就能再回来与你们重聚。"

我记得当时我们到肯辛顿大街，在一家商店为她买了件温暖的旅行大衣，最后目送她消失在邮船上。我们三人回到了住所，接连几天沮丧不已。

开朗温雅的伊丽莎白走了，寒冷阴郁的10月逼近了，我们初尝伦敦大雾的滋味，天天喝便宜汤汁以果腹，这或许早已引起贫血，就连大英博物馆也引不起我们的兴趣了。好些日子，我们甚至没有勇气跨出大门，只是裹着毛毯坐在室内，在厚纸板做成的临时棋盘上下国际象棋。

回想往日轻快欢愉的心情，与这段时间我们极度萎靡不振的样子，都同样让我感到诧异。事实上，有好多个早上我们完全没有勇气起床，整天躺在床上。

终于，伊丽莎白捎来了一封内含汇款的信。她已经抵达纽约，住在五号街的白金汉旅馆，创办了她的学校，一切进行得很顺利。我们放心多了。工作室租约已经到期，于是我们在肯辛顿广场租了一间带家具的小屋子，这样可以更方便地进入广场花园。

在一个暖暖的秋日之晚，雷蒙同我在花园里跳着舞，这时一个戴着黑帽子、美丽动人的女子走过来，说："你们是从哪儿来的呢？"

"不是来自人间，"我回答她说，"而是来自天上。"

"嗯，"她说，"无论是来自人间还是天上，你们都非常甜美可爱，要不要到我家去玩呢？"

我们跟她到她位于肯辛顿广场的可爱的家，里头挂着一些伯恩·琼斯、罗塞蒂[①]、莫里斯[②]为她画的、颇能烘托出她个性的不凡画作。

她就是坎贝尔夫人[③]。她坐到钢琴前为我们弹奏，唱了几首英国老歌，又朗诵了几首诗给我们听，然后看着我跳舞。她真的是美丽非凡，有一头乌黑亮丽的秀发，一双深邃的黑眼睛，娇嫩的肤色和女神般的美妙歌喉。

我们迷上了她，这次见面无疑将我们从忧郁与失意中拯救出来，命运也从此开始转折。由于坎贝尔夫人十分喜爱我的舞蹈，所以她写了一封信，将我引荐给乔治·温德姆太太。她告诉我们，她少女时代第一次在社交界露面，就是在温德姆太太家里朗诵朱丽叶的台词。温德姆太太非常热情地招待了我，让我生平第一次在暖烘烘的火炉前享受了下午茶。

暖烘烘的火炉、面包、奶油三明治、浓浓的茶，加上屋外的浓雾，让伦敦愈发迷人，对我具有一股无法形容的魅力，从那一刻起我就深深地爱上这一切了。屋子里有一种神奇的气息，让人感到舒适、安闲、宁静、悠然，我在这里感到非常自在，如鱼得水；那精致的藏书室也让我深深着迷。

---

① 罗塞蒂（1828—1882），英国画家及诗人，协助创立"前拉斐尔派兄弟会"，为罗塞蒂家族中最负盛名者。

② 莫里斯（1834—1896），英国诗人、美术设计家、手工艺人和社会主义先驱者，被视为19世纪伟人之一。

③ 坎贝尔夫人（1865—1940），英国女演员。她因与萧伯纳有信件往来而驰名。

就是在这间屋子里，我第一次注意到那些优秀英国仆人的良好教养。他们来去之间总是充满着自信和保持高贵的风度，一点也不像美国的仆人那样自卑或是去争取社会地位，他们将自己能为"最高尚的家庭"服务引以为傲。虽然他们的父亲以前是仆役，他们的孩子未来也会成为仆役，但这种工作态度让他们生活得安定自得。

　　某天晚上，温德姆太太安排我在她的客厅里献舞，几乎所有伦敦的文人雅士都出席了。我在那里遇见了深深影响我一生的一个男人。当时他约50岁，是我所见过的最英俊的男人之一：高高的前额下有一双深邃的眼睛，希腊式的鼻梁和细致的嘴唇，身材修长，微微驼背，灰色的头发中分，发丝垂向两旁耳根，脸上的表情特别迷人。他就是查理·哈莱——一位著名钢琴家之子[1]。奇怪得很，当时我所遇到的准备对我展开追求的年轻男子中，没有一个能引起我的好感，事实上我根本没注意到他们的存在，可是我却一下子就被这个50岁的男子深深地吸引了。

　　他曾是玛丽·安德森[2]年轻时的挚友，在我受邀到他家喝茶时，他还展示了自己精心收藏的、玛丽在《科里兰纳斯》里扮演维吉利亚时所穿的束腰及膝长衣。这次探访大大加深了我们的友情，每天下午我都想方设法到他家探访。他告诉我许多事情，有关于他过去的好友伯恩·琼斯的，还有关于罗塞蒂、莫里斯以及所有"前拉斐尔派"的画家[3]，还有惠斯勒与丁尼生[4]——他同这些人都很

---

　　① 著名的钢琴家指的是查理·哈莱（1819—1895），英国指挥家与钢琴家。

　　② 玛丽·安德森（1859—1940），美国女演员。

　　③ 《科里兰纳斯》是莎士比亚的最后一出悲剧。剧中主人公科里兰纳斯是带有神话色彩的罗马英雄人物，维吉利亚是他的妻子。"前拉斐尔派"是英国一群青年画家于1848年组成的一个艺术团体，其宗旨在于反对他们认为缺乏想象力而又做作的皇家美术学院的历史题材绘画，竭力在他们的作品中表现一种新的道德严肃性和真诚性。

　　④ 丁尼生（1809—1892），英国维多利亚时代最杰出的诗人。

熟。我在他的公寓里度过了许多美妙时光，这位随和的艺术家是引领我探知老一辈们的艺术的领路人。

当时，哈莱是展出所有当代画家作品的新美术廊的馆长。那是一个有中庭与喷泉的迷人小型美术馆，哈莱想让我到那里表演。他介绍我给他的朋友们：画家里奇蒙、历史学家安德鲁·兰和作曲家帕里①。三人都同意就舞蹈发表演说——里奇蒙先生的主题是"舞蹈与绘画的关系"，安德鲁·兰先生的主题是"舞蹈与希腊神话的关系"，帕里先生则讲"舞蹈与音乐的关系"。我在那绕着长满花草植物及一行行棕榈树的中庭喷泉跳舞。这场盛会非常成功，报纸大肆报道，哈莱也为我的成功高兴不已，伦敦的名流争相邀我喝茶或用餐，命运之神终于短暂眷顾我们一下了。

一天下午，罗纳德太太家举行的宴会上挤满了人，有人引荐我给威尔士王子，之后又引荐我给爱德华国王。他称赞我美如庚斯博罗②的画中美女，这个称号提高了我在伦敦社交界的声誉。

我们的经济状况大为改善，因此在沃维克广场租了一间宽敞的工作室。我在国家美术馆看到的意大利艺术仍启发我、帮助我产生新灵感，尽管我当时仍深受伯恩·琼斯和罗塞蒂的影响。

这时，一位声音柔和、眼神梦幻、刚从牛津毕业的年轻诗人走入我的生命中。他是斯图尔特贵族的后裔，名叫道格拉斯·安斯利。每天黄昏时分，他会带着几本诗集来找我，读斯温伯恩、济慈③、勃朗宁④、罗塞蒂和王尔德⑤的诗给我听。他喜欢大声朗

---

① 帕里（1848—1918），英国作曲家。

② 庚斯博罗（1727—1788），英国肖像画家和风景画家。其所绘的贵族仕女肖像画优雅迷人。

③ 济慈（1795—1821），英国19世纪最伟大的诗人之一。

④ 勃朗宁（1812—1889），英国诗人，作品由表达个人诗情转而注重探讨在日趋多元化社会中社会与宗教的价值。

⑤ 王尔德（1854—1900），爱尔兰诗人、剧作家。19世纪末英国唯美主义运动的主要代表，"为艺术而艺术"的倡导者。

读诗篇，我也很爱聆听。我可怜的母亲虽然懂得并爱这些诗篇，但是这种牛津风格的诗歌朗诵却让她大惑不解，因而即便她认为自己必须在这些场合中同我做伴，却总会在一两个小时后，尤其是念到威廉·莫里斯的诗时就坠入梦乡，这时这个年轻诗人就会俯下身来轻吻我的脸颊。

这份友谊让我非常快乐，我只想结交安斯利和哈莱这两位朋友。平庸的小伙子让我极端厌恶，虽然当时许多人目睹过我在客厅中的舞蹈后，很乐于访问我，带我出游，但是我高傲的态度往往让他们望而却步。

查理·哈莱和他迷人的小妹一起住在卡多根大街上的一间不太大的老房子里。哈莱小姐对我很亲切，她常邀我和她哥哥三个人一起用餐，后来也经过他们两人认识了欧文[①]和特里[②]。我是在《钟》这出剧里第一次欣赏到欧文的演出。他的艺术表演让我既兴奋又着迷，使我陶醉得好几个星期不能安睡。至于特里，从那时起，她就一直是我此生景仰的对象。只有亲眼看过欧文的人，才能领会到他表演时所产生的动人美感与震撼壮阔，他所散发的聪慧与戏剧魔力难以用言语表达；他的才华出众，就连缺陷都令人着迷；但丁式的才华与神韵贯穿在他的演出中。

那年夏季的某一天，哈莱带我去见伟大的画家瓦茨，我在他的花园里为他献舞，在他的屋子里挂着多幅以特里为主角的画作。我们一起在花园里散步时，他诉说着许多关于他的艺术与人生的动人故事。

特里当时正值中年，已不是瓦茨倾心并想象的那种修长、苗条的青涩少女，而已成长为身材玲珑有致、举止落落大方的丰腴

---

① 欧文（1838—1905），19世纪末伦敦舞台上极著名的演员和剧院经理。戏剧上的成就使他成为英国第一位获爵士封号的演员。他与女演员特里的演出珠联璧合，成为英国戏剧史上的美谈。

② 特里（1847—1928），英国女演员，欧文的搭档，擅演莎士比亚剧目。

女性，与今天流行的理想身材相去甚远！如果当今的观众能见到成熟妩媚的特里的话，肯定各种教她如何节食减重的意见会令她不胜其烦，倘若她真的效法现在的女演员们花时间让自己更显年轻苗条，我敢说一定会让她的演出成就遭到损害。虽然她并不轻盈和苗条，但确实是一个充满女人味的美丽典范。

就这样，我接触到当时最有才气的文艺界人士。冬日沉闷无比，沙龙比暖季时举办得少多了，于是有段时间我加入了本森剧团，只是除了演出《仲夏夜之梦》的精灵外，就再无突破。剧场经理似乎无法参透我的艺术，也看不出我的看法将给他们带来好处。此时，莱恩哈特①、吉米尔，还有"剧场前卫派"之流，争相模仿我的风格但效果拙劣的作品如雨后春笋般出现，因此这些经理的态度更令人百思不解。

有一天我被引荐给特尔夫人，在排练时我到化妆室找她，感到她非常热情。通过她的引荐，我穿上舞衣，到台上为比尔爵士②跳了门德尔松的《春之歌》，只是他并没有注意看，反而一直望着远方。我后来在莫斯科的一次宴会上，趁他向我敬酒，赞誉我是世界上最伟大的艺术家之一时，告诉了他这件往事。

"什么？"他惊呼着，"我曾看过你的舞蹈、你的美貌、你的青春，却没懂得欣赏？哎呀！我多傻啊！""现在太迟了，"他接着说，"太迟了！"

"不会太迟的。"我回答说。从那时起他就对我推崇备至，这些我下面还要细说。

---

① 莱恩哈特（1873—1943），奥地利出生的著名导演。1894年应布拉姆之邀加入柏林德意志剧团。1902年首次执导王尔德的《莎乐美》，1903年与布拉姆分道扬镳，接管新剧院，执导过42出戏，其中莎士比亚的《仲夏夜之梦》最能体现其早期天才。1910年演出《俄狄浦斯王》等许多古希腊戏剧，使许多伟大作品获得新生。1910年执导施特劳斯的《玫瑰骑士》的首演，为歌剧引进了现代观点。

② 比尔（1853—1917），英国一位具有喜剧天才的浪漫主义演员和性格演员。1904年创办"皇家戏剧艺术学院"。

事实上，当时我很难理解为什么在我唤醒了安德鲁·兰、瓦茨、阿诺德爵士[1]、杜布森[2]、哈莱，唤醒了我在伦敦见过的所有诗人与画家心中的狂热与赞赏时，这些剧场经理却始终无动于衷，仿佛我的艺术理念过于崇高纯净，因此无法融合于他们所理解的那种世俗粗劣的剧场艺术。

　　我整天都在工作室里忙着，晚间不是诗人安斯利来读诗给我听，就是画家哈莱带我出去，或是看我跳舞。他们从不会一起来，因为彼此都看对方不顺眼。诗人说他搞不懂我怎么会整天同一个老家伙在一起；画家则说他无法理解这么聪慧的女孩怎么会看上一个自大狂。事实上，他们两位的友谊都带给我莫大的快乐，我真的无法分辨自己比较喜爱哪一个。但星期天倒是都为哈莱保留，我们会在他家享用斯特拉斯堡的鹅肝酱、雪利酒，还有他自己煮的咖啡。

　　有一天，他总算允许我穿上那件玛丽·安德森的纪念舞衣，摆好姿势，为我画了多张素描。

　　冬天就这样过去了。

---

① 阿诺德爵士（1832—1904），英国诗人和新闻记者。

② 杜布森（1840—1921），英国诗人、评论家及传记作家。

# 第八章

我们虽然经常入不敷出，但我们的心灵却是安详宁静的。然而雷蒙受不了这份宁静，到巴黎去了。到了春天时，他不断地打电报央求我们到巴黎去。于是，母亲和我便收拾好行囊，搭船横渡英伦海峡。

告别了伦敦的大雾，我们在一个春日的早晨抵达瑟堡。我们眼中的法国就像一座美丽的花园，从瑟堡到巴黎的路上，我们一直从三等车厢的窗户探头望外看着。雷蒙在车站等我们，那时他已将头发蓄长到耳际，穿着翻领衬衫，打着领带。他的转变多少让人吃惊，但他解释这只是他住的地方——拉丁区的一贯装束。他领我们到他的住处时，碰见一个女店员正慌张地下楼。进房后，他请我喝红酒，还说这瓶酒值法郎 30 分。喝完酒后我们就动身去找工作室。雷蒙懂两个法国词 "Chercher atelier"，我们就沿路问着。当时我们并不知道法文的 atelier 并不单指工作室，而是泛指任何一种店铺。最后在黄昏时好不容易找到一间有庭院、备有家具的工作室，以 50 法郎一个月的超低价格租下。我们喜出望外，实在无法想象为什么租金会这么便宜，马上预付了一个月的房租，但当晚就真相大白了。当我们正准备要好好休息时，突然发生了可怕的震动，整间屋子仿佛飞上天去，又直挺挺地摔了下来。这种震动重复了一遍又一遍。雷蒙于是下楼查看，发现我们是栖身在夜间开工的印刷厂的楼上。原来这就是租金便宜的原因。我们多少感到扫兴，可是，50 法郎当时对我们来说实在是大数目，因此我就说把这声音当作海浪的声音，就像我们住在海边。这里提供每客法郎 25 分的午餐和 1 法郎一份的晚餐，还供应酒。看门人常常端来一碗沙拉，礼貌地笑着说："记得要搅拌沙拉，先生，小姐，记得要搅拌沙拉。"

我来后，雷蒙就放弃了对那位女店员的追求。巴黎是这么令人兴奋，我们往往清晨 5 点钟就起床，然后在卢森堡公园区的花园里跳舞，接着到处逛巴黎，再到卢浮宫待上好几个钟头。雷蒙已经弄到一本有所有希腊瓶绘的作品集，当时我们待在希腊花瓶陈列室里的时间，长到让警卫起了疑心，是我用手势告诉他我到卢浮宫只是为了要跳舞，他判定我们的疯狂行径无伤大雅后，才让我俩留在那里。记得当时我们花了无数个钟头，或坐在上了蜡的地板上，看着较低的橱柜里的展示物；或踮着脚尖说，"看哪！酒神狄奥尼索斯在这儿呢！" "快过来！快来看美狄亚<sup>①</sup> 杀了自己的亲生子！"

我们日复一日地去卢浮宫，总在闭馆时才不情愿地离去。在巴黎，我们没有钱，没有朋友，但是我们别无所求，卢浮宫就是我们的天堂。那时，我常穿白色外套并戴着自由帽<sup>②</sup>。雷蒙则头戴大黑帽，敞开领口、打着领带——看过我们的人都说我们是傻瓜，如此年轻就那么沉醉在希腊瓶绘中。闭馆后，我们在暮霭中走回家时，还会流连于杜乐丽区花园的雕像前，回家吃完白豆、沙拉，喝完红酒后，快乐得无可比拟。

雷蒙作画的速度相当快，不过几个月的时间，他已经临摹了卢浮宫里所有的希腊瓶。但后来出版的轮廓像，并不是希腊瓶的素描，而是雷蒙描画我裸体跳舞时的剪影。

---

① 美狄亚，希腊神话中的一名女巫，曾帮助阿尔戈英雄的领袖杰森取得金羊皮。后来，杰森抛弃美狄亚，与科林斯国王克瑞翁的女儿相爱。为了报复，美狄亚杀死克瑞翁国王父女以及她和杰森生的两个儿子。

② 自由帽是一种无檐的锥形软帽，原为被释放的古罗马奴隶所戴，18 世纪法国大革命时期被用作自由的标志。

除了卢浮宫，我们还参观了克吕尼博物馆、卡纳瓦莱博物馆、巴黎圣母院以及巴黎的其他博物馆。我尤其醉心于法国歌剧院之前的卡尔波群雕[①]，还有凯旋门上吕德的作品[②]。我们在每一个不朽作品前伫立观赏，这些梦寐以求的法国文化不断激荡着我们年轻的美国人的心灵。

春去夏来，1900年的万国博览会开幕了！一天早晨，哈莱竟出现在我们位于欢乐街上的工作室门口，让我十分高兴，却让雷蒙恼怒万分。此后我就成了来参观此次博览会的哈莱的良伴，我也无法再找到比他更迷人、更聪明的向导了。我们整天在建筑物间穿梭来往，傍晚就在埃菲尔铁塔那边用餐。他很细腻体贴，当我累时，他会让我坐到摇椅上。事实上我时常觉得疲倦，因为博览会对我来说根本无法同卢浮宫相提并论。虽然如此，我还是非常快乐，因为我爱巴黎，也爱哈莱。

每逢星期日，我们会坐火车到巴黎近郊，漫游在凡尔赛花园或圣杰曼森林，我在林中为他舞蹈，他则为我素描。夏天就这样过去了。当然，我可怜的母亲和雷蒙就没有那么快乐了。

1900年的万国博览会中的一幕让我印象深刻，那就是日本伟大的悲剧舞蹈家佐贺洋子的舞蹈。接连几夜，哈莱与我为这位伟大的悲剧舞者美妙的艺术所倾倒。

此外，另一个令我终生难忘的印象是"罗丹馆"，这是这位令人赞叹的伟大雕刻家第一次完整展示其作品。我一进入这个展馆，站在大师的作品前，崇敬之情便油然而生。那时我并不认识罗丹，只是感觉自己置身于一个新的世界。每次来访听到有些粗鄙的观众在说："他的头在哪里？"或"她怎么没有手臂？"我

---

① 指法国雕刻家卡尔波（1827—1875）的一组原置于巴黎歌剧院正门的群雕，这个石雕名为"舞蹈"，其洛可可式的鲜明活泼与剧院建筑式样的华丽相得益彰。目前此组群雕被收藏于奥塞美术馆。

② 指的是吕德（1784—1855），法国艺术家。

就会感到气愤，我常转身对那些无知的观众大加斥责："你们难道不知道，"我通常会说，"这并不代表人体本身，而是一种象征，一种生命典型的概念。"

秋天来临了，在博览会展期的最后几天，哈莱必须回伦敦，但他在回去之前，介绍了他的侄子夏尔·努夫拉和我认识。"我把伊莎多拉留下来给你照顾了。"他临行前这么说。努夫拉是一位年约25岁的年轻人，有些玩世不恭；但他却被受托照顾的美国姑娘的纯真烂漫倾倒。他开始为我补法国艺术教育的课，告诉我许多哥特式风格的特色，并使我第一次学会欣赏路易十三、十四、十五及十六时代的文艺价值。

我们搬离原来的住所，用仅有的一点积蓄租了一间大的工作室。雷蒙把我们的工作室布置得很古朴。他将锡箔纸卷起来，接在瓦斯喷气口，让火焰从中喷发出来，看起来像古罗马使用的火炬；但这样增加了我们许多煤气费。

在这间工作室里，我的母亲重新弹奏她的音乐，就像在我们童年的时候一样，她会接连几小时弹奏肖邦、舒曼和贝多芬的曲子。我们的工作室里没有卧室和浴室。雷蒙在各面墙上画了希腊式圆柱，我们把褥垫放在几个雕花木箱里，到了晚上，就把褥垫拿出来铺着睡在上面。这时，雷蒙发明了他有名的便鞋，因为他觉得所有的鞋子都令人不舒适。他有一种发明的癖好，几乎每晚都敲敲打打地忙于他的发明，而我和可怜的母亲则只能凑合着在箱子上睡觉。

努夫拉成了我家的常客，有一天，他带两个同伴来我家，一个是名叫雅克·博尼的漂亮小伙子，一个是名叫安德烈·波尼尔的青年文人。努夫拉对我赞誉有加，并且把我当作珍贵的美国之宝介绍他的朋友。我为他们献舞。我那时正在研究肖邦的前奏曲、华尔兹以及玛祖卡舞。我的母亲弹得好极了，她为我伴奏了好几个小时。那时博尼想出一个主意，要让她的母亲圣马索夫人（其丈夫为著名雕塑家）请我在某个晚上为她的朋友们献舞。

圣马索夫人在巴黎有一间最具艺术气息、最别致的沙龙，她把预演的地点安排在她丈夫的工作室。坐在钢琴前的是一位很引人注目的男子，他有一双魔术师般的巧手，而我的表演立即吸引住了他。

"真令人陶醉啊！"他大声说，"多么迷人！多么可爱的孩子！"并且将我搂进他的怀里，以法国式的作风亲吻我两边的脸颊。他就是伟大的作曲家梅萨杰。

我初次公演的夜晚到了。我在一群善良、热情的观众面前跳舞，风靡全场。他们几乎不等到我的舞蹈结束，就大叫着："太好了，太好了，她真是个讨人喜欢、与众不同的孩子。"而当第一支舞曲结束时，一位身材高大、目光锐利的男子站过来拥抱我。

"小女孩，你叫什么名字？"他问。

"伊莎多拉。"我回答。

"小名呢？"

"小时候他们叫我多丽塔。"

"噢！多丽塔，"他叫着我的小名，亲吻我的眼睛、脸颊和嘴唇，"你真迷人。"接着，圣马索夫人牵着我的手说："这是伟大的萨杜①。"

事实上，那个房间内集合了巴黎的上等人物。我被花束和赞美包围，我的3名护花使者努夫拉、博尼及波尼尔感到荣幸与满足，开心地护送我回家，因为他们的美国小女孩表演得相当成功。

他们三人中成为我最好的朋友的，不是高大、风趣的努夫拉或英俊的博尼，而是个子相当矮小、脸色苍白的安德烈。他很有智慧，我一直是个重视心智的人。也许大家不信，但就我而言，与这些有智慧的人相恋（我有好几段这种恋情），就像与一些人

---

① 萨杜（1831—1908），法国剧作家。

热情相爱一样有趣。当时安德烈正在写他的两本书《彼德拉克》和《西蒙德》，他每天都来看我，经由他的介绍，我了解了所有最好的法国文学作品。

此时，我学会了流利阅读法文和用法语交谈，而安德烈常常会在我的工作室里利用下午及晚上的时间为我大声朗读。他的声音抑扬顿挫，富有韵律感，极为甜美动听。他为我朗读莫里哀、福楼拜、戈蒂耶和莫泊桑的作品，而梅特林克的剧作《普莱雅斯和梅丽桑德》也是他首先读给我听的，此外还有许多流行的当代法国作品。

每个下午，我的工作室门外便传来轻轻的敲门声，安德烈会把一本新书或杂志夹在腋下来到这里。我的母亲无法理解我对这个男人的热情，他并不是我母亲心目中理想的情人，因为他长得又矮又胖，眼睛细小；只有重视心智的人，才能了解他眼中闪耀着的机智与聪慧。当他为我朗读了两三个小时后，我们常会搭乘沿塞纳河的公车前往西提岛，在月光下凝视着巴黎圣母院。他对这个建筑物外观的每座雕像知之甚多，能够讲述那里每块石头的故事。然后我们便走路回家，这时我会感觉到安德烈的手指胆怯地碰着我的手臂。星期天我们也常乘坐火车前往马尔利。安德烈曾在书中描述我们漫步林间——我如何习惯在他前面的小路上为他跳舞，像个快乐的仙女或森林女神般笑着向他招手。

他向我吐露他心中的文学构思以及他想写的文学题材，虽然他从来不会去写什么畅销书，但我相信安德烈·波尼尔的名字将会流传下去，成为当代最杰出的作家之一。有一天早晨，他脸色苍白地出现在我面前。他不愿告诉我心情不佳的原因，始终保持沉默，表情悲伤，眼神呆滞。他意味深长地亲吻我的额头，向我告别。我有预感他将结束生命，并为他担忧，心里痛苦极了。直到三天后，他神采飞扬地找到我，告诉我他去参加了一场决斗，并打败了对手。我始终不知道这场决斗发生的原因，事实上，我也从不了解他的私生活。他通常在每天傍晚五六点出现，然后视天气或我们的心情，决定是为我朗读还是带我去散步。有一天我们坐在一处十字路口的空地上，他把右手边的路称为"命运"，左边的路称为"平静"，把我们前面的直路称为"永恒"。"我们坐着的这条路呢？"我问。"爱情。"他用低沉的嗓音回答。"那么我宁愿一直坐在这里。"我愉快地回答。但他却说："我们不能留在这里。"接着便起身，快步地朝前面的那条路走去。

我非常失望而且不解，快步跟在他后面，大声说："可是为什么，为什么，为什么你要离开我？"但是在整个回家的路上，他没有再说话，并突然把我留在我住处的门口就走了。

这段奇妙而热情的友情维持了一年多，在我纯真的内心里，梦想着将这段友情化为爱情。一天晚上，我安排母亲和雷蒙去欣赏歌剧，只留下自己在家。那天下午，我偷偷买了一瓶香槟。到了晚上，我摆了一张小桌子，在桌上摆了一束鲜花、一瓶香槟和两个杯子，还穿了一件透明的希腊式短袖及膝上衣，在头发上缠绕了玫瑰花圈，就像是泰绮思[1]一样，等待着安德烈到来。他来了，看上去非常惊异和不安，几乎不敢喝一口香槟。我为他跳舞，但他似乎很拘谨，最后他说晚上有重要的东西要写完，便匆匆告辞。当晚，只有玫瑰花和香槟伴随着我，我孤单一人，伤心地啜泣。

倘若您记得当时我是那样的年轻美丽，对于这段插曲便会觉得不可思议，实际上我至今依然百思不解。不过事后我只能绝望地认为："他不爱我。"由于自尊心受挫以及懊恼的结果，我开始与我那三名爱慕者中的另一个人调情。他个子高大，满头金发，相貌英俊，相较于安德烈对于拥抱与亲吻的胆怯态度，他比谁都大胆。不过这段经历也是草草收场，因为有一天晚上，我们在一家餐厅享用一顿真正的香槟晚餐后，他带我进旅馆，以某先生与

---

① 泰绮思是历史上的名妓。

太太的名义登记住房。我既害怕又兴奋。我终将尝到爱情是什么滋味。我依偎在他的臂弯里，沉浸在一阵激烈的爱抚中，我的心跳加剧，每根神经都沐浴在愉悦之中，飘飘欲仙。我的生命终于苏醒，充满狂喜。忽然他惊跳开来，在床边跪着，用难以言说的情绪说着："噢，你为什么没告诉我？我几乎就犯下罪行！不，不，你必须保持清白。穿上衣服，立刻穿上衣服。"

接着，他对我的伤心哭泣充耳不闻，为我披上外套，催我坐上马车，并且一路上痛骂自己的鲁莽行为，令我不知所措。

"他几乎犯下什么罪行？"我问自己。我感觉晕眩、不适、惶恐不安，我再次在极为沮丧的情况下被送到住处的门口。我那年轻金发的朋友就此一去不回，他之后短暂前往美国，当我多年后遇见他时，他问我："你原谅我了吗？""要我原谅你什么呀？"我反问……

这是我在爱情领域的边缘上的第一次冒险，那是我渴望进入却不能如愿的领域，因为我让我的爱人们产生过于严肃、不可侵犯的感觉。但是这最后一次震撼对我的情感和气质产生了决定性的影响，我将爱情的力量全部转投入我的艺术。艺术带给我的欢乐，正是爱情拒绝施舍的。

我夜以继日地待在工作室工作，企图通过身体的律动，表现人类精神的神圣性。有时我会静静地站立好几个小时，两手交叠放在胸前。我的母亲看见我如此长时间纹丝不动地站着，好像进入失神状态，往往会变得很紧张。我正在探索（而且最终我也发现）所有动作的主要源泉、原动力、各种不同动作的统一体和舞蹈创作的幻觉反映，也就是从这些发现中，产生了我的舞蹈流派的理论基础。芭蕾舞学校教导学生，这种泉源来自于以脊椎为基础的背部主轴，"从这支主轴，"芭蕾舞老师说，"手臂、腿和躯干必须自由活动。"结果使舞者形同一具傀儡。这个方式产生了机械化的动作，配不上崇高的灵魂。相对的，我则是在找寻精神表现的源泉，将之注入于全身，使之充满动人的光辉——这离心力反射出灵魂的影像。数月后，当我已学会将我所有的力量集中于这个独一无二的源泉时，我发现此后只要我一听到音乐，音乐的声波及频率便会流泻于我体内这独一无二的源泉中，它们反射出的是灵魂的反映、心灵的影像，而不是大脑的镜像，我便可以用舞蹈将它们表现出来。我常试图对其他艺术家解释我的艺术的这一首要的基础理论。斯坦尼斯拉夫斯基曾在他的著作《我的艺术生活》中提到我曾告诉了他我的这个理论。

这似乎很难用语言表达，但是当我在课堂上对着所有学生，甚至是年纪最小、资质最差的孩子说："用你的心灵倾听音乐。当你用心倾听时，难道没有感觉到内心深处的自我正在觉醒？正是由这一力量，你难道没有感觉到你已抬起头，提起手臂，缓缓走向光明？"他们全都能够领会。我认为这种觉醒是舞蹈的第一步。

当这些年纪最小的孩子们明白这个理论之后，就连他们走路或进行的所有活动，都具有一种灵性的力量与优雅，那并不是与生俱来的肢体的活动或来自头脑的创造。这就是为什么我学校里年纪相当小的孩子们，在特罗卡德罗或大都会歌剧院面对广大的观众时，能磁铁般吸引观众注意的原因，而这是通常只有伟大的艺术家才拥有的魅力。但是当这些孩子长大以后，物质文明的交互影响便将这种力量从他们身上夺走了，于是他们就失去了灵感。

童年及青年时的特殊环境，使我将这种力量发展得很好，而在我人生中不同时期的历练使我能够排除外在因素的影响，独自生活在这种力量之中。所以，在我相当可悲地努力想获得世俗的爱情之后，我有了突然的转变，并回到这股力量之中。

以后，当安德烈腼腆并带着歉意对自己的行为做出说明时，我花了好几个小时，滔滔不绝地对他谈论舞蹈艺术及人体动作的新学说。我必须说，他似乎从未感觉厌烦，反而以极具同情的耐心听我为他解说我所发现的每一个动作。我还梦想从第一个动作自然地衍生出一系列动作，即第一个动作自然的反射。我已将这个动作在几个主题上发展出不同的变化——诸如第一个动作是恐惧，接着是由哀伤情绪产生的自然反应，这股哀伤的情绪会引发哀伤的舞蹈或一个爱恋的动作；这个动作的开展就像花瓣绽开，此时舞者会表现出香气流散的动作。

这些舞蹈没有确切的音乐，似乎是从某些天然的音乐节奏中创造了自己。从这些研究中，我首次尝试表现肖邦的序曲，我也采用了格鲁克的音乐。我的母亲孜孜不倦地为我伴奏，而且会一再重复弹奏《奥菲莉娅》的完整曲目，直到窗边出现晨光。

窗户很高，而且没有窗帘，所以一抬头就可以看到天空、星星和月亮。下倾盆大雨时，雨水会洒到地板上，因为高处的窗户几乎无法防雨。冬天极冷，夏天则像个烤箱，而且只有这么一个房间，有时不便于我们各行其是。但是年轻人适应力强，不在乎环境的不舒适；我母亲则像一个天使，肯于自我牺牲，一心只希望对我的工作有所帮助。当时，格雷夫尔伯爵夫人是社交界皇后，我接受她的邀请在她的会客室献舞。那儿会有许多名流聚集，包括巴黎社交界的所有名人。伯爵夫人以"希腊艺术的复活者"来称赞我，她深受皮埃尔·路伊斯[1]的《阿佛洛狄忒》和《比利地之歌》的影响。对于希腊文化，我的印象仅限于在大英博物馆冰冷的光线下，看见的一个陶立克式圆柱及巴台农的建筑装饰。

伯爵夫人在她的会客室里搭建了一座小型的舞台，背景是格子墙，每格里摆放了一朵红玫瑰。这种红玫瑰的背景，并不是很适合我身穿的简单希腊式舞衣和我的舞蹈所呈现的宗教性。虽然此时我已读过皮埃尔·路伊斯的《比利地之歌》、奥维德的《变形记》和萨福[2]的诗歌，但是我完全不理解这些书里的感官意义，

---

[1] 皮埃尔·路伊斯（1870—1925），法国作家。其诗和散文通常以色情为主题，代表对传统道德的反动。

[2] 萨福（约公元前 610—公元前 580），古希腊伟大的女诗人。

这也证明没有必要对年轻人的文学作品加以非难。一个人没有经历过的事情，将永远无法通过书本去了解。

我仍然是美国清教徒主义的产物，无论我身上是否流着外祖父母那种拓荒者的血液。他们在1849年乘着驿马车横穿中部平原，披荆斩棘地通过落基山脉的原始森林和酷热平原，时时警觉地与印第安人保持距离或展开激烈的战斗；或者由于我流着我父亲的苏格兰血液；甚至是由于其他原因，和其他美国青年一样，美国这块土地已将我塑造成一位清教徒、神秘主义者，一个英雄气概大于肉欲追求的奋斗者。而且我相信，大部分美国的艺术都是如此。比如惠特曼，尽管他的作品曾被禁止并被归类为不入流的文学，尽管他经常宣扬肉体的享乐，但他内心还是清教徒，而我们大部分的作家、雕刻家及画家也是如此。

到底是雄伟粗犷、狂风怒吼的美国大地，还是林肯总统仿佛无所不在的影响，催生了有别于法国感官文化的美国艺术？有人也许会说，美国的教育倾向是把人的欲望降到几乎为零。真正的美国人并不是拜金主义者，而是理想主义者和神秘主义者。我并不是说美国人没有感官欲望，相反，广义的盎格鲁—撒克逊人，或带有一些凯尔特人血统的美国人，在关键时刻，比意大利人更狂野，比法国人更激情，比俄国人更能铤而走险。但是早期的习惯训练将这种气质冻结在铁墙里了。只有当生活中发生某些特别的事件时，才能将其保有的这种气质释放出来。那么，有人也许会说，盎格鲁—撒克逊人是所有民族中最狂野的恋人。我知道这种特质的人睡觉时穿着两套睡衣：一套是丝质的，让皮肤觉得柔软；一套是羊毛的，让身体觉得温暖；他们拿着《时代》和《柳叶刀》杂志①，叼着一只香斗；他们时而变成热情的牧羊神，其热情程度连希腊人也甘拜下风，时而情欲像一座火山那样爆发，

---

① 《柳叶刀》，英国的医学杂志，1823年创刊。是一份在全世界极有威信的医学杂志。

会让意大利人也惊魂不定！

在格雷夫尔伯爵夫人家的那个晚上，沙龙里挤满衣着华丽、珠光宝气的女人，玫瑰花的香味令人喘不过气。我注意到前排的几个漂亮小伙子的鼻子几乎碰到舞台边缘，而且差点被我跳舞的脚趾头扫到。我非常不开心，感觉整场演出失败了。但是第二天早上，我收到伯爵夫人感谢的短笺，她谢谢我并吩咐我到门房那儿领钱。我不喜欢被叫到门房那里，因为我对钱过于敏感，但这笔钱毕竟够我支付工作室的房租了。

比较使我愉快的是，某个晚上在著名的梅德琳夫人家中，我跳了《奥菲莉娅》这首曲子，也在观众群中第一次见到了有"法国萨福"之称的诺瓦伊女伯爵[①]。让·洛兰也在场，并将他对舞蹈的印象发表在《日报》上。

除了卢浮宫和国家图书馆外，我还发现了另一个快乐的泉源：迷人的歌剧院图书室。图书管理员对我的研究很有兴趣，拿出每一本关于舞蹈、希腊音乐和剧场艺术的书来任我查阅。我专心研读每一种从古埃及到当代的关于舞蹈艺术的作品，也将心得专门记在笔记本上。不过当我完成这浩大的探索之旅后，赫然发现能让我折服的大师只有卢梭（《爱弥儿》）、惠特曼和尼采。

在一个阴晦的午后，突然传来一阵敲门声，打开门时一个女人立在那儿。她的气质雍容华贵，令人肃然起敬。她一出现，就仿佛有瓦格纳式的主题音乐随之扬起，深沉、有力，预示着将发生重大的事件。果不其然，那次扬起的深沉主题音乐一直影响着我的一生，其撼动力催生了不少波澜壮阔的悲剧事件。

"我是波利尼雅克王妃，格雷夫尔伯爵夫人的朋友，"她说，"我看过你的舞蹈，你的舞蹈艺术使我，特别是我的作曲家丈夫着迷不已。"

---

① 诺瓦伊（1876—1933），法国女诗人，以抒情诗闻世。

她有一张漂亮的脸蛋，只可惜下颚过厚与突出，而且下巴极具威严。她的面容是罗马皇帝般的，但是冷若冰霜的神态却遮掩不住她眼神与五官所蕴藏的娇艳。她说话的声音也同样冷峻，具有金属般的音质，由于跟预期中她应拥有的圆润、深沉的语调大为不同，这样的声音尤其令人感到神秘。后来证实我的推测无误，她冷淡的表情与声音的语调只是一种保护色，在她尊贵的地位下所隐藏的，其实是一种极度敏感的羞涩。我把自己的艺术与希望告诉她，王妃马上答应帮我在她的住所安排演出。她会画画，也弹得一手好钢琴和管风琴。王妃似乎感觉到我们空荡冰凉的屋子所透露出的贫寒，当她突然告辞时，羞怯地将装有 2000 法郎的信封放在了桌上。

我相信这是波利尼雅克王妃所惯有的举动，虽然传言中的她是非常冷酷无情的。

第二天下午我到她家去，在那儿跟波利尼雅克亲王见了面。他是一个天赋异禀的音乐家，一位优雅瘦弱的绅士，时常戴着一顶小小的黑绒帽，愈发衬托出他漂亮的脸蛋。我换上舞衣，在他的音乐厅里为他献舞，令他着迷不已，盛赞我是他梦寐以求的理想化身。他对我的理论——关于舞蹈动作与声音之间的关联性——以及我想复兴舞蹈艺术的理想与希望兴趣浓厚。他高兴地为我弹奏迷人的古钢琴曲，纤细修长的手指宛如恋爱般抚触着古钢琴。他的赏识带给我温暖，他最后惊呼着："真是个讨人喜爱的孩子，伊莎多拉，你真可爱。"我害羞地回答说："我也很喜欢您，我愿意为您跳舞，编一套在您动人的音乐激发下创作出来的宗教舞蹈。"

接着我们开始设想今后的合作，这种合作对我是大有裨益的，可惜的是天下常有不如意之事！我们合作的愿望，不久就因他的早逝而作罢。

在王妃住处举行的舞蹈演出非常成功，而且由于王妃大方地将住处对外开放，不将观众限为她的朋友，使得我的作品引起更广泛的注意。之后，我们又在自己的工作室办了几场能容纳二三十人的募款演出。波利尼雅克夫妇每一场都来。我还记得有一次，波利尼雅克王子为了表现他的激动之情，还把绒帽脱下，一边在空中挥舞，一边喊着："伊莎多拉万岁！"

卡里埃尔[①]和他的家人也来观赏这些演出。有一次卡里埃尔还发表了一篇关于舞蹈的简短演说，赋予了我极大的荣耀，他说：

渴望要表现出人性情感的伊莎多拉，在希腊艺术中找到最完美的典范。她痴迷于那些美丽的浮雕作品，从中获得了创作的灵感。然而，与生俱来的创造本能引领她回归自然，由此产生出这一切舞姿。而相信能够仿效与复兴希腊舞蹈的她，也找到了属于自己的表现方式。她虽遥想希腊，却也只听从自己的声音。她所带给我们的是她本身的欢乐、她本身的伤痛。她只想忘却时间，追求幸福。她的愿望如此活灵活现地呈现在我们面前，也唤起了我们的愿望。看着这些在刹那间复活的希腊艺术，我们也像她一样年轻起来了！新的希望在我们心底燃烧。当她舞出对不可抗拒的命运之屈服时，我们也同她一起变得顺服。

伊莎多拉·邓肯的舞蹈不再是一种余兴节目，而是一种个性的体现。它是如此鲜活和丰富，激发了我们去完成命中注定属于我们的事业。

---

① 卡里埃尔（1849—1906），法国油画家、石版画家和雕刻家，以描绘天伦之情和画知名文学家、艺术家的肖像著称。

# 第九章

　　虽然很多名人赏识我的舞蹈，但我的生活仍然十分拮据，我们常常为了筹措房租而烦心，或因没钱买煤炭生火取暖而挨冻。然而，在这样的贫寒处境中，我还能在寒冷刺骨的屋子里独自一站就是几小时，只为了捕捉那瞬间闪现的、能让我以动作表达自我的灵感。在这段时间，我的心灵会升华，我会依随着心灵起舞。

　　有一天，我正如此站立着，有个穿着贵重毛皮大衣、手上带着钻戒、衣饰华丽的绅士登门拜访。他说：

　　"我从柏林来。我们耳闻了你的赤脚表演。"（你可以想象得到他这样形容我的艺术是多么令我震惊！）"我代表德国最大的音乐厅，想立刻同你签约。"

　　他搓搓双手，满脸笑容，仿佛他带给我的是莫大好运似的，但是我却像一只受伤的蜗牛，急忙缩进壳里，淡漠地回答他说："噢，谢谢你！我绝不会容许自己的艺术在音乐厅演出！"

　　"我想你并不了解，"他大声说道，"有许多伟大的艺术家也在我们的音乐厅表演，而且我们付的钱很多！我现在就可以给你一晚 500 马克的价码，以后还会再加。我们会把你捧成'世上第一位赤脚舞蹈家，我想你总不会拒绝吧！"

　　"我绝对不会接受的。"我重复说道，开始有点恼火，"任何条件都绝不可能！"

　　"这是不可能的，不可能，不可能。我无法接受否定的回复。合约我可是准备好了。""不行，"我说，"我的艺术不属于音乐厅。有一天我一定会到柏林，我也希望同德国的柏林爱乐管弦乐团一起演出，不过那要在'音乐殿堂'中举行，而不是充斥杂技演员和杂耍动物的音乐厅。那将太可怕了！老天啊！不，绝不可能！祝您日安，再见。"

扫视着我们的屋子和我的陈旧衣裳，这位柏林经纪人几乎无法相信他的耳朵。他第二天又来拜访我，第三天又来了，把价码抬高到一晚1000马克，并承诺可以先签一个月的合同。他终于恼羞成怒了，将我比成"傻姑娘"。最后我对着他喊道："我之所以来到欧洲，为的是要通过舞蹈进行一场伟大的宗教复兴，是要通过舞蹈动作表达人体之美、心灵之美及神圣，绝不是给吃得太饱的资产者做饭后余兴节目！"

"请离开！"

"你拒绝一晚1000马克的待遇？"他喘着气说。

"当然，"我严肃地回答，"就算是一晚1万马克、一晚10万马克也一样会拒绝。我所追求的目标是你所不能了解的。"就这样，当他要走时，我加了一句："总有一天我会到柏林去的，我会为歌德与瓦格纳的同胞献舞，但是要在配得上这些舞蹈的剧场中跳，而且价码肯定会比1000马克还高。"

我的预言应验了。三年后，我在克洛尔歌剧院演出，由柏林爱乐管弦乐团为我伴奏，演出收入超过2.5万马克。这位经纪人带着一束鲜花到我的包厢致意，他承认了自己的错误，态度友好地说："亲爱的女士，您是对的，请允许我亲吻您的手吧。"

可是当时我们的经济状况依旧紧张。不管是皇家的赏识，还是我日渐响亮的名气，都没能带来温饱。在那段时期，有个貌似埃及公主、身材极为娇小的小姐常来家里，她唱歌时十分迷人，她来自落基山脉西部的一个州，出身于名门望族。有时我注意到，清晨时分门缝里常会塞进散发着紫罗兰花香的小信笺，接着雷蒙就会神秘地不见踪影。由于他向来没有在早餐前散步的习惯，我将一切迹象前后联系，就得出了结果。终于有一天，雷蒙告诉我，他要随某个音乐团体到美国巡演去了。

这样，母亲同我两人孤单地留在巴黎。因为母亲当时病了，我们不得不搬到玛格丽特路上的一家小旅馆。在那里，母亲终于能睡在床上，免受以前在工作室里遭受的冰冷地板的风寒之苦；而且由于我们住的是膳宿旅馆，因此三餐也正常了。

在那家膳宿旅馆里，我注意到一对到哪儿都会引人注目的情侣。女的，年约30来岁，容貌出众，有双美丽的大眼睛，是我所见过的最出奇的双眼。那双温柔、深沉、诱人、妩媚的眼睛，充满着狂烈的热情；同时又具有优秀的纽芬兰犬的那种顺从和谦卑。她有头火焰一般的赤褐色头发。她的一举一动都充满着爱欲的吸引。记得我当时曾想，任何人窥视一下她的双眸，一定就像是掉进火山口一般。

男的，瘦弱，额头很漂亮，那么年轻却显出倦意。通常会有一个第三者和他们在一起，他们总沉浸在热烈活泼的谈话气氛中。这三个人似乎永远不懂凡人片刻的烦闷或放松为何物，只是不停地燃烧着心灵的火焰：男的是属于纯粹美的智性之火；女的则是预备好被火所吞噬摧毁的热情火焰；只有那第三者拥有某种较为慵懒的气质，属于不断追逐生命的感官享乐的那种人。

一天早上，那位年轻女人走到我桌前说："这是我的爱人，亨利·巴塔伊①，这位是曾报道过您的艺术的让·洛兰，我是贝尔特·巴蒂。我们希望到您的工作室观赏您的舞蹈。"

当时我十分激动和高兴。过去，我从没听过像贝尔特·巴蒂这样充满磁性、充满生命力与爱的声音。我好仰慕她的美！在那个时代女性的穿着不怎么讲求美感，不过她每次要么以一身不同颜色、亮丽的贴身长衫出现；要么穿着闪耀夺目的小亮片礼服。有一次我看见她这样一身打扮，头上还戴着紫色的花冠，正准备

---

① 巴塔伊，法国剧作家，作品反映了社会的种种陈腐成规。

出席一场聚会，并将在会上朗诵巴塔伊的诗篇。我想一定没有其他诗人能拥有比她更美的缪斯女神了。

那次见面后，他们就常到我的工作室来，有一次巴塔伊还为大家朗诵他的诗篇。在这样的际遇下，我这个渺小的缺乏正规教育的美国女孩，已经以某种神秘的方式取得了一把能打开巴黎文艺界和艺术界精英心灵的钥匙。在我们这个时代，巴黎在世界上的地位就好比是古希腊全盛时期的雅典。

雷蒙和我习惯于在巴黎散步。我们常常逛着逛着就到了许多非常有意思的地方，像有一次我们就在蒙索公园里发现了一位孤僻的法国富豪遗留下来的中国博物馆；另一次则是参观了全是东方宝物的吉梅博物馆①以及陈列着让我们激动不已的拿破仑面具的卡纳瓦莱博物馆；还有一间让雷蒙痴立在波斯古盘画前达数小时之久的克吕尼博物馆。他还发狂地爱上了那座博物馆里陈列的15世纪织锦毯作品《妇人与独角兽》②。

有一天，我们漫步到了特罗卡德罗剧场。我们的目光被一张海报吸引住了，上面写着当天下午莫奈·苏利将担纲演出索福克勒斯③的《俄狄浦斯王》。当时我们还不知道莫奈·苏利的大名，不过却很渴望看到这出剧。看看海报底边的票价，摸摸衣袋，我们只有3法郎，而最低票价也就是在最高处的站票是75分钱。这意味着我们得饿着肚子去看戏，不过我们还是登上了高处的站票席。

特罗卡德罗的舞台没有布幕，场景简陋地搭成某些现代人理

---

① 吉梅博物馆是亚洲艺术品收藏馆，设在巴黎。1879年由吉梅首建。1945年罗浮宫所藏东方艺术品全部移交该馆，该馆成为罗浮宫的亚洲艺术馆。

② 《妇人与独角兽》系列织锦毯是15世纪末至16世纪初所发展的"千花"织法的最佳代表作，织于15世纪末的荷兰南部，以颜色鲜艳调和以及人物优雅而闻名。

③ 索福克勒斯（公元前496—公元前406），古希腊剧作家，与埃斯库罗斯、欧里庇得斯并称古希腊三大悲剧作家。《俄狄浦斯王》是他的代表作。

解的所谓"希腊艺术"的样子。合唱队打扮成某些书上所描述的希腊装束就进场了。音乐平庸，旋律虽优美，但是淡而无味。雷蒙向我使了个眼色，当我们都觉得牺牲了晚餐是无谓的损失时，有个人物从舞台左边象征宫殿的廊柱现身了。在三流的歌剧合唱队和二流的法国喜剧布景前，他举起了手说：

> 我的孩子，年迈卡德穆斯①的年轻后裔，
> 为何哀哭着来到我的宫殿？
> 手上怎么还拿着哀诉者的树枝？②

　　啊！我应该怎么形容刚听到这声音时的激动呢？我真怀疑在远古戏剧的巅峰，希腊的盛世，索福克勒斯戏剧的风靡时期，无论在整个罗马还是在其他任何国家，在任何时代，是否有过这样震慑人心的声音。从那一瞬间起，莫奈·苏利的声音，莫奈·苏利的身影，越来越宏大，吸纳了一切言语、一切艺术、一切舞蹈，他的气势如此雄伟，声音如此洪亮，以至于特罗卡德罗之大也容不下这位艺术巨擘。我们感到目眩神迷，泪如泉涌，几乎昏厥过去。到了第一幕终于结束时，我们情不自禁地拥抱着对方。在幕间休息时，我们两人都认定这就是我们朝圣的顶峰和我们远渡重洋的理由。

　　第二幕开始了，这出伟大的悲剧在我们眼前呈现。焦躁、不安开始使自信满满、得意扬扬的年轻君王产生疑虑，强烈渴望不惜一切代价查明真相。接着壮丽的一刻来临了，莫奈·苏利开始跳舞。啊！这就是我日夜向往的——伟大的英雄人物的翩然起舞。

　　又是中场休息。我看着雷蒙，他面色苍白，两眼冒火，我俩

---

　　① 卡德穆斯是传说中建立底比斯之人以及底比斯的第一位国王。

　　② 哀诉者会将缠着羊毛的树枝放在祭坛前，直到所求被应允，才将树枝拿走。文中所引乃是俄狄浦斯王出场后的第一段台词。

摇摇欲坠。第三幕开始了，已不能用笔墨形容了。只有看过这出戏，看过莫奈·苏利表演的人，才能体会我们的感受。到了最后一刻是痛苦的极致，他神智狂乱，那种混杂着宗教的罪恶感与受挫的自尊心的极端恐惧爆发了！因为他正是一切罪恶的源泉。他亲手挖下自己的眼珠后，知道自己再也无法看清真相了，就将子女唤到跟前作最后的诀别。此时特罗卡德罗的6 000名观众全都失声痛哭了。

雷蒙和我缓缓走下楼，我们实在走得太慢，太不舍得离开这里了，使得看门人不得不推我们出去。就在那时，我明白自己已得到艺术的伟大启示，我知道自己的方向了。我们因灵感的启示而陶醉，飘飘然走回家。此后几个星期，我们不断咀嚼这份回忆。当时我简直不敢梦想会有那么一天，我可以和伟大的莫奈·苏利站在同一个舞台上！

自从在博览会中看过罗丹的作品后，罗丹的天才艺术一直萦绕在我的心头。有一天我寻到他在大学路上的住处，去向他朝圣，就好像是普赛克[1]到石室中找寻凶残的牧羊潘神[2]，只不过我此行并不是为了寻爱，而是要追求艺术之神。

罗丹身材不高，健壮有力，须发丰美，还蓄着浓密的胡子。他深入浅出地向我讲解他的作品。有时候他只是低吟着雕像作品的名字，不过感觉得出来这些名字对他没有什么意义。他的手在来回抚弄着，我觉得在他手下的这些大理石雕刻仿佛像熔解了的铅一样流动起来。最后，他拿起一些黏土在双掌间揉捏，边揉边用力呼吸，他呼出的熊熊燃烧的热气就像是热力四射的火炉。不一会儿工夫，他已经完成了一个女人的胸部，那胸部仿佛在他的指尖下扑通扑通地跳动着。

---

① 普赛克，古典神话中人类心灵的化身。她几经磨难，终于与爱神丘比特结合。
② 潘神，希腊神话里半神半兽的人物，长着羊角、羊蹄，善于吹奏芦笛，是畜牧及繁殖之神，后为自然之神。

他拉着我的手，叫了辆车到我的工作室去。我很快地换上舞衣，为他跳了安德烈·波尼尔为我翻译的下面这首德里克里特的田园诗。

　　潘神爱慕精灵艾珂[①]
　　而艾珂爱慕萨蒂尔（森林之神）

　　我停下来向他讲解创造新舞蹈的理论，但不久我就发现他并没有在听。他低垂着眼帘凝视着我，目光灼灼，然后，他像先前在雕像前所做的一样，来到我面前，用手滑过我的脖子、胸前，抚摸着我的手臂，再滑过我的臀部和赤裸的双腿、双足。他开始揉捏我的身子，仿佛那就是黏土似的，他散发的热焰灼烧并熔化了我。我整个人渴望把自己的一切献给他。事实上，我真的会这么做，假如没有所受的教养使我害怕，让我退缩。我抓起衣服套在舞衣上，送走了大惑不解的他。

　　两年后，我从柏林回到巴黎时，才又见到罗丹。此后几年间，他一直是我的好友与恩师。

　　与这次见面大不相同，但同样令人感到喜悦的是同另一位伟大的艺术家卡里埃尔的晤面。作家卡兹尔的妻子带我来到他的工作室。卡兹尔夫人怜悯我们孤单的处境，时常邀请我们到她家聚餐，她学小提琴的小女儿和她极具天分、现在已经颇有名气的小儿子——作曲家路易斯，在温馨的桌灯映照下，构成极其完美和谐的画面。那时我就注意到墙上有一张奇特、迷人又透着伤感的画像。卡兹尔夫人说："那是我的肖像，卡里埃尔画的。"

　　有一天，她带我到卡里埃尔位于埃杰西卜·摩罗街上的家里。我们爬上了顶楼，看见卡里埃尔正被书、家人与朋友团团围住。

　　① 艾珂，森林女神，因被天后希拉惩罚，从此不能自己发声，只能重复别人的声音。据说她因拒绝潘神的追求而惨遭报复。

他具有一股我从未感受过的灵性力量，那是智慧与光明，流露着对全人类的深情厚爱。他的画作所体现的一切优美、力量与奇迹，只不过是他那崇高灵魂的直接呈现。来到他面前，感觉就像亲眼见到了耶稣，令人充满敬畏。假如不是生性羞赧保守的话，我真想跪倒在他面前！

几年后，约斯卡女士如此描述这次见面的情形：

> 在少女时代，这件事情我记得比其他事情都清楚。那天，我与卡里埃尔初次在他家里遇见了她，她的名字和容貌立刻就注入我的灵魂了。我像往常一样忐忑不安地敲了卡里埃尔的家门。如果不使尽全力压抑情感，我实在无法接近这座"贫穷人的圣殿"。在那位于蒙马特尔的小屋里，这位非凡的艺术家安静快乐地创作着，他亲爱的家人——身穿黑色粗呢衣服的妻子与母亲以及没有玩具可玩的孩子们，都围绕在他身边，全都容光焕发。啊！这些圣洁的人们哪！
>
> 伊莎多拉站在谦逊的大师和他在巴斯德研究所工作的朋友——沉静的麦基尼科夫[1]之间。她甚至比他们两人还要安静。除了丽莲·吉什[2]，我再也没看过比她更羞怯的美国女孩了。卡里埃尔拉着我的手，就像人们拉着小孩的手，要他去亲近值得他仰慕的人物。当我凝视着她时，他说："这是伊莎多拉·邓肯。"接着就是一片沉默。
>
> 突然间，平时一向低声说话的卡里埃尔用深沉、洪

---

① 麦基尼科夫（1845—1916），俄国动物学家、微生物学家。因在动物体内发现噬细胞而与他人共获 1908 年诺贝尔生理学或医学奖。

② 丽莲·吉什（1896—1993），美国电影女演员，以在早期经典默片里扮演和蔼可亲、弱不禁风和多愁善感的女主角著名。1971 年获奥斯卡终生成就奖。

亮的声音说："这位美国姑娘将改造全世界！"

每次我脑海里浮现出卡里埃尔全家福的影像时，都忍不住热泪盈眶。我不久就成了他家的常客了，这是我年轻时代最弥足珍贵的记忆之一。记得当时我马上就俘获了他们的心，受到他们热情接纳，并被当作朋友。从那时起，每当我怀疑自己时，都会重温他们对我的接纳之情，借此重拾信心。卡里埃尔的灵思就像是上苍的祝福，不断地激励我继续坚持自己的最高理想，不停地召唤我向更纯净的神圣艺术意境前进。而且，奇怪得很，在忧伤几乎让我住进精神病院的时候，是卡里埃尔的画作给了我活下去的信念。

没有任何艺术能像他的艺术一样显示出强大的力量，更没有任何艺术家的生命能对他周围的人产生如此神圣的同情与帮助。他的画作不应被放在博物馆中，而应当被供在"精神力量"的圣堂中，让世人都能够与他那伟大的精神相沟通，因此获得净化与祝福。

# 第十章

一天晚上，西方的夜鹰为我带来了舞蹈家洛伊·富勒①。很自然地，我为她跳了舞，也向她阐述了我的所有理论，就像我对其他人所做的一样。说实在的，假如进来一位水管工人的话，我也会如此做的。富勒十分热情，表明她第二天将前去柏林，并提议我跟她同往。她本身不但是位伟大的艺术家，同时也是我十分欣赏的佐贺洋子的经纪人。她建议我与佐贺洋子共同举办德国巡回表演，我非常高兴，接受了她的提议，就这样敲定我与富勒在柏林的合作。

临行那天，安德烈·波尼尔前来送行，我们到圣母院做最后一游，而后他送我到火车站去。他像往常一样拘谨地吻了我前额，不过他眼镜后方似乎隐约透出了一丝痛苦。

我们在柏林的布里斯托尔旅馆落脚。在旅馆的一个大房间里，富勒被她的随行人员团团围住，十几个美丽的女孩儿聚在她身旁，轮流抚摸着她的手并亲吻她。我母亲的教养方式非常质朴，虽然她非常爱我们，但是却很少如此爱抚我们，所以这一幕让我手足无措。这种表现情感的极端方式着实吓坏了我，这里面有一股我从未体验过的温暖气氛。

富勒非常慷慨大方，她按铃点了一套豪华的晚餐，让我很难想象这套晚餐到底花了多少钱。当晚她将在冬季公园演出，可是

---

① 洛伊·富勒（1862—1928），美国现代舞先驱之一，她利用质料轻柔的衣服跳短舞，配合舞台灯光以加强神奇效果，借此引起大众注意。邓肯曾在富勒的舞团待过一段时间。

我当时看她的状况，真不知她会怎样进行这场演出。她似乎深受脊椎剧痛折磨，那些可爱的随行人员不停地为她更换枕在椅背和背之间的冰袋。"亲爱的，再帮我换一个吧！"她说，"止点痛。"

那晚我们全坐在包厢里。啊！眼前这光辉的形影同刚才那个受着煎熬的病人有任何关系吗？就在我们眼前，她幻化成绚丽多彩的兰花，幻化成摇曳生姿的海葵，最后又化为回旋般的百合，仿佛具有梅林①的魔法和巫术。多么不凡的奇才啊！模仿富勒的人根本就是东施效颦！我心醉神迷，不过也明白这是她本质的突然迸发，是无法再重来一次的。她在观众眼前幻化为千百个多彩多姿的形象，令人不可置信！无法重现，更无法描述！富勒创造不断变化的种种色彩与升腾飞扬的缎带，她是将原创性灵感赋予光与变动的色彩的先驱之一。我神思恍惚地回到旅馆，整夜魂不守舍。

第二天一早我出去一睹柏林风采。一直神往希腊与希腊艺术的我，刚开始就被柏林的建筑打动了。

"这就是希腊吗？"我惊呼着。

不过在我仔细审视过后，就明白柏林其实并不像希腊。这是一种斯堪的纳维亚式的希腊风情。这些圆柱不是那直入奥林匹斯山蔚蓝天际的陶立克式圆柱，而是学究气的日耳曼考古学教授们所认定的希腊式圆柱。而且当我看见皇家警卫正步走出波茨坦广场后，就回到布里斯托尔旅馆，对侍者说："给我一杯啤酒，我好累。"

我们在柏林停留了一些日子后，就跟着富勒一行人前往莱比锡。我们所有的行李都被扣留了。当时我还不清楚为什么这样一位成功的音乐厅艺人会落得如此下场，尤其是在那些香槟晚宴、皇宫般住宿的奢华生活下，后来我才知道是因为佐贺洋子演出失

---

① 梅林是六世纪英国亚瑟王朝传奇故事中的一位著名预言家和术士魔法师。

利，使得富勒散尽钱财以支付欠款。

在这群美丽的海精灵、女神与闪亮的仙子中间，有位穿着讲究的黑色服装的奇特人物。她很害羞，沉默寡言，精致的五官透着坚毅，乌黑的秀发总是从前额往后梳，有双忧伤的眸子，双手总是一成不变地插在口袋里。她对艺术很有兴趣，总能够滔滔不绝地谈论富勒的艺术。她像古埃及的圣甲虫[1]般在那群七彩缤纷的蝴蝶间周旋着。当时我一下子就被这样的性格吸引住了，但是却感觉到她对富勒的热情似乎已经占据她整个心力，无法再注意到我了。

在莱比锡，我每晚仍然到包厢去看富勒跳舞，也愈来愈热爱她那不可捉摸的艺术。这奇妙的人儿啊！她化为水，化为光，化为各种色彩，最后化为奇幻的火焰，向无限时空飘荡。

记得在莱比锡时，有天凌晨2点，我被一阵声音吵醒了。这声音并不清楚，不过我听出那是一位我们叫作"保姆"的红发女孩的声音，因为她总是会抚慰、照顾任何一个有头痛脑热的人。从她亢奋的喃喃自语中，我依稀听出她是在说她要回柏林去找某个人筹措能使整团人到慕尼黑的盘缠。接着，就在这天夜里，这位红发女孩过来热烈地亲吻我，语调激动地说："我要到柏林去了。"由于这里离柏林只不过几小时路程，我实在无法想象为什么她对于与团员们暂别会显得这么兴奋与焦躁。很快，她便带着到慕尼黑的旅费回来了。

在慕尼黑时，我们希望能到维也纳去，却还是短缺盘缠。这一次，为了让大家安渡难关，我自愿去向美国领事寻求协助。我游说他帮我们一行人弄到去维也纳的车票，经过我的劝说，我们一行人终于安抵目的地。虽然当时我们连个像样的行李都没有，但还是被安排在布里斯托尔旅馆最豪华的套间里。到了此时，虽

---

[1] 圣甲虫：古埃及人在宝石上刻上甲虫作为护身符。

然我对富勒艺术的仰慕之情并未减退，不过却开始问自己为什么把母亲孤单一人留在巴黎，为什么要同这群美丽但疯狂的小姐们四处奔走。到目前为止，我只不过是无助又同情地旁观着发生的种种戏剧化的事件。

在维也纳的布里斯托尔旅馆，我的室友是那位被叫作"保姆"的红发女孩。有天凌晨4点，"保姆"爬起来点了一根蜡烛，走到我床前大喊："上帝派我来掐死你。"

我听说过假使有人突然发狂，这时是绝对不能跟他作对的。我压住内心的恐惧，回答她说："没问题。不过先让我做个临终祷告吧！"

"好吧。"她同意了，把蜡烛放在床边的小桌上。我溜下床，好像魔鬼就在身后似的拉开门跑过长廊、冲下楼梯，只穿着一身睡衣，头发在空中飘荡。到了旅馆的账房里，大喊："那位小姐疯了！"

"保姆"紧追不舍，6个旅馆服务生一齐扭住她不放，直到医生到来。诊察结果让我十分不安，因此我拍了封电报请母亲过来，于是她便从巴黎前来。我告诉她自己对目前处境的感受后，母亲和我决定离开维也纳。

我同富勒在维也纳时，有天晚上在"艺术之家"表演。出席的每一位艺术家都带了一束红玫瑰，当我跳到酒神之舞时，一片红玫瑰花海淹没了我。当晚有位叫格罗斯的匈牙利经纪人也在场，他过来对我说："当你想有美好前途的机会时，到布达佩斯来找我。"

有了这段插曲，加上实在令我坐立难安的现实环境，我恨不得马上同母亲一起离开维也纳，此时我们很自然地想到了格罗斯先生的提议。于是怀着明天会更好的希望转往布达佩斯。他同我签了一份30个晚上在尤瑞尼亚剧院单独演出的合同。

这是我第一次签订在剧院的广大观众前献舞的合同，我迟疑了。我说："我的舞蹈是属于精英分子、艺术家、雕刻家、画家和音乐家的，而不是属于一般观众的。"可是格罗斯坚称艺术家是最挑剔的观众，假如连他们都喜欢我的舞蹈，那么一般观众就更不用说了。

我被说服了，格罗斯的预言果真应验了。在尤瑞尼亚剧院的首演大获成功，在布达佩斯连续 30 个晚上的演出门票销售一空。

啊！这春暖花开的 4 月正是布达佩斯最美丽的季节！一天傍晚，在演出结束后，格罗斯请我们到一家有吉卜赛音乐演奏的餐厅吃晚餐。动人的吉卜赛音乐啊，就是你唤醒了我的青春情感！就是你让我的情感的蓓蕾逐渐绽放出奇妙的花朵！在这世上还存在着这样的音乐——从匈牙利的土壤迸发出来的吉卜赛音乐！记得多年以后，我与约翰·沃纳梅克[1]在他经营的百货公司的留声机部里闲聊，他要我注意听留声机里放出的美妙音乐，这时我告诉他："随便在匈牙利尘土飞扬的路上，让一位匈牙利农民演奏吉卜赛音乐，都要比这些精雕细琢的人工机器、这些独具匠心的发明者的心血结晶要强。一个吉卜赛音乐家就能抵得上全世界的留声机！"

---

① 沃纳梅克（1838—1922），美国百货业大亨。

# 第十一章

　　美丽的布达佩斯姹紫嫣红，河对岸的山上，紫丁香处处盛开。疯狂的匈牙利观众每晚都欢声雷动，向舞台上丢帽子，欢呼："好啊！"

　　一天早晨，我看见溪水在灿烂阳光下潺流、荡漾的景象，当晚我向管弦乐团提出要在表演结束时即兴舞出施特劳斯的《蓝色多瑙河》。舞毕，台下一阵骚动，观众们激动地跳起来，欣喜若狂，已经到了歇斯底里的地步。为了平息他们的疯狂情绪，我只得一次又一次地重复跳着这首华尔兹舞曲。

　　当晚，在那群疯狂呐喊的观众之中，有一位俊美如神的年轻匈牙利人，原本纯洁如仙女的我，以后因他而变成疯狂的热情女子。一切的一切很自然地促成这种改变：春天，柔和的月光与夜色，还有我们离开剧院时，空气中那股浓郁的紫丁花香，加上观众的热情和我第一次与一群放荡不羁注重感官享受的人一同用餐的愉快经验，吉卜赛人的音乐，匈牙利式的洋葱炖牛肉，还有匈牙利烈酒。这是有生以来，我的身体第一次得到这么多食物的滋养，甚至是过度滋养。这也是我初次感到自己的身体并不是仅仅用来传达音乐的神圣工具。在那之前，我的乳房并不明显，从这时起，我的乳房开始轻柔地膨胀，让我觉得自己相当迷人，可是其中又掺杂一种令我脸红的兴奋感。我的臀部本来像小男生似的，相当平坦，而从这时起开始有了迷人的曲线。我整个人澎湃汹涌、充满渴望，整晚因为这种狂热和骚动而辗转难眠。

一天下午，在一场朋友的聚会中，我刚喝完一杯匈牙利葡萄酒，目光就与一对迷人的黑色眼眸热切地纠缠在一起。他的眼神满是爱慕之情与匈牙利人特有的热情，一接触到他的目光，就仿佛沉浸在布达佩斯的迷人春光中。他身材高大均称，满头亮得发紫的浓密黑色卷发，完全可以为米开朗琪罗的大卫雕像充当模特。他微笑时，在他鲜红性感的双唇之间，会露出洁白的牙齿。我们第一次相互对视时，便被对方深深吸引，疯狂地投入对方的怀抱，世上没有任何力量能将我们分开。

他说："你的脸庞有如花儿一般。你是我的花儿。"他说了又说，"我的花儿——我的花儿。"匈牙利语的花儿，代表的是天使。

他给了我一张小纸片，上面写着"国立皇室剧院包厢"。那天晚上我和母亲去看他扮演罗密欧，他演技极佳，后来成了匈牙利最优秀的演员。他对罗密欧那种青春热情的诠释，征服了我的心。散场后，我去后台看他，剧团的全体人员看到我，都露出诡异的微笑。大家似乎早已知道，而且感到高兴，只有一位女演员似乎不太高兴。他陪我和母亲回到旅馆简单用餐，因为演员通常在戏后才用餐。

晚餐后，母亲以为我已就寝，我却回到会客室去见我的罗密欧。会客室跟我们的卧房隔着一条长廊。他当时告诉我，那晚他改变了对罗密欧的诠释。

说完"我以前是翻过围墙"，他就开始用平淡的声音说着：

没受过伤的人才取笑别人的伤痕，
轻声点，窗户那边透出的是什么光明？
那是东方，而朱丽叶就是太阳。

"但是今晚，你应该记得，我轻声细语，仿佛这些话哽在喉咙。因为，自从遇见了你，我便懂得了爱情会让罗密欧的声音变成这个样子。我直到现在才明白。因为有你，让我第一次真正懂得了罗密欧的爱情是什么样子。从现在开始，我将会以迥然不同的方式饰演这个角色。"

他起身为我朗诵这部戏的全部台词，不时停下来说："就是这样，我现在终于明白，如果罗密欧真的坠入爱河，他会这样说或那样说。这跟我当初所揣摩的罗密欧不太一样。现在我终于明白。啊！我爱慕的花儿般的女孩，你给了我灵感。因为这份爱情，我一定会成为真正的艺术家。"

他一直为我朗诵罗密欧的台词，直到窗边露出曙光。

我痴迷地注视着他，倾听着。我有时甚至试着要告诉他台词，或是建议他加入一些姿势。在长老上场之前的那场戏，我们两人都跪下，对彼此发誓终生相爱。啊，年轻和春天，布达佩斯与罗密欧！当我忆起你，往事在目，恍如昨日。

一天晚上，当他和我的表演结束后，我们又走进会客室，我母亲并不知情，她以为我正安稳地睡在房里。刚开始，罗密欧很开心地朗诵他的台词，或谈他的艺术与戏剧，而我也津津有味地倾听。但不久我注意到他似乎有些心绪不宁，不时心烦意乱，讲不出话来。他紧握拳头，似乎身体不太舒服。这时我发现他俊美的脸庞开始涨红，眼里闪烁着热情的火焰，他紧咬双唇，直到渗出血滴。

我自己也觉得有点异样，头晕目眩，只感觉一股想将他紧紧拥抱的冲动涌起，直到把持不住。他将我抱入房内。我觉得有点恐惧，但是又激情难挡，我知道这一刻终要来临。我必须坦陈我的第一次是慌乱的，不过看着他痛苦的样子，使我不忍心打退堂鼓。

那天清晨我们一起离开旅馆，在路上招了一辆马车，向很远很远的乡间走去。我们在一家农舍外停下来，那家的农妇留了一间旧式房间给我们，房间内有一张老式的四柱大床。我们整天待在乡间，罗密欧不时安慰我，为我拭去眼泪。

我很怕当晚的表演失常，因为我心里很乱。不过，当在会客室看到罗密欧兴高采烈时，我又觉得自己遭受的痛苦得到了补偿。尤其是当他对我柔声保证，他将带我体验宛如天堂的美妙境界时，我心里只想着要再来一次。他很快就实现了这个诺言。

罗密欧有迷人的嗓音，他给我唱了许多他家乡的和吉卜赛人的歌，并教我歌词的含义。一天晚上，亚历山大·格罗斯在布达佩斯歌剧院为我安排了一个盛大晚会。在听过格鲁克[①]的音乐曲目之后，我想让一个小型的匈牙利吉卜赛交响乐团在舞台上为我伴奏吉卜赛歌曲，其中有一首特别的情歌，歌词是这样的：

> 人间有一位小姑娘，
> 她是我挚爱的小白鸽。
> 慈爱的上帝很爱我，
> 因为他将你带到我身边。

这首歌旋律优美，充满了激情、渴望、泪水与钦慕。我把这样的情绪注入舞蹈，让台下的观众都感动得落泪。我以《洛可夫斯基进行曲》作结，身穿红色舞衣的我，随着这首进行曲舞着，好像在向匈牙利的英雄吟诵革命赞美诗篇。

这场晚会也为匈牙利的表演季画上句点。第二天，罗密欧和我迫不及待地前往乡间那个农舍待了好几天。我们第一次知道整晚睡在情人臂弯里的甜蜜滋味。早晨醒来，发觉我的头发与他香气浓郁的黑发纠缠在一起，他的手臂紧搂着我，那是一种无法言喻的快乐。我们回到布达佩斯后，遇见我俩甜蜜天堂里的第一朵乌云：母亲的极度苦恼。此外，伊丽莎白从纽约回来后，也觉得

---

① 格鲁克（1714—1787），18世纪德国主要歌剧作曲家。

我罪不可赦。他们的忧虑让我也焦躁起来，于是我游说她们到蒂罗尔一游。

从那个时候起，不管我的感觉或激情变化得多么强烈，我的理智总会迅速地阻止我。我就像俗话说的那样——从未被冲昏头。相对的，如果欢愉的感觉越强烈，理智就愈清晰，当理智变成情感的批评者，阻碍或损害那种迫切追求快乐的意愿时，冲突是如此强烈，让我真想将这种永不停歇的恼人理智催眠。我多么羡慕那些完全臣服于激情时刻的情感，它们完全不必担心高高在上的理智所做出的批判。理智想介入双方的激情当中，但激情却不欢迎理智，也不理会理智想分离这种激情的举动。

然而理智总会有投降的时候，它会呼喊着："好吧。我承认生命中其他东西都加起来，甚至加上你的艺术，也不及此刻重要。我愿意自动退出。"但是理智的挫败，通常会对心灵与理智造成更严重的伤害。

这种极度疯狂的欲望慢慢接近时，最后会让人放弃理智，这就是我的感受。从此我抛开一切，不再顾虑这么做可能会毁了我的艺术，不在乎母亲的失望，甚至不惜失去整个世界。让那些能批判我的人批判我吧。但是，他们应将此归咎于大自然或造物之神，因为他让这激情的一刻，变成宇宙中我们能体验的一切时刻里最珍贵、最值得企望的一刻。不过飞得越高，醒来时的冲击也越大。

格罗斯为我安排了一次穿越匈牙利的巡回表演。我在很多城镇表演舞蹈。我在西本·克钦那个地方听到了一个感伤的故事，内容讲的是 7 位被处以死刑的革命将军。在城外一处开阔地，我作了一首进行曲，合着李斯特英雄式的严肃音乐，为纪念这些将军演出了舞蹈。

在这一次旅途中，我在这些匈牙利小城市受到热烈欢迎。格罗斯会在这些小城市里安排一辆有白花装饰的套着白马的敞篷马车，而我则穿得一身雪白，在一片欢呼声中登场。他们带我环绕全城，仿佛我是从另一个世界来观光的年轻女神。不过，不管我的艺术生涯带给我多少惊喜以及大众对我的逢迎多么狂热，我仍然无法忘怀我的罗密欧，对他思念不已，尤其是独自一人度过长夜时。为了他，我宁愿放弃成功的事业，甚至以我的艺术生涯换取再一次投入他的怀抱。我渴望回到布达佩斯，这一天终于到来。罗密欧当然是满心欢喜地在车站迎接我，但是我觉得他同以前有些不太一样。他告诉我，他将为第一次演出安东尼①这个角色做排演。难道他艺术家的浓烈性情已经受到这个角色的影响？我不知道，但我的确知道我的罗密欧纯真的初恋热情已经不同于往昔。他自顾自地谈着我们的婚姻，仿佛这是早已经决定了似的。他甚至还带我去看公寓，去选一间供我们同居的房子。看着那些在层层楼梯之上，连浴室都没有的房子，我心里感到冷战与沉重。

我问他："我们在布达佩斯怎么生活？"

他回答："你当然是每晚坐在包厢看我演戏。你还要学会如何帮我提词，帮助我研究剧情。"

他对我念着安东尼的台词，不过现在他整颗心都在罗马人民身上，而我这个朱丽叶已不再是他的兴趣所在了。

有一天，我们漫步在乡间，坐在一个稻草堆旁。他突然问我难道不觉得我俩各自专注在自己的事业会比较好？虽然他当时是委婉地说的，但意思正是如此。我现在仍记得那个稻草堆以及我们眼前的那一片稻田，还有我内心的寒战。当天下午，我和亚历山大·格罗斯签了约，准备到维也纳、柏林以及其他德国城市表演。

我看了罗密欧首演安东尼的那场戏。最后一次看到他的印象是剧院观众为他而疯狂，我则坐在包厢里伤心地吞咽眼泪，仿佛吞下一堆碎玻璃。第二天我就启程前往维也纳。罗密欧消失了，

① 安东尼（约公元前83—公元前30），罗马政治家和军人，曾辅佐恺撒。

我向安东尼辞别，他绷着脸，看起来有些心事重重，因此，从布达佩斯到维也纳的这次旅程，对我来说变成了一段难熬的路途。所有的欢乐仿佛都从宇宙中消失了。我在维也纳病倒了，因此亚历山大·格罗斯必须常常为我在诊所挂病号。

接连几个星期，我一直意志消沉，苦闷痛苦。罗密欧从布达佩斯来看我，他甚至在我的房间里搭了一张简便卧床。他对我温柔体贴、无微不至。不过一天清晨醒来，我看到那位护士——一个天主教的修女，全身包裹在黑色的袍子里，她硬将我们的床分开。这时我听到爱情的丧钟。

过了很长一段时间我才复原，格罗斯带我到佛兰肯柏静养。我感到无精打采，忧郁沮丧，对美丽的乡村和知心的朋友丝毫没有兴趣。格罗斯太太来探望我，彻夜不眠地照顾着我。昂贵的医护费用很快就让我的银行存款所剩无几。于是格罗斯为我安排在佛兰肯柏、马林巴德以及卡尔斯巴德表演。这对我或许是幸运的事吧！所以当有一天我又打开了我的衣箱，拿出我的舞衣，我泪流满面，亲吻着那件红色小舞衣，我曾经穿着那件舞衣跳着革命性的舞蹈。我当场发誓，决不会再为了爱情放弃我挚爱的舞蹈艺术。当时我已全国闻名。记得有天晚上，我和经纪人夫妇用餐时，有许多人聚集在餐厅的玻璃窗外，他们甚至挤破了那块玻璃，让餐厅经理毫无办法。

我将哀伤、痛苦和对爱情的幻灭都转化成我的艺术。我将伊菲格涅亚[①]与生命诀别，步向死亡祭坛的故事编成舞蹈。最后亚历山大为我安排了慕尼黑的表演。我在那儿同母亲与伊丽莎白重聚，她们看见我又是一个人了很高兴，不过她们也看出我变得郁郁寡欢了。

在到慕尼黑之前，伊丽莎白与我骑车到阿巴席亚，想找一家

---

① 希腊神话中阿伽门农与克吕泰涅斯特拉之女。阿伽门农攻打特洛伊时曾将她献祭给狩猎女神阿耳忒弥斯，以求大军能顺利出航。

旅馆下榻。我们并未找到住所，却在那个静谧的小镇引起一阵骚动。刚好被路过的费迪南德大公爵看见了。他热情地与我们打招呼，诚心邀我们住在他的位于斯蒂芬妮饭店里的别墅里。整件事完全没有一丝暧昧，却在宫廷的社交圈里传成绯闻。我当时天真地以为，那些贵族仕女是因为对我们的艺术表演感兴趣，才会来拜访我们，哪知道她们只是想知道我们在别墅里的真正地位。每晚在饭店餐厅，这些仕女在公爵的餐桌上表现出完美的社交礼仪，我也照着他们的习俗，表现出无人能及的极度礼貌。

就在那时，我发明了一种泳衣，后来变得极为流行。我用最高级的蓝色中国绸裁成低领、短肩带，裙子刚好在膝盖上，腿部和脚部裸露的泳装。那时候仕女下水时会穿得一身黑，穿着从膝盖直到脚踝的裙子、黑袜，黑色游泳鞋。你可以想象我的衣着在当时会引起多么大的轰动。费迪南德大公爵习惯在跳水板附近漫步，戴着观剧专用眼镜盯着我，以优美的声调说："喔，邓肯小姐真是太美了！连春天也不及她美丽。"

过了一段时间，当我在维也纳的卡尔剧院跳舞时，大公爵每晚都带着他年轻英俊的副官和侍从，坐在舞台包厢欣赏我的舞蹈。这当然引起人们的议论，但是公爵对我的欣赏纯粹是唯美的与艺术的。他似乎真的回避其他女性的陪伴，也很满意与他年轻俊美的军官们一同出游。几年后我听到一个消息，奥皇决定将他监禁在萨尔斯堡一个阴暗的城堡里，我对他十分同情。或许他同其他人不太一样，不过有怜悯之心的人不都是有点疯狂的吗？

在阿巴沙的别墅，我们的窗前有一棵棕榈树。那是我第一次见到生长在温带的棕榈树。我常会注视着棕榈叶在清晨微风中颤抖，从这些叶子的抖动，我创造出手臂与手指微微颤动的舞蹈动作。这个动作后来被一些模仿者滥用，但他们忘了去找出灵感的来源，忘了去看看棕榈叶真正的律动，忘了在表现出这种精神之前，先吸收学习这种精神。当我凝视着那棵棕榈树时，通常不会有其他杂念干扰，脑中只浮现出海涅[1]的动人诗句：

> 南方有一棵孤独的棕榈树……

我和伊丽莎自从阿巴沙来到慕尼黑。那时候"艺术之家"是慕尼黑的艺术生活中心，那里大师云集，包括画家卡尔巴赫、伦巴赫与斯塔克[2]。他们聚在"艺术之家"，边饮慕尼黑啤酒边谈论哲学与艺术。格罗斯想安排我在"艺术之家"演出。伦巴赫与卡尔巴赫表示赞同，但斯塔克却持反对意见。他表示慕尼黑"艺术之家"是艺术殿堂，不宜作舞蹈表演。有一天我特地去拜访他，目的是要让他相信，我的舞蹈有崇高的艺术价值。我在他的画室更衣，换上我的舞衣，为他作舞蹈表演，之后不间断地同他谈了4个小时，告诉他我的神圣使命以及我的舞蹈成为艺术的可能性。他后来常同他的朋友提起这件事，说他一生中从来没有如此惊讶过。他说他当时好像看到奥林匹斯山[3]的林中仙女，突然从另一个世界来到他的面前。之后，他便表示赞同，而我在慕尼黑"艺术之家"的表演，成为当地多年来最轰动的艺术盛事。

之后我又在凯姆学院表演，那里的学生都为之疯狂。一晚又一晚，他们把拉着马车的马解下来，由他们拉着我穿过街道，唱着学生之歌，手中举着火把，在我的马车旁手舞足蹈。他们常会聚集在我住的旅馆窗外唱歌，一待就是好几个钟头，直到我将花与手帕丢给他们，他们会平分这些东西，然后插在帽子上。

一天晚上，他们带我到他们的学生咖啡屋去，他们将我高举到桌上，让我从一桌跳到另一桌。他们通宵唱着歌，并用德文一再重复"伊莎多拉，伊莎多拉，哎呀，人生真是美好。"当这一

---

① 海涅（1797—1856），德国诗人与散文作家。

② 斯塔克（1863—1928），德国版画家。

③ 希腊神话中的圣山，是众神居住的地方，位于忒萨利北方。

晚的情形被刊在《简报》上时，让慕尼黑的规矩人大为震惊。其实那真的是再纯洁不过的事，只是当他们在清晨送我回去的时候，我身上的衣服和披肩已经被他们撕成碎片，绑在帽子上了。

慕尼黑在当时是文艺重镇。街道上全是学生，每个女学生腋下都挟着一本书或一卷乐谱。每家商店的橱窗都是藏宝箱，摆着古书古画以及吸引人的新书。除此之外，博物馆的珍藏，从晴朗的山上吹来的那股清新的秋天气息，不时去拜访银发的伦巴赫以及卡维尔霍恩这样的哲学大师，让我重拾对生命中理智与精神的认知。我开始学德文，开始读叔本华[①]和康德[②]的原文作品。每晚，都有一些艺术家、哲学家和音乐家聚在"艺术之家"，我很快就能同他们长时间地讨论问题了。我也学会了喝品质优良的慕尼黑啤酒。不久前我遭受的感情痛苦此时才稍稍获得舒缓。

一天晚上，在"艺术之家"的一次特别晚会的艺术表演现场，我注意到坐在第一排的一位出众男子在为我鼓掌。他的侧影让我想起我刚刚接触的一位大师。一样的凸额头和高鼻梁，只是他嘴唇的曲线较为柔软。表演完后，我得知他正是作曲家瓦格纳[③]之子齐格菲·瓦格纳。他加入我们的圈子让我很高兴，我庆幸能遇见一位值得仰慕的朋友。他后来也变成我的挚友之一。他谈吐不凡，常会追忆他伟大的父亲，这些回忆有如圣洁的光环时时伴着他。

我从那时开始读叔本华的作品。叔本华写到音乐与意志密不可分的关联，这一哲学启发让我深深着迷。

我在他的书上读到所谓"思绪的神圣性"和德国人那种崇高神圣的独特"精神"。那种精神引领我到思想家的世界，这些思想家崇高有如上帝，他们的思维比我在旅行过的世界里所遇见的

---

① 叔本华（1788—1860），德国哲学家。

② 康德（1724—1804），德国哲学家。

③ 瓦格纳（1813—1883），德国作曲家。他的儿子齐格菲·瓦格纳（1869—1930）从 1909 年起，担任拜罗伊特剧院指挥。

任何人的想法都更宽广更神圣。的确，在这里人们似乎认为，哲学概念是人类所能得到的最高度的满足，而只有音乐有资格与哲学平起平坐。在慕尼黑的博物馆里，我也接触到来自意大利的光辉灿烂的作品。一想到我们离意大利边界很近，心中便涌现一股无法抗拒的冲动，于是，我、伊丽莎白与母亲便乘火车前往佛罗伦萨。

# 第十二章

我永远不会忘记横越蒂罗尔山地，再顺着阳坡下山，走到阿尔卑斯山南方翁布里亚平原的情景。

我们在佛罗伦萨下了火车之后，享受了好几个星期的美好时光，兴奋地参观了美术馆、公园和橄榄园。那时候波提切利[1]最能引发我年轻的想象力。我在波提切利举世闻名的画作《春天》前坐了好几天。这幅画激发了我的灵感，因此我创造出一种舞蹈，试着要表现出画中散发出来的那种既柔和又优雅的美丽律动。繁花似锦的大地那种柔和的起伏，那群女神，还有凌空飞翔的西风之神。他们全围绕着那位一半像阿佛洛狄忒一半像圣母的中心人物，她超凡的姿势象征着春天万物欣欣向荣的样子。

我在这幅画前坐了好几小时，为之心醉神迷。一位好心的老管理员搬了一张凳子给我，我对这幅画崇拜的模样，令他觉得相当好奇。我一直坐在那儿，似乎看到画中的花开了，而那些赤脚女神也跳起舞来，我满心喜悦，想着："我一定要用舞蹈来表现这幅画，要将爱的信息、春天万物复生的信息传给世人。我将以舞蹈表现他们的这种喜悦。"

美术馆的闭馆时间快到了，我却还在这幅画前滞留。我想在这个美丽的神秘时刻找到春天的真正意义，到目前为止，我觉得生活只是一场笨拙、盲目的追求。我心里想着："如果我能发掘这幅画的秘密，我就能告诉别人，如何使生活丰富多彩，如何让心中充满欢乐。"我现在还记得，当时我认为生命像是个为了正

---

① 波提切利（1444—1510），意大利文艺复兴初期画家。

义而上战场的人，但他却在战争中受了重伤。当他回顾过去时，他说："为什么我不去传播《圣经》的精神，让人们不再彼此残害？"

我在佛罗伦萨波提切利的画作《春天》前沉思的结果就是这样。我之后试着将这种精神融入舞蹈中。啊，在甜美、朦胧的异教徒生活中，优雅的爱神阿佛洛狄忒此时更有慈祥圣母的模样；而阿波罗则好像是圣徒塞巴斯蒂安[①]，伸手触及了春天新生的嫩树枝！我觉得这种感觉涌满心房，还夹杂着一种恬静的喜悦，我全心希望能在舞蹈中诠释出这种感觉。我将这种舞蹈称作"未来之舞"。

在一座旧宫殿的房间里，在蒙特维德[②]以及早期无名大师们的音乐声中，我为佛罗伦萨的文艺界人士献舞。在维奥尔琴所弹奏的一首优美曲子中，我跳着舞，跳着表现天使拉小提琴的舞。

由于不务实的生活态度，我们很快又面临捉襟见肘的窘境，不得不拍电报给格罗斯，请他汇钱过来，以便我们到柏林与他会合。他正在柏林为我安排首演事宜。

当我们抵达柏林，驱车经过市区时，我很讶异地看到满城就像一张写满我名字的大海报。海报上写着，我将与爱乐管弦乐团合作，在克罗尔歌剧院首演。格罗斯带我们到布里斯托饭店的漂亮套房，德国媒体记者就在那里等着采访我。由于我在慕尼黑的哲学研究和在佛罗伦萨的艺术体验，我的心智呈现出一种沉思又充满灵性的状态。我讲着美式的德语，对这些记者们讲述我对舞蹈艺术既天真又伟大的概念，我认为舞蹈艺术是一种"伟大的原始艺术"，而且这种艺术形式能够唤起其他艺术形式的新觉醒。

这些德国记者专心聆听的认真态度，与后来在美国那些听我

---

① 塞巴斯蒂安（？—288），罗马殉教者。信奉基督教，因谴责暴君野蛮残酷而被杖死。

② 蒙特维德（1567—1643），意大利作曲家。

解释舞蹈理论的人比起来是多么不同呀！他们聆听时毕恭毕敬并很认真地思考我的话。第二天德国各家报纸都以大篇幅报道了我的舞蹈艺术，报道严肃认真，富于哲理。

格罗斯有冒险的勇气，并充满远见。他把所有的钱都投入到我在柏林的表演。他绝不会节省广告费用，只选一流的歌剧院和最好的指挥家。幕布升起时，观众会看到蓝色的风景布幕，还有瘦小的我在偌大的舞台上。如果在表演一开始的时候，柏林的观众没有给我迎头掌声，那么就意味着格罗斯所有的付出都白费了。但是他料事如神，他料到我的表演会成功。我在柏林掀起一阵旋风。我跳了两个小时的舞后，观众还舍不得离去，他们一再喊着"再来一个""再来一个"。最后他们还激动地跑到台前，数百名青年学生真的爬到台上，因为他们太过崇拜我，我差点被挤死。

从首演的那晚开始，德国人开始称我为"圣洁的伊莎多拉"。有一天晚上，雷蒙突然从美国回来。他太思念我们，说他无法再忍受与我们分离的痛苦。于是我们重新提出了一个我们孕育已久的计划——进行到艺术圣殿、到我们挚爱的雅典的朝圣之旅。我觉得我只是停留在艺术研究的门口。我在柏林只经过一个短的演出季。虽然格罗斯恳求我留下，我仍坚持要离开德国。我们再次搭乘前往意大利的火车，兴高采烈，心情雀跃。我们要一起完成这趟搁置已久的旅程，我们要经由维也纳到雅典。

我们在威尼斯逗留了几个星期，虔诚地参观了教堂和美术馆。但是那时候威尼斯不是我们最想待的地方，我们更欣赏佛罗伦萨那种智性美和灵性美。威尼斯当时并没有让我见识到她的神秘与迷人之处。直到多年后，当我与一个体态修长、橄榄色皮肤和有着一双迷人黑眸的情人同游威尼斯时，才改变对它的看法。那时候我才感觉到威尼斯的迷人之处。不过第一次到威尼斯时，我十分不耐烦，只想着搭船驰向更崇高的世界。

雷蒙决定，我们到希腊时一定要尽可能从简。因此我们没有搭乘大型的豪华客船，改搭航行于布林迪西港<sup>①</sup>和圣·毛拉之间的小邮船。我们在圣·毛拉上岸，因为这里是古老的伊萨卡<sup>②</sup>所在地，也是萨福绝望投海自尽之处。即使是现在，我回忆起那段旅程，仍记得当时脑中浮现的拜伦<sup>③</sup>诗句：

### 希腊的岛屿!

希腊的岛屿啊! 希腊的岛屿啊!

在这里，萨福疯狂爱恋，引吭高歌，

在这里，战争与和平的艺术发源，

在这里，得洛斯岛从海中浮现，菲柏斯<sup>④</sup>在岛上诞生!

永恒的夏日依然照耀着它们，

但一切已消逝，永不止息的只有太阳。


我们在清晨从圣·毛拉搭乘一艘小船，船上只有两个黑人，我们顶着7月的骄阳，在湛蓝的爱奥尼亚海航行。我们进入安布鲁斯湾，在一个叫卡瓦萨拉斯的小镇上岸。

为了雇用这艘小船，雷蒙用了许多手势以及古希腊语向渔夫解释，说我们希望这次航行能尽量像尤利西斯<sup>⑤</sup>当时航海那样。渔夫似乎不太清楚尤利西斯是谁，不过一看到我们有这么多的德拉克马<sup>⑥</sup>，倒是划得相当起劲。然而他不想划得太远，不时指着天空念着"轰，轰"，并用手势表示海上将有暴风雨，告诉我们

---

① 意大利海港，濒亚德里亚海。

② 荷马史诗《奥德赛》中的主人公奥德赛的故乡。

③ 拜伦（1788—1824），英国浪漫主义诗人。

④ 太阳神阿波罗的别名。

⑤ 即希腊神话中的奥德修斯，罗马神话中称为尤利西斯。

⑥ 希腊货币单位。

大海是善变和危险的。于是我们想到《奥德赛》这部史诗中关于大海的描述：

> 他一面说，一面拿起三叉戟；聚合云团，搅动海水；他从各方招来各种风暴，到处是一片昏天暗地，黑暗从天而降。东风、南风和呼呼号叫的西风，还有刮来的刺骨北风，在他的船只附近卷起巨浪。这个时候，奥德赛不禁勇气全无，陷入绝望。
>
> 《奥德赛》第五章

最诡谲多变的海域莫过于爱奥尼亚海，因此我们冒生命危险，在爱奥尼亚海航行，很可能会和尤利西斯有同样的遭遇。

> 他说着时，一个大浪对着他劈面击来，冲得他的船直打转，然后被打翻，船舵也被卷走。此时从四面八方吹来的飓风合成一股狂飙，将帆篷和桅杆抛到波涛里。奥德赛一直被淹没在水中，他的衣裳越来越沉重，他无法挣扎到水面。但是他最后终于浮上来了，嘴里还吐出从眉尖不断滴入口中的海水。

后来尤利西斯的船沉了，他上岸后遇上了劳西卡公主①：

> 因为许多灾难曾降临我身，我在海里挣扎了20天，昨日才逃离阴暗的深海。这么多天之后，海浪和暴风才把我从奥古吉阿漂到这里来。天上的神将我抛到你们的岸上，想必是要我在此再受些苦难，因为我认为我的大

---

① 《奥德赛》中阿耳基诺斯国王的女儿，当奥德赛衣不蔽体地上岸时，她正在海边洗衣，便将奥德赛带回她父亲的宫殿。

限还没有来到。在那之前，不朽的众神还要让我受许多罪。但是，女王啊，可怜可怜我吧！在我受了长久苦难之后，你是我见到的第一个人。在这块土地上，我再也不认识其他任何人。

《奥德赛》第六章

我们在伊皮鲁斯海滨的土耳其小镇普勒维扎稍作停留，买了一些食品，包括羊乳酪、许多橄榄，还有鱼干。由于船上并没有遮蔽物，我永远也无法忘记那种乳酪和鱼干曝晒在艳阳下所发出的气味，尤其是小船又颠簸不停。风常常会停下来，我们就必须划桨行船。薄暮时分，我们终于在卡瓦萨拉斯上岸。

所有的村民都到海边欢迎我们，即使哥伦布在美洲大陆上岸时，恐怕也没让当地居民如此惊讶。后来看到雷蒙和我跪下来亲吻土地时，他们由惊讶转为好奇。雷蒙朗诵着诗句：

> 美丽的希腊啊！如果有人见了你，却不会如情人见着爱人一样雀跃，那么此人可真是心如寒冰；如果有人见了你剥落的城墙与倾圮的神庙，却不会伤心落泪，那么此人可真是有眼无珠。

我们当时高兴得快要发狂。我们想拥抱所有的村民，并且大喊：“在这么久的漂泊流浪之后，我们终于到了希腊圣地！向你致敬，啊，奥林匹斯山的宙斯①。还有阿波罗！阿佛洛狄忒！啊，缪斯女神啊，准备再次起舞吧！我们的歌声可能会唤醒狄奥尼索斯②与他的沉睡中的女祭司们！”

---

① 希腊神话中地位最高的天神。

② 希腊神话中的酒神。

起来吧，啊，女祭司，

来吧，啊，女祭司，来吧，

啊，带来这个散播欢乐种子的酒神，

从弗里吉亚山上[1]，

将酒神带来；

将酒神带到街上、城里、塔楼上，

啊，我们要迎酒神回家！

穿着你的小鹿皮衣，

皮衣边缘加上雪白的镶边，

就像我们的衣服一样。

我发誓，用灰毛和白毛缠住酒神杖，

并穿着小鹿皮衣，

还将常春藤戴在头上，垂下我们的眉尖。

 

　　卡瓦萨拉斯没有旅馆，也没有铁路，那天晚上我们就睡在一个房间里，那是客栈能提供给我们的唯一房间。不过我们也没有睡多少时间。先是雷蒙整晚谈论苏格拉底的智慧以及柏拉图式的爱情。那里的床是用硬木板做的。另外，有许多希腊的小动物一直想把我们当作食物。

　　我们在拂晓时刻启程离开，母亲坐在马车里，马车上还载着我们四人的行李。我们折下桂冠树上的枝条引领马车前进。全村的人都来送行，陪我们走了好长一段路。我们走的古道就是2000年前马其顿国王菲利浦二世率军出征时走过的路。

　　我们从卡瓦萨拉斯到阿格里尼昂走的路是蜿蜒曲折的山路。那天的早晨真美，空气清新。我们迈着年轻的步伐，行走如飞，常在马车前蹦蹦跳跳，快乐地叫着、唱着。当我们路过阿斯普罗

---

　　① 弗里吉亚在今日的土耳其中部，有些学者认为酒神狄奥尼索斯是希腊的一个自然神与另一个来自弗里吉亚的神的综合体。

波塔莫斯河——也就是古时的阿岂洛斯①河时，雷蒙和我不顾伊
丽莎白的劝阻，坚持到水流湍急的河中"受洗"。我们当时并不
知道水流是那么湍急，差点儿被河水冲走。

在途中，有两只凶恶的牧羊犬从远方的一座牧场里跑过整个
山谷冲出来追着我们。要不是我们英勇的马车夫用大鞭子吓跑它
们，我们可能早就被这两只残暴如狼的恶犬袭击了。

我们在路边的客栈用了午餐，在那里第一次喝到封了松香、
用猪皮盛装的酒，那种酒喝起来像是家具亮光剂。不过尽管脸部
已经扭曲，我们仍连声称赞它达到极致的香醇。

我们最后到了古城斯特雷托，这座城建在三座山丘上。这是
我们第一次游历希腊废墟，陶立克式的圆柱让我们欣喜若狂。我
们跟着雷蒙走到山丘西面的宙斯神庙剧场遗址。丰富的想象使我
们仿佛看见夕阳即将西下时升起了一个幻景——整座城重新覆盖
了三座山丘，景象真美。

我们晚上抵达阿格里尼昂，虽然精疲力竭，但是却享受到凡
人无法体验的喜悦和福气。第二天早晨，我们搭驿马车到梅索朗
吉昂②去凭吊英勇的拜伦，在这个英雄的城镇，当地人将他供进
神庙，而烈士的鲜血曾染遍这块土地。想想也真是奇怪，拜伦从
火葬柴堆的火光中救了雪莱③，而雪莱现在安详地躺在罗马神殿。
或许这两位诗人依然"从希腊的无上荣耀到罗马的宏伟壮观"神
秘地交合着。

这些记忆让我们在欢庆喜悦中感受到一丝感伤。德拉克洛
瓦④名画《梅索朗吉昂的突围》中的悲剧氛围仍弥漫在城中，而

---

① 阿岂洛斯，希腊神话中的河神。

② 1820 年希腊独立战争期间，梅索朗吉昂曾历遭土耳其一连串围攻。拜伦
一直关心并参与希腊运动，1824 年因病在此辞世。

③ 雪莱（1792—1822），英国浪漫主义诗人。

④ 德拉克洛瓦（1798—1863），法国画家。

城里几乎所有的男女老少都在拼命冲出土耳其的防线时被屠杀。

　　拜伦在 1824 年 4 月逝世于梅索朗吉昂。两年后，同样是在 4 月接近拜伦忌日的时候，这些烈士也到另一个阴暗的世界与他做伴，他为了争取他们的自由而贡献出自己的一切。有任何事比拜伦在梅索朗吉昂英勇牺牲的事迹更令人动容吗？他与其他烈士在神庙里列而立。他们英勇牺牲，让世人有机会能再次懂得希腊的不朽之美，所有的牺牲终会显出它的价值。我们内心感动，在薄暮中挥泪离开梅索朗吉昂，在小汽船的甲板上看着这座城渐渐隐退，驰往帕特拉斯。

　　在帕特拉斯，我们激烈争论，不知该选择去奥林匹斯还是去雅典。然而一心想去巴台农神殿的急切渴望，让我们选择搭火车到雅典。火车驶过光彩焕发的希腊，我们一会儿望着白雪皑皑的奥林匹斯山，一会儿又仿佛被橄榄树林中飞舞的山林女神和树神包围着。我们真是欣喜若狂，常常只能以流泪互拥的方式来表达彼此激动的情绪。当地迟钝的农夫们好奇地瞧着我们，他们大概认为我们要不就是喝醉了，要不就是疯了。而我们之所以会兴奋不已是因为我们要去找寻最崇高最光明的智慧，也就是雅典娜①蓝眼中的智慧。

　　那天晚上，我们抵达透着紫罗兰光芒的雅典。第二天一早，当我们走在通往雅典娜神庙的台阶上时，我们的两腿因兴奋而颤抖，我们的心满怀敬慕之意。当我们继续往上走时，我似乎觉得，之前我对生命的了解就如同一件颜色混杂的衣裳，此刻正从我身上脱落；我似乎觉得自己从未真正活过，似乎觉得在深呼吸中凝视着纯粹的美的时刻，我才真正诞生。

　　太阳从潘特里科斯山那边升起，阳光照耀出神庙的伟大以及神庙上闪闪发亮的大理石。我们终于登上神庙廊道上的最后一级

---

　　① 希腊神话中的智慧女神。

邓肯自传

台阶，注视着神庙在阳光中闪亮着。我们都保持静默，不发一语。在这里我们静静地与彼此分开，因为这种美过于神圣，不能用语言亵渎。我们感到说不出的惶恐，现在决不适宜激动大叫或彼此互拥。我们每个人都找到最好的崇拜方式，就这样沉醉在几小时的沉思当中，感到身体因受到震撼而战栗发软。

现在我们全家人——母亲和她的四个孩子又团聚了，我们觉得邓肯一家依靠彼此就足够了，别人只会让我们与理想越离越远。参观巴台农神殿时，我们似乎觉得我们已经达到完美的巅峰。我们自问：既然我们在雅典找到了能满足我们美感的一切，那么还有什么值得让我们离开希腊？有人可能会纳闷，在广受大众欢迎和经历布达佩斯轰轰烈烈的爱情插曲之后，我那时为什么不回到舞台或情人怀抱？其实从我开始这次朝圣之旅，就无心追求名利。这纯粹是精神层次的朝圣之旅，而我好像已经感觉到，我所要追寻的精神就在那位依然住在坍塌的巴台农神殿里的雅典娜女神身上。因此，我们一家人决定永远留在雅典，并且在雅典建一座有邓肯风格的神庙。

在柏林的表演让我在银行存入了似乎用之不竭的存款。于是我们出发去寻找建庙的合适地点。我们全家人中只有奥古斯丁不太开心。他一直心事重重、郁郁寡欢，最后，他终于告诉我们，他很想念妻儿。我们虽然认为这是他自己的弱点，不过既然他已结婚生子，就应该让他的妻儿来此与他团聚。

他的妻子带着女儿来了。她衣着入时，还穿着路易十五时代风格的高跟鞋。我们都已换上凉鞋，为的是不亵渎巴台农神殿的大理石地板，因此我们对她的高跟鞋颇有微词。但是她坚决不肯穿上凉鞋。至于我们自己，我们一致认为，包括我穿的法国督政时代朴实风格新古典衣服和雷蒙的灯笼裤、外翻的领子和飘动的领带，都是让人堕落的衣服。我们必须重穿古希腊人穿的长达膝盖的短袖束腰外衣，事实上，我们也真的这样做了，这让当时在场的希腊人颇感惊讶。

女人穿上古希腊式的长达膝盖的短袖束腰外衣，男人穿上古希腊式的短斗篷、细腰狭裙、宽松外袍，再用发带束起头发之后，我们出发去寻找建造我们神庙的地点。我们走访了卡罗农、法乐农以及阿提克区的所有山谷，却没找到值得建立我们神庙的地方。最后，有一天我们在前往以出产蜂蜜闻名的希穆特斯的途中，在路上看到突起的一块地，雷蒙突然用他的木杖指着那块地大叫："你们看，我们现在处在与雅典卫城一样的高度！"我们向西面望去，仿佛真的看到了雅典神庙，虽然实际上我们离它足有4公里的距离。

但是要买这块地是有难度的。首先，没人知道这块地是谁的。这里离雅典很远，平常只有牧羊人在此放牧。我们花了好长时间才知道，这块地分别属于5个务农的家庭，他们拥有这块地的时间已经超过百年。整块地像馅饼一样，中间下凹的地方被分割成小块。我们好不容易找到了这5个家庭的主人，探试他们是否肯卖地。这些人十分惊讶，因为以前从来没有人对这块地有兴趣。除了离雅典远，这里还满地碎石，只会长蓟科植物，而且附近也没有水。在这之前从没有人认为这块地有任何价值。不过我们一说明想买这块地，拥有这块地的农夫们聚集在一起，商议后认为这块地价值不菲。他们出了个天价，但没有打消我们买下这块地的念头，因此决定这样同这些农夫们商量：我们准备了包括烤羔羊在内的美食和希腊的上等好酒拉基葡萄酒，邀请这5家人共同用餐。吃大餐的时候，我们借助一位雅典律师的帮忙，写下出售文件，让目不识丁的农夫们在上面盖印画押。虽然我们付了很高的价钱买下这块地，但我们依然认为这次聚餐相当成功。这片同雅典卫城处于同一高度，古时称作克帕诺的荒芜小山丘，现在属于我们了。

下一步就是核定土地文件和建筑文书，拟定建筑计划。雷蒙找到建造阿伽门农宫殿的设计模型。他不信任建筑师，自己亲自参加工匠们的工作。我们一致决定，唯一配得上我们神殿的石头是潘特里科斯山上的石头。巴台农神殿的廊柱就是来自潘特里科斯山色彩斑斓的山腰。不过我们有自知之明，只采了山脚下红色的石头，这已让我们心满意足了。从那时起，每一天的生活就是推着载着这些红色石头的小推车，一趟又一趟地走在崎岖的山路上，将石头从潘特里科斯山运到克帕诺山丘。随着一车又一车红色的石子倒在我们的土地上，我们也越来越快乐。

摆放神庙基石的重要日子终于到了，我们觉得应该用一个相称的仪式来庆祝这件大事。只有天知道，我们全家人没一个是上教堂的人，我们每个人都因秉持现代科学和自由的观念而身心解放。但是我们认为，如果基石依据希腊仪式来摆放，并由希腊祭司来主持这个仪式，一切会更加美好、更为妥当。我们邀请方圆几里之内所有村民来参加这个仪式。

身穿黑袍、头戴垂下一大片黑纱的黑帽老祭司到了，他要我们准备一只黑公鸡作为祭品，这是拜占庭祭司们在阿波罗神庙时期流传下来的传统仪式。我们好不容易才找到黑公鸡，连同宰杀的刀子一同交给祭司。夕阳西下时，农夫们从四面八方陆续抵达，雅典的一些名流雅士也来了。克帕诺山丘上挤满了人。

老祭司神情肃穆，开始主持仪式。他要我们明确指出地基的位置。雷蒙早已在地上画出一个方形范围，我们围着这个方形跳着舞，借此告诉老祭司地基的位置。在火红的太阳逐渐西沉时，他割开那只黑公鸡的颈子，让红色鲜血洒在那块最靠近房子的基石上。他一手持刀，一手抓鸡，神情肃穆地在地基的方形范围内来回走了三趟，同时念了祈祷文与咒语，为房子里所有的石头祈福。他问了我们的名字，然后又念了一段祈祷文。我们听到他念着伊莎多拉·邓肯（我的母亲）、奥古斯丁、雷蒙、伊丽莎白、小伊莎多拉（我自己）。每一次他说"邓肯"听起来都像"桑肯"，

S的音很重，听起来不像D。他反复祝福我们怀着虔敬的心平安地住在这栋房子里，祈祷我们的子子孙孙也能平安地住在这里。他祈祷完毕后，乐师们奏起希腊的传统乐器，大家开了葡萄酒和拉基酒庆祝，还在山丘上"噼里啪啦"地燃放烟火。我们和那些农夫们彻夜饮酒跳舞，十分快乐。

我们不仅决定要永远留在希腊，还像哈姆雷特似的立下誓言：决定不婚，"让那些结婚的就保持现状吧"，诸如此类。

我们虽然接受了奥古斯丁的妻子，但是却与她保持距离。至于我们自己，我们在计划书上面只提到邓肯一家人，并在计划书上订下我们未来住在克帕诺的规矩。我们的做法与柏拉图在《理想国》中设想的一样。我们日出而起，用欢快的歌舞来迎接朝阳；然后喝一碗羊奶，用来振奋精神。我们在早晨教当地人跳舞唱歌，他们必须学着赞颂希腊诸神，并放弃他们穿着的所谓现代服装；然后，在吃过简朴的蔬菜午餐之后（因为我们已经不再进食肉类，成为素食主义者），利用下午做冥修；晚上则参加由音乐伴奏的异教仪式。

接着，我们开始建筑克帕诺的神庙。由于阿伽门农神殿的墙壁大约是两英尺厚，所以克帕诺的墙也必须是两英尺厚。开始筑这些墙后我才知道，我们需要很多潘特里科斯山的红石头，而且必须知道每车石头的价钱。几天后我们决定在工地搭帐篷过夜，因为我们突然想到方圆几英里之内根本无水这个现实问题，我们看着希穆特斯，那里藏着蜂蜜；我们眼前幻现出淙淙泉水与潺潺小溪；然后我们又望着潘特里科斯山，设想山上常年不化的雪会形成瀑布，流下山坡。哎呀！我们意识到，克帕诺完全是一片干枯荒芜的土地，最近的泉水也在4公里外！

但是，雷蒙毫不气馁，他雇用了更多工人挖掘一口自流井。在挖掘的过程中，他无意间发现了许多古物。他坚信在这些高地上曾经有一座古老的村庄，不过我觉得这里只是墓地，因为井挖

得越深，地面越显干涸。在克帕诺连着几个星期寻找水源无果后，我们回到雅典去拜请有预知能力的圣灵，我们相信他们就住在雅典卫城上。我们在雅典市申请了一张特别许可证，这样我们才能在月明之夜去那儿。后来，我们习惯坐在狄奥尼索斯的圆形露天剧场里，在那里，奥古斯丁吟诵希腊悲剧，我们则翩翩起舞。

　　我们全家人完全自给自足。我们从来不同雅典人打交道，即使有一天当我们从农夫那儿听到，希腊国王驾车出游，打算专程来看我们的神庙时，我们也心如止水。因为我们生活的世界是由阿伽门农、梅内厄斯①与普里阿摩斯②这样的国王统治。

---

① 梅内厄斯，阿伽门农之弟，斯巴达国王。
② 特洛伊的最后一个国王。

# 第十三章

在一个月光柔和的夜晚，我们坐在狄奥尼索斯剧场里，听到一个小男孩不凡的声音在空中回荡，声音中透着特有的悲伤。接着，一个声音加入了，又一个声音加入了。他们正在唱着某种老式的希腊乡村歌谣，我们听得如痴如醉。雷蒙说："这肯定是古希腊唱诗班小男孩的歌声。"

第二天晚上，他们又开始演唱。我们捐了很多钱给他们，导致第三天晚上唱诗班的人数大增。渐渐地，雅典所有的唱诗班男孩都在晚上来狄奥尼索斯剧场为我们歌唱。

这时我们对希腊教堂的"拜占庭音乐"兴趣浓厚。我们去参观希腊教堂，聆听优美加忧郁的颂歌。我们去参观那所坐落在雅典郊区、专门供年轻希腊祭司修行的神学院。祭司们带我们浏览专门收集手稿的图书馆，其中有些手稿的历史可以追溯到中古世纪。我们的看法与大多数杰出的希腊学者一致，这些原本赞美阿波罗、阿佛洛狄忒以及所有非基督教神祇的圣歌，后来辗转流传到了希腊的教堂里。

后来，我们计划将这些希腊男孩组合起来，重新成立原始的希腊唱诗班。每晚我们在狄奥尼索斯剧场举行比赛，然后颁发奖品给这些忠实呈现最古老的希腊歌谣的男孩。一位研究拜占庭音乐的学者也来帮忙了，就这样成立了由全雅典声音最优美的10个男孩组成的唱诗班。一位研究古希腊文的神学院年轻学生则帮我们唱诗班选唱埃斯库罗斯的剧作《乞援人》[1]。这些合唱曲可能是史上写得最优美的合唱曲。我尤其记得一首描述受惊少女的乐曲。为了逃避那些渡海而来、有乱伦意图的表兄弟们，这些少女们聚集在宙斯的圣坛前寻求庇护。

就这样，我们深深浸淫于对雅典卫城、克帕诺的建筑，还有埃斯库罗斯的唱诗班舞蹈的研究。除了偶尔乘船到附近的村庄游历散心外，我们几乎全身心投入其中。

我们读到的厄琉西斯秘密祭典[2]给我们留下了深刻的印象。

"这些秘密祭典，不可张扬。只有被祝福的人，才能有幸亲眼看见，而他死后的命运将有别于其他人！"

我们准备去距离雅典 13.5 英里的厄琉西斯。我们轻装出发，只穿着凉鞋。我们开始飞舞着下了山坡，白色的山坡路上尘土飞扬，这条山路以前是环绕着海边的柏拉图小树林。我们想取悦神，所以选择舞蹈而非步行。我们经过一座名为达弗尼斯的小村庄和一座小教堂。从山丘上树林缺口处我们看见了大海和萨拉米斯岛，我们在这里休息了一会儿，遥想古时那场有名的萨拉米斯海战，希腊海军曾在此击溃由薛西斯[3]带领的波斯海军。据说薛西斯当时在伊加利斯山前坐在银色的椅子上观看两兵交接。当时是公元前 480 年，希腊 300 艘船的舰队击溃波斯海军，赢得独立。大约 600 名波斯战士被派遣到一个小岛上，试图阻断希腊军队的后路。阿里斯提得斯[4]在流亡时被召回，他知道薛西斯部署好了军队，想一举摧毁希腊舰队，而他则技高一筹。

---

[1] 埃斯库罗斯（约公元前 525—公元前 456），希腊悲剧作家。《乞援人》是现存最古老的带有合唱队的希腊剧。

[2] 古希腊时在雅典附近每年举行的秘密入会仪式，是祭祀谷物女神的庆丰收仪式。

[3] 薛西斯一世（公元前 519—公元前 465），波斯国王，大流士一世之子。

[4] 阿里斯提得斯（公元前？—公元前 468），雅典政治家、将军。

一艘首当其冲的希腊船，

一尊腓尼基船的船首神像被迎头撞上，

现在正是逆风，因此所有船只都停止了战斗。

刚开始波斯舰队猛烈攻击，

但是他们的船只太多，在这个狭窄的港湾反而无法

发挥威力。

船只彼此撞击，击碎船桨。

此时希腊舰队英勇攻击，

将他们的船击至只剩残骸，

我们看不到湛蓝大海，

只见支离破碎的船骸以及尸体漂浮海面。

    我们一路上都跳着舞，只在经过一间小小的基督教教堂时才稍作停歇。教堂里的希腊祭司看着我们一路舞来，十分好奇，坚持要我们到教堂看看，喝些他们酿的葡萄酒。我们在厄琉西斯待了两天，参观了秘密仪式。第三天我们回到雅典，回来时我们并不孤单，因为有埃斯库罗斯、欧里庇得斯[①]、索福克勒斯与阿里斯托芬[②]等希腊诗人的影子陪着我们。

    我们对继续到别处漫游兴趣索然，因为我们已经到了我们的麦加圣地，那就是无上的完美境界——希腊。慢慢地我对智慧的雅典娜那种发自内心的崇敬爱慕有些转变。最后一次去雅典时，我必须承认，雅典吸引我的不再是她的异教，而是达弗尼斯的小教堂里那尊受难基督的脸。当时我们的艺术之路刚刚开始，是雅典卫城为我们留住了所有的喜悦和灵感。当时的我们太坚强，与世俗大胆对抗，不知道什么是悲哀。

---

[①] 欧里庇得斯（公元前480—公元前408），希腊悲剧作家。

[②] 阿里斯托芬（约公元前448—公元前388），希腊喜剧作家。

每天一早我们就登上神殿山门①。我们了解了这座神圣山丘每个阶段的历史，还带着书来与每块石头一一对照。我们研究了杰出考古学家关于某些标记和异常物来源、含义的理论。

雷蒙有了自己的发现，他和伊丽莎白在雅典卫城待了一段时间，试图找出在雅典卫城建立之前，山羊在山坡上吃草时留下的足迹。他们的确找到了一些足迹，因为雅典卫城以前曾是牧羊人让山羊遮风避雨和过夜的地方，所以他们成功地找到山羊走过的交叉路径，这个时间至少是在卫城建立的 1 000 年前。

从雅典 100 多名衣着破旧的小男孩的竞赛当中，我们和那位年轻的希腊学者挑出了 10 名声音有如天籁的完美男孩，并一起训练这些小男孩唱一些合唱曲。我们发现希腊教堂的仪式里隐约有古希腊歌舞队向右、左旋转的影子，而且在旋转时唱的歌曲和声不温不火，恰到好处。不出我们所料，这些歌曲当时是礼赞上帝、雷神和庇护神——宙斯的诗歌；我们猜想这些诗歌当时被基督徒用来礼赞耶和华。在雅典的图书馆里，我们在好几本关于希腊的古音乐书上都发现了相同的音阶和音程。这些发现让我们欣喜若狂。在 2 000 年后，我们终于能将这些宝藏发掘出来并传给后人。

我们下榻的"天使旅馆"慷慨地允许我每天自由使用一个大工作室，在里面我花了好几个小时的时间，将受希腊教堂里音乐启发创作的动作和姿势，加到《乞援人》一剧的合唱团表演当中。我们非常认真地工作，并深深相信这种创作理论，因此从来没想过将不同的宗教表现混在一起可能产生的明显喜剧效果。

当时的雅典改革声浪云起，一如其他时候的雅典。这一次的改革声浪是：皇室和学生对于在舞台上是用现代希腊语还是用古希腊语表演意见不一。我们从克帕诺回来时，学生们包围着我们的马车，称赞我们的古希腊及膝短袖束腰外衣，并要求我们加入

① 山门是古希腊通往圣地、皇宫和法院的入口。最著名的山门是雅典城的入口，通过有圆柱的入口穿过圣道，经此圣道可通向卫城。

他们的游行队伍。为了古希腊，我们欣然应允。这次会面之后，学生们在市立戏剧院安排了一场表演。那10个希腊男孩和那位研究拜占庭音乐的学者都穿着多彩飘逸的古希腊短袖外衣，以古希腊语唱着埃斯库罗斯的合唱诗歌，我则在一旁跳舞伴和。这场表演让学生如痴如醉，欣喜若狂。

乔治国王听说有这场表演后，希望我们能到皇家戏院表演一次。不过在皇家戏院为皇家和驻雅典大使所做的表演，反应不如那场为学生所做的表演。那些达官贵族对表演缺乏兴趣，反应冷淡。这些人带着白手套为我们鼓掌，那种掌声听来只是礼节性的，一点也不令人振奋。后来国王来到后台，要我去皇室包厢向皇后致意。虽然他们极为礼貌，但是我清楚地知道，他们并不是真的喜爱或了解我的艺术精华。对这些皇室大人物来说，只有芭蕾舞才算得上是出类拔萃的舞蹈。

在做这些事情时，我发现我们的银行存款已经所剩无几了。我还记得，那天晚上为皇室表演结束后，我辗转难眠，便在黎明时分，独自一人去了雅典卫城，进入到狄奥尼索斯剧场跳起舞来。我当时认为那将是我最后一次在那里跳舞。然后我走到神殿入口处，站在巴台农神殿前。突然间，我觉得我们的梦想似乎就像美丽的泡沫一样破灭了。我们实际上是和现代人一样的人，以后也不可能变成另一种人，我们不可能会有古希腊人的感觉。在其他时刻，眼前这座雅典娜神殿有不同的意义，但我毕竟只是个有着苏格兰和爱尔兰血统的美国人。我与红印第安人的关系，或许比我与希腊人的关系更为接近。一年来在希腊生活的美丽幻梦仿佛转眼之间就消失了。拜占庭式希腊音乐的曲调越来越模糊，而《伊索尔达之死》[①]的所有和弦却在耳畔响起。

三天之后，我们告别一大批真心喜爱我们艺术的人们以及合

---

① 伊索尔达（1477—1498），爱尔兰公主，与爱人特里斯丹在敌军逼迫下，双双饮鸩自尽。

唱团那 10 个希腊男孩流着泪的父母，从雅典乘火车前往维也纳。在火车站，我将蓝白相间的希腊国旗披在身上，那 10 个希腊男孩和所有人唱着美丽的希腊诗歌：

> 从希腊人心中
> 涌出对自由的礼赞
> 希腊！啊，希腊！
> 你代表自由精神！
> 希腊！啊，希腊！

当我回顾在希腊的一年时光时，我觉得那段时光实在是太美好了。我们尝试着冲破 2000 年的隔阂，回到我们当时或许无法理解、其他人也无法理解的一种美。勒南①对这种美有以下描述：

> 啊，高贵的您！啊，纯粹真正的美！女神阁下象征智慧与理性，您的神殿教授人们永恒的良知与真诚。今天我刚刚跨过门槛，走入您的神秘境界，我来得真是太迟；我带着痛悔自责之心，来到您的圣坛。我寻遍千山万水才找到您。雅典人出生时就蒙受您的启迪，我却必须在努力沉思之后才能获得此项殊荣。

就这样，我们离开了希腊，在清晨时抵达维也纳，同行的还有我们的希腊男孩合唱队以及那位研究拜占庭音乐的学者。

---

① 勒南（1823—1892），法国作家、语言学家和宗教批评家。

# 第十四章

我们想重现古代希腊合唱队与悲剧舞蹈的努力是十分值得的，当然，它是一种过于固执甚至不切实际的做法。不过，在布达佩斯与柏林叫好叫座，因此赚到一大笔钱之后，我并不想顺势做世界巡回表演；相反的，我用这笔钱建立了希腊神殿与重现希腊合唱队。当我现在回顾年轻时的那股冲劲与抱负时，自己都觉得难以理解。

我们在清晨时抵达维也纳。面对着好奇的奥地利观众，我在台上跳着舞，而我们的希腊男孩则在台上吟唱埃斯库罗斯剧作《乞援人》中的合唱曲。《乞援人》中总共有50个"达那俄斯的女儿"，我觉得我一个人很难同时表达出50个少女的情绪；不过我可以感觉到多重自我，因此尽我所能去做最好的表演。维也纳离布达佩斯只有4小时车程，但或许是在巴台农神殿前度过一年的原因，让我感觉和布达佩斯的距离特别遥远，所以我才没有对罗密欧从来没花4小时搭火车来探望过我感到奇怪。其实我也不觉得他应该这么做。我对希腊合唱队兴致高昂，将所有的精力和感情都投注到它上面。老实说，我从来没想过他。相反的，我那时整个人只想着理性问题，而这一切都同一段友谊有关。那时我与一位相当有智慧的男子——赫尔曼·巴尔成了好友。

巴尔曾于几年前在维也纳的"艺术之家"看过我为艺术家们跳舞。他对我带着希腊男孩合唱团重回维也纳十分感兴趣，他为维也纳《新报》撰写的新闻评论相当优秀。

巴尔当时大约30岁，头很大，棕色的头发浓密，蓄着棕色大胡子。虽然他常常来布里斯托看我的表演，并在表演结束后和我聊到黎明，但我们两人之间却没有丝毫男女感情的成分。我常起身，伴着古希腊合唱队唱的歌，用舞蹈的方式表达我的想法。也许一些多疑的人不会相信，不过事实就是如此。由于有布达佩斯的经验，多年之后我对感情的态度已经有了很大的转变，我相信自己已不会再对谁动情，未来只会专注在自己的舞蹈艺术上。现在想想，我是在代表爱神的金星上升时出生的，因此这种想法有点让人惊讶。这种事看似奇怪，不过在那次猛烈的觉醒之后，我的爱情感觉进入休眠状态；我也不希望有任何特别的感觉。我以我的舞蹈艺术为生命中心。

我在维也纳卡尔剧院的表演和上次一样成功。虽然观众刚开始听那 10 个希腊小男孩唱《乞援人》中的合唱曲时，反应冷淡，但是当我压轴跳《蓝色多瑙河》时，他们情绪高涨，反应热烈。表演之后我作了一场演说，向观众解释这并不是我想看到的结果，我希望传达的是希腊悲剧的精神。我对他们说："我们必须试着理解合唱曲之美。"但是观众依旧用德文喊着："不，不！跳舞！跳美丽的《蓝色多瑙河》！再跳一次！"同时他们还一再鼓掌。

就这样，我们带着此次演出的收入告别了维也纳，再次来到慕尼黑。到达慕尼黑之后，我的希腊合唱队在艺术界和学术界产生轰动。伟大的福特华格勒教授特别举办了一场演讲，探讨现在已由那位研究拜占庭音乐的学者以音乐方式表达的希腊诗歌。

大学生们相当兴奋。事实上，希腊男孩的表演相当叫座。而我因为一人要跳 50 个"达那俄斯的女儿"，从而觉得表演并不是完美无缺的。我常常会在表演结束后以演讲的方式来解释，在舞台上我想表现的是 50 个少女，而不是我自己；我想表达出非常忧伤的情感；虽然现在只有我一个人，但是请大家有耐心，我很快就会成立一所学校，届时就会有 50 个少女。

柏林对我们的希腊合唱队不太感兴趣。虽然来自慕尼黑的杰出教授柯尼里尔斯特地千里迢迢来告诉他们这个消息，柏林的观众仍旧像维也纳一样，喊着："啊，跳美丽的《蓝色多瑙河》，别再提重现希腊合唱曲的事了。"

　　同时，陌生环境对这些希腊小男孩开始产生影响。在我们下榻的旅馆，那位可敬的老板一再向我抱怨，他们举止失礼，脾气火爆。他们好像一直在向旅馆要黑面包、黑橄榄、生洋葱，当这些东西并不在他们的菜单上时，他们就对服务生发火，甚至把早餐的食物扔到服务生的头上，并想用刀子攻击他们。在他们被好几家五星级旅馆赶出来之后，我不得不将他们安置在我的公寓里。我在客厅安了 10 张床，让他们同我们住在一起。

　　因为我们觉得他们只是小孩子，所以每天早晨都让他们同古希腊人一样穿着凉鞋，一同去动物园散步。有一天早晨，当我和伊丽莎白走在这些奇怪的孩子前面时，正好碰上德国皇后骑马出游。她太过震惊，以至于在回转时摔下马，因为那匹优良的波斯马以前从未看过这种事，有些失控，惊吓得往后退。

　　这些可爱迷人的希腊男孩只同我们待了 6 个月。后来我们发现，他们犹如天籁般的歌声开始变调。听到这种声音，即使是满心爱慕的观众也面面相觑，相当惊讶。我还是鼓起勇气扮演在宙斯圣坛前祈求的那 50 个少女，不过这真不容易，因为这些希腊男孩唱得越来越离谱，而那位研究拜占庭音乐的学者似乎也越来越心不在焉。

　　这位学者对拜占庭音乐越来越不用心，他似乎将他对这种音乐的热爱全留在雅典了。而且，他还常常缺席，时间一次比一次长。后来，警察通知我们，当我们都以为他们正睡在床上时，这些希腊男孩屡次在半夜从窗户逃出去，去光顾低廉的咖啡馆，与一些最下流的希腊女子鬼混。而且，自从抵达柏林之后，他们已失去当初在狄奥尼索斯剧场时的那种天真烂漫的小男生气质。他们每个人都长高了半英尺，每天晚上在剧院表演《乞援人》合唱曲时

邓肯自传

越来越不成调。我们不能再以"这就是拜占庭"作借口,那种声音只是可怕的乱喊乱叫。因此在经过一番商议之后,我们决定带着我们的希腊合唱队进入维特米尔大百货公司。我们为矮个子的男孩买了短裤,为个子较高的男孩买了长裤,然后带着他们坐上计程车去火车站。我们帮他们买了去雅典的二等车票,和他们告别。他们离开之后,我们搁置了重现古希腊音乐,重新研习格鲁克的音乐——《伊菲革尼亚》和《奥菲斯》[1]。

我一直认为舞蹈是一种合唱,或者是一种人们共有的表情方式。当我开始尝试将"达那俄斯的女儿"那种哀伤的情绪呈现给观众时,我跳着《伊菲革尼亚》剧中的舞蹈,跳着那些佳里西斯的少女们在平滑的沙滩上玩着金球的情形。之后是悲惨地流亡陶里斯的过程。我怀着惊恐的心情,舞出她们的希腊同胞流血牺牲的故事。由于我迫切盼望能创造出一群舞者的气势,因此在我的想象当中,她们早已存在。在舞台上闪烁的灯光下,我真的看见穿着白色舞衣,体态轻盈的舞伴们,臂膀劲捷有力,头儿摇摆,身体轻快摆动,四肢敏捷,绕着我跳着舞。《伊菲革尼亚》快结束时,陶里斯的少女欣喜若狂地跳着舞,庆祝俄瑞斯特斯[2]获救。当我跳着这些回旋曲时,我可以感觉到她们拉着我的手与我一起跳。她们娇小的身躯随着越来越快、越来越疯狂的音乐摇摆着,当我终于在极度喜悦中跌倒时,我看见:

> 直到她们倒下,似乎
> "在笛子的叹息声中,烂醉如泥。
> 独自在林荫中追寻欲望。"

---

① 奥菲斯,希腊神话中的英雄,有超高的音乐天赋。传说他是缪斯女神和色雷斯王俄阿戈斯的儿子。阿波罗把他的一把七弦竖琴送给了他。他的歌声和琴韵十分美妙,各种鸟兽木石都围绕着他翩翩起舞。

② 伊菲革尼亚的弟弟。

我们每个星期在维多利路的家中举办的招待会，后来变成喜爱艺术与文学人士的聚会。大家以专业素养热烈讨论舞蹈与艺术，因为德国人对一切艺术的讨论都相当严肃认真，都要寻根问底地研讨一番。我的舞蹈成了激烈辩论的主题。很多报纸开始以专栏报道，时而称赞我是发明一种新艺术形式的天才，时而谴责我破坏了真正的古典舞蹈（指芭蕾舞）。在我表演之后，观众常常颠狂喜悦。而当我从舞台上下来后，会穿着白色古希腊短袖及膝上衣，在半夜坐上好一阵子，旁边摆着一杯牛奶，读康德的《纯粹理性批判》。只有天知道，为什么我会相信能从书中为我苦苦追求的纯粹美的动作寻找到灵感。

在这些常来我家拜访的艺术家与作家当中，有一位额头很高、戴着眼镜、目光锐利的年轻人。他认为让我见识尼采的才华是他的使命。他说，只有通过尼采，我才能充分显示舞蹈的表达方式。他每个下午都来拜访，用德文为我朗诵《查拉图斯特拉如是说》，为我解释每个我不明白的字词。尼采的哲学深深地吸引了我，让我为之陶醉；而卡尔·费登每天与我分享的几个钟头是如此吸引着我，以使当我的经理劝我去其他地方，像是汉堡、汉诺威、莱比锡做短期巡回表演时，我也是十分不愿意去的。这些地方兴奋好奇的观众都期待看到我的表演，当然这种表演会带给我一大笔收入。他常提起到世界各地做成功巡回表演的事，但是我却毫无兴趣。我只想看书，继续我的研究，创造出当时还不存在的舞蹈与动作。此外，童年时就拥有的办学校的梦想却越来越强烈。我想待在工作室继续读书研究的愿望，让我的经理相当沮丧。他继续不断央求我演出，提出了许多到各地演出的计划；还不断到我的工作室来，一脸苦恼，不断悲叹；带了报纸，让我看伦敦和其他地方对我的报道，说是模仿我做的舞台布幕、舞衣正在热销，甚至被当作是真正的原创性东西而受到热烈欢迎。不过这也未改变我的初衷。夏天的脚步近了，我告诉他，我想整个夏季都待在拜罗伊特[①]这个瓦格纳音乐的发源地，沉醉在瓦格纳的音乐中，这样他终于怒不可遏了。然而，就在瓦格纳的夫人来拜访我的那一天，我做出了最后决定。

我从未遇过像科希玛·瓦格纳[②]这样才智过人的女子。她举止端庄，双眸美丽，鼻子有些高突，额头闪烁着智慧的光芒。她精通所有高深的哲学，而且对每位大师说过的话都记得相当清楚。她提到我的舞蹈艺术时，态度优雅，给予我极大的鼓励。然后，她向我提到瓦格纳不喜欢芭蕾舞和芭蕾舞衣，提到他对酒神节那种狂欢气氛和花样少女舞蹈的向往；还提到那年夏天，柏林芭蕾舞团准备在拜罗伊特的演出肯定不适合瓦格纳的梦想。然后她问我愿不愿意在《唐豪塞》[③]中表演舞蹈。这是个棘手的问题，在我的理想当中，不可能与芭蕾舞有任何牵扯。我的观点是，芭蕾舞的表达方式是呆板、粗俗的，它的每一个动作都会伤害我的美感。

"啊，为什么我没有一所我梦寐以求的学校呢？"我在回答她的询问时说道，我说："假如我有自己的舞蹈学校，我就能带着瓦格纳梦想的仙子们、牧神、森林之神和优美三女神[④]所组成的舞团，到拜罗伊特，到你的面前。但是现在我只有一个人，我能做什么呢？不过，我一定会到拜罗伊特，至少会将优美三女神所代表的优雅、温柔和妩媚的动作，以舞蹈表现出来。"

---

① 德国上法兰克区首府，以瓦格纳剧院和每年7—8月的瓦格纳音乐节闻名。

② 科希玛是指挥家汉斯·比洛之妻，李斯特之女，是瓦格纳的主要门生。1866年瓦格纳之妻去世，科希玛则于1870年与瓦格纳结婚。

③ 瓦格纳于1845年所完成之歌剧。

④ 优美三女神是阿格拉伊亚（Aglaia-灿烂）、欧弗洛绪涅（Euphrosyne-欢乐）和塔莉亚（Thalin-花朵），她们常被认为是具有美丽、魅力与快乐的女神。

# 第十五章

我是在一个怡人的 5 月天抵达拜罗伊特的，在黑鹰旅馆租了几个房间。其中的一个大房间可以在里面练功，还可以摆一架钢琴。每天我都会收到科希玛女士的问候，邀我共进午餐或晚餐，或者晚上到她的华弗莱德别墅做客，她会尽地主之谊款待你。每天去她那里赴宴的人不少于 15 人。科希玛女士坐在长餐桌的主人位子招待宾客，举止尊贵高雅。在她的宾客当中，有一些是德国最优秀的艺术家和音乐家，还常常有各国的公爵或皇室成员。

瓦格纳的墓地就在华弗莱德别墅的花园，从图书馆的窗户就能看到。用完午餐后，瓦格纳夫人挽着我的手臂，走到屋外的花园，在坟墓周围散步。一边走，科希玛女士一边同我聊着，她的语调甜美忧伤又怀着虚幻的希望。

晚上常由杰出的音乐名家演奏四重奏。高大的里克特[1]、瘦削的马克[2]、迷人的莫特尔[3]、汉帕丁克[4]与海因里希·索德，那个年代的每一位艺术家都在此受到一样的礼遇。

我觉得能穿着自己的白色古希腊式舞衣参加这么多杰出人士出席的盛会，是一件值得骄傲的事。我开始研究歌剧《唐豪塞》[5]，《唐豪塞》表达了一个狂乱的人思绪中的所有感官渴望——因为

---

[1] 里克特（1843—1916），德国指挥家。

[2] 马克（1859—1940），善于指挥瓦格纳歌剧的指挥家。

[3] 莫特尔（1856—1911），德国作曲家和指挥家。

[4] 汉帕丁克（1854—1912），德国音乐家。

[5] 唐豪塞是欧洲中古世纪传说中的骑士。瓦格纳于 1845 年写了歌剧《唐豪塞》。

这种酒神庆典式的狂欢感觉是唐豪塞头脑中的。牧神、仙子与爱神维纳斯的石洞和瓦格纳脑海中的石洞一样被封闭，情感欲望只有在瓦格纳的想象中才能得到发泄。

关于这种狂欢作乐，他写道：

> 我只能给你一个模糊的概念，只能粗略地勾勒出未来舞者的轮廓——一群一群的舞者狂奔，像是有韵律的旋风被这种音乐狂潮攫住，随着美妙的官能享受与狂喜而飘动。如果光靠我就能做出如此的创举，那全是因为纯粹想象力所主宰的世界给了我足够的力量。只有躺在爱神维纳斯怀抱的唐豪塞，才有这些梦想。

> 为了实现这些梦想，只需要一个吸引人的简单手势，就能招致成千人高举双手；只要头轻轻往后一仰，就能代表狂欢激动的情绪，而这正好表达出唐豪塞血液中火辣辣的热情。

> 我觉得这部音乐着重表现了感官欲求的不满足、疯狂渴望与扰人烦恼；简而言之，就是全世界的人们因为强烈欲望而发出的呐喊。

> 我们真的能表达出这一切吗？这些梦想只存在于作曲家疯狂的想象中。我们能清楚地表达这些梦想吗？

> 为什么明知不可为而为之？我再重复一次，我只是指明途径，但我尚未能去实现。

> 当这些强烈欲望爆发出来，当它们打破所有藩篱向前狂奔，像是无法抵挡的狂潮时，我会让薄雾弥漫整个舞台。每个人虽然无法看见，但他们会在他们的想象中看到结局，这远胜过任何肉眼可见的场景。

> 在这场爆发和破坏之后，在实现梦想的过程中通过破坏达到一定成果之后，终于呈现出和平景象。

这就是优美三女神，代表着宁静、情欲得到满足之后的慵懒。在唐豪塞的梦境当中，她们时而交错，时而分离，她们聚集在一起，却又时分时离。她们唱出宙斯之爱。

她们说着他的猎艳经历，说着欧罗巴[①]被带到海对岸的故事。她们的脑子里全是爱情，就好像丽达[②]爱上那只白天鹅那样。因此她们命令唐豪塞在爱神维纳斯的白皙臂膀中进入梦乡。

难道我一定要以粗俗的表现方式将这些梦境呈现在观众面前？难道你不喜欢在模糊中看见欧罗巴纤细的臂膀环绕着那只大公牛（她将宙斯搂向自己），以永别的姿态用手与她的女伴们作最后的告别吗？

难道你不喜欢在阴影中窥视丽达，她半身被天鹅的翅膀遮住，因为宙斯即将吻她，她的身体在颤抖？

或许你会回答说："既然如此，你为什么要将这些故事搬上舞台呢？"我可以简单地告诉你："我至少能指出这些。"

从早到晚，在山丘上的那座红砖砌成的神庙里，我参与每次排练，期待着第一场表演。《唐豪塞》《指环》《帕西法尔》[③]，我始终沉醉于音乐当中。为了更了解这些歌剧，我背熟这些歌剧的所有台词，如此一来，我的脑海中满是这些传奇，我整个人因为瓦格纳旋律中的波涛而颤动。我甚至已经达到一种境界，觉得

---

① 宙斯爱上欧罗巴，自己化为一头白牛，当欧罗巴不设防地骑到牛身上时，牛突然跳入大海，将欧罗巴带到海的对岸。

② 宙斯为丽达的美色所迷，化为天鹅，趁丽达洗澡时，同她幽会，后来丽达生下美女海伦。

③ 这些都是瓦格纳的歌剧。

外面的世界似乎冰冷、幽暗、虚假，对我来说，唯一的真实是舞台上所演出的一切。今天，我可能饰演金发的希格琳达，躺在她哥哥西格蒙德的怀中，此时响起荣耀的春之歌：

> 春天来了，亲爱的，跳舞吧！
>
> 跳舞吧，我的情人。

接着，我又饰演因为失去她的基督而哭泣的布兰希塔[1]，然后又扮演因为克林塞的魔法而发出狂暴诅咒的康德丽[2]。但是最极致的经验是，我的灵魂升起，因为沾满血滴的圣杯而颤抖。这是多么令人着迷啊！啊，我的确已经忘记蓝眼睛的智慧女神雅典娜和雅典山丘上的那座她的神庙。另一座在拜罗伊特的有着神秘的声浪与回音的神庙，已经完全覆盖住雅典娜的神庙。

黑鹰旅馆拥挤不堪，住着不舒适。有一天，当我在巴伐利亚的疯狂国王路德维格所建的汉米特基花园中散步时，发现一所由石头砌成的相当别致的房子。这是马格雷夫的狩猎小屋，里面有一间比例匀称的大客厅，还有大理石的台阶通往那座充满浪漫气氛的花园。房子年久失修，现在有一个农民大家庭住在这里，他们已经住了大约20年。我给了他们一大笔钱，请他们另寻住处，至少在这个夏天要住在别处。之后，我找来油漆工和木匠开始修缮，在墙上涂上灰泥，再漆上柔和的淡绿色油漆。然后我赶到柏林去采购沙发、椅垫、藤椅和书籍。最后，我终于拥有这所名为"菲利浦小筑"的狩猎小别墅的所有权。

我独自一人住在拜罗伊特，母亲和伊丽莎白正在瑞士避暑，雷蒙回到雅典继续建克帕诺的神庙。他常会发电报给我，上面写着："自流井有进展，下星期一定有水。寄钱来。"这种情形一

---

① 希格琳达、西格蒙德和布兰希塔都是歌剧《指环》中的人物。

② 康德丽是歌剧《帕西法尔》中的人物。

直持续，建克帕诺神庙的花费很大，简直让我无法负荷。

离开布达佩斯的两年内，我都过着相当贞洁的生活。有趣的是，我好像又回到处女时代。我整个人的每一个部分，我的头脑、我的身体一直沉浸在对希腊的狂热当中，而现在则是沉浸在对瓦格纳的狂热当中。我睡得很少，半夜常会醒来，唱着前一天我所学的乐曲主题。不过爱情即将在我体内再一次苏醒，虽然这次的爱情有些不同。或许只是同一个爱神戴着另一个面具？

我和我的朋友玛丽两个人住在"菲利浦小筑"，因为房子里没有佣人房，所以仆从和厨子都住在附近的小客栈。有一天半夜，玛丽来找我，她说："伊莎多拉，我不是故意要吓你，不过，你来窗户边看一下。就在那儿，在对面的那棵树下，每天过了午夜，都有个男人往上望着你的窗户。我担心他是心怀不轨的强盗。"

真的有一个瘦小的男子站在树下仰望我的窗户。我吓得开始颤抖，但是月亮突然亮起，照在他的脸上。玛丽紧紧抓着我，我们两个人都看见了，那是海因里希·索德往上仰着的脸。我们两人都从窗户边往后退，忍不住像女学生似的咯咯地笑着，或许是因为原来的恐惧我们才会有这种反应。

玛丽小声地对我说："他已经有一个星期都像这样每晚站在那里。"我叫玛丽等我一下。我在睡衣外面又加了一件外套，小跑到了屋外，朝索德站的地方走去。

"亲爱的朋友，你真的如此爱我吗？"

"是，是——"他结结巴巴地说，"你是我的梦中情人，你是我的圣克莱拉①。"

我当时还不知道，不过他后来告诉我，他正在写的第二本著

---

① 圣克莱拉（1194—1253），意大利人，她曾与圣弗朗西斯共创第二圣弗朗西斯会（即行乞修女团）。

作是表现圣弗朗西斯[①]一生经历的。他的第一本著作写的是米开朗琪罗的一生。索德与其他艺术家一样，生活在他作品中那瞬间的想象里。这个时候他是圣弗朗西斯，而他将我想象成圣克莱拉。

我牵起他的手，温柔地拉他走上台阶，进到屋里。但他就像是在做梦，看我的眼神里充满虔敬与光明。当我回望他的时候，我觉得我好像被往上升起，与他一同翱翔天际，沿着星星的轨迹漫步。爱情以前从未让我有过如此狂热的感觉，我觉得整个人脱胎换骨，神采奕奕。他盯着我看了好一会儿，我不知道实际时间是多久。之后我觉得浑身发软，一阵天旋地转，为之心醉神迷，我在一种无法以言语形容的狂喜中晕倒在他的怀里。当我清醒时，他温暖的双眸仍在凝视我，他柔声地背诵了一段话：

> 我坠入爱河，
> 我坠入爱河！

我再次体验了那种飘然欲仙、超脱世俗的感觉。索德倾身吻了我的双眼和额头，但这些吻并不带有任何世俗激情的成分。一些多疑的人可能难以置信，但这都是真的，不管是这天夜里直到我们在清晨分开时，还是之后的每一个夜晚，当他来到我的住处时，从未对我做出任何逾矩的举动。他总是双眼澄澈地凝视着我，当我望着他时，便觉得周围的一切都变得模糊，我的灵魂长了翅膀，与他共游天际。我沉睡了两年的官能感觉，转变成一种飘然世外的狂喜神迷。

我们开始在拜罗伊特预演。我和索德坐在黑沉沉的戏院里，听着《帕西法尔》的前奏曲。我整个神经都充满快感，这种感觉如此强烈，如果他的手臂轻轻碰触了我，我会感到浑身哆嗦，狂

---

① 圣弗朗西斯（1181—1226），意大利人，创立圣弗朗西斯会，宣扬"清贫福音"。

喜晕眩，还夹杂着甜美的、折磨人的、痛苦的愉悦。这种情形一
再出现，犹如千百束各式各样的光线在我脑海中回转，令我兴奋
悸动，想大喊大叫。我常会感觉到他轻柔的指尖抚过我的唇瓣，
让我无法克制地发出叹息与呻吟声。我身体的每一根神经仿佛都
达到爱情最美的高潮，而这种高潮通常只是一瞬间的感觉。我就
这样哼个不停，不知道这是极致的喜悦还是难受的折磨。我觉得
两种感觉都有，而且我渴望能与剧中的安福塔斯①一同叫喊，或
者与康德丽一起尖叫。

　　索德每天晚上都来"菲利浦小筑"。他从未以情人的方式爱
抚我，从来没想过要脱掉我的衣服，或是碰触我的乳房、我的身
体，虽然他知道我身体的每一部分都只属于他一人。我以前没有
感觉到的一种激情在他的目光注视下苏醒了。这种感觉让我既快
乐又害怕，我常常觉得这种愉悦几乎要杀了我，然后又慢慢退去，
直到又看到那双明亮的双眼，这种感觉便重新出现。

　　我把整个灵魂都交给了他，我只能凝望着他，渴望就此死去。
因为这不像世俗之爱，这种爱让人充满渴望，没有满足和停歇。

　　我完全没有食欲，甚至不想睡觉，只有《帕西法尔》的音乐
能带我到那种让我兴奋哭泣的境界。哭过之后，那种无法自拔的
爱情和强烈难熬的感受才似乎得到解脱。

　　索德的精神意志相当强，他能把我从这种狂野和心醉神迷的
喜悦中唤醒，让我的注意力转移到纯粹的智性上。在他对我谈论
艺术的绚烂时，我觉得他是另一个人——邓南遮。索德同邓南遮
有点相似，他个子很矮，嘴巴很大，还有一双奇怪的绿眼睛。

　　他每天都会带一些"圣弗朗西斯"的手稿给我看。他每写一
章，就为我朗诵一章。他还为我朗诵但丁的《神曲》。朗诵往往
会进行到深夜、拂晓。他常常在黎明时刻才离开"菲利浦小筑"。

_____

　　① 安福塔斯，歌剧《帕西法尔》中圣杯王朝受到康德丽美色诱惑的王子。

虽然他朗诵时只喝白开水，但是他走起路来却步履蹒跚，像个喝醉酒的人，他只是陶醉在自己超人智慧的神圣本质中。在这样的一个早晨，他惊慌地抓着我的手说："我看见科希玛女士走过来了！"

果真没错，在晨光中，科希玛女士出现了。她脸色苍白，我原以为她正在生气，但其实不然。前一天，我们对我在《唐豪塞》中以舞蹈表现优美三女神的方式看法不同，有些争论。那一晚科希玛女士辗转难眠，她翻了瓦格纳留下的一些资料，在瓦格纳的手稿中找到一本笔记，里面对于他构思的酒神祭狂欢会舞蹈部分的描述，比任何已经出版的资料都更为精细。

这位可亲的女士等不及了，于是天刚破晓时就赶来对我说我的看法没错。不只如此，她激动得有些颤抖地说："我亲爱的孩子，你真的是受了大师本人的启迪。你看一看他写的资料吧，这同你的直觉不谋而合。从今以后，我再也不会干涉你，你可以全权处理在拜罗伊特的舞蹈表演。"

我想科希玛女士就是在这时有了让我嫁给她儿子齐格菲·瓦格纳，与他一起延续大师的传统的想法。不过，齐格菲是我的挚友，一直以兄长之情看待我，他真的从未有过一丝举动暗示他是我的情人。而我呢，已全身心沉浸在索德那种超乎人间的爱情当中，当时我也不了解与齐格菲的结合有何价值。

我的灵魂像一个战场，在这个战场上，阿波罗、狄奥尼索斯、基督、尼采、瓦格纳都在争夺一席之地。在拜罗伊特时，我在维纳斯堡 ① 和圣杯两者之间挣扎。在瓦格纳音乐的洪涛当中，我被卷起，冲向远方。有一天在华弗莱德别墅吃午饭时，我平静地宣布："大师犯了一个错误，这个错误的程度同他的才气一样巨大。"

---

① 维纳斯堡，歌剧《唐豪塞》中以爱神维纳斯命名的山。唐豪塞在山上颂赞维纳斯，盼望能回到人间。当他提到圣母时，维纳斯堡山忽然消失。

科希玛女士莫名惊讶，定睛看着我。席间冰一样的沉默。

"是的。"我继续说着，语气中带着初出茅庐的年轻人特有的极端自信，"大师犯了一个错误，这部歌剧根本没有意义。"

沉默越来越令人难以忍受。我进一步解释，歌剧唱的是我们说的话，而话语来自人的大脑，但音乐却是激情的抒发。想将两者结合是根本不可能的。

我说了这些荒诞无理的话，当然午餐也没办法继续了。我以无辜的眼神看着四周，发现大家都是一脸惊愕。显然，我说的话无法获得在场人士的支持。"是的，"我又继续说，"人可以说话，然后唱歌、跳舞。但是说话的是大脑，是会思考的人。而唱歌是一种情绪，跳舞则是席卷一切的狄奥尼索斯的那种狂欢激动的喜悦。想要将它们掺在一起是不可能的事。歌剧也不能这么做。"

我很高兴当我还年轻的时候，人们不像现在这样自我意识强烈；当时人们还不会憎恨美好的生命和纯粹的愉悦。在《帕西法尔》中场休息的时候，人们安静地喝着啤酒，但这并不妨碍他们的精神和理智生活。我常看着汉斯·里克特沉静地喝着啤酒、吃着香肠，这并不影响他过一会儿仍会像个半神似的指挥，也不会影响他身边的人们继续谈论最崇高的智慧与精神的意义。

在这些日子里，任性而为不等于灵性。人们认为人的精神是向上发展的，有了旺盛的活力和生命力，才能发展人的精神。毕竟，大脑只不过是身体过剩的精力。身体就像八爪章鱼一样，触角伸向四处，吸收它遇到的每一样事物，只有它不需要的东西，才会传给大脑。

拜罗伊特的许多歌手都身材高大。当他们张嘴时，声音就会涌入不朽的神居住的那个精神与美的世界。因此我认为，这些人并未注意到他们的身体，对他们来说，或许身体只不过是躯壳，掩盖了表达神圣庄严的音乐时的那种旺盛的精力与力量。

# 第十六章

我在伦敦时，曾经在大英博物馆拜读过海克尔[①]作品英译本。他清晰流畅地表达了宇宙的种种不同现象，让我印象深刻。我写了一封信给他，表示我的感激，因为他的书让我深受启发。也许这封信中有某种不寻常的地方引起了他的注意，因为当我后来在柏林演出时，他回了信。

因为肆无忌惮的言辞，当时海克尔被德皇放逐，被禁止进入柏林，不过我们仍继续通信。当我在拜罗伊特的时候，我曾邀请他来观看节目演出。

在一个雨天的上午，当时这里还没有汽车，所以我乘了一辆由两匹马拉的马车，去火车站与海克尔会面。这位伟人从火车上走下来，他虽然年过60，须发皆白，但身材依然魁梧匀称。他穿着式样古怪的宽松衣裳，还提着一只袋子。我们以前从未见过面，不过马上就认出对方。他立即向前用粗大的臂膀拥抱我，我的脸则被埋在他的大胡子里。他整个人散发出一股健康、力量、智慧的味道——如果我们能将智慧比拟为味道的话。

他随我来到"菲利浦小筑"，我们为他备了用花朵装饰的房间。然后我跑到华弗莱德别墅，告诉科希玛女士海克尔已经专程来听《帕西法尔》了，而且还是我的座上嘉宾。科希玛女士出奇冷淡的反应令我相当意外。我当时并不知道，科希玛女士床头上面的十字架和床头桌上的念珠并不只是装饰品，事实上，她真的是一

---

[①] 海克尔（1834—1919），德国动物学家，宣扬达尔文进化论。他的《宇宙之谜》一书受到神学家和唯心主义学家攻击。

个经常去教堂的虔诚天主教信徒。那个写了《宇宙之谜》，又是自达尔文之后最反对偶像崇拜的男人，是无法在华弗莱德别墅受到热烈欢迎的。我天真坦率地直接细说着海克尔的伟大之处，以及我对他的崇拜。科希玛女士后来不情愿地将那间令人梦寐以求的瓦格纳包厢借给他，因为我是她的好友，她无法拒绝我的请求。

那天下午，当乐队奏着前奏曲时，我穿着我的古希腊式舞衣，光着脚，和海克尔手牵手在一群惊讶的观众前面散步，他满是白发的头高出人群，引人注目。

观看《帕西法尔》时，海克尔相当安静。直到第三幕的时候，我才明白，这种神秘的热情并不吸引他，他的大脑全是科学思维，体会不到传说的迷人之处。

由于华弗莱德别墅并未盛宴款待海克尔，我决定为他举办一场欢迎会。我邀请了一群嘉宾，包括当时访问拜罗伊特的保加利亚费迪南德国王以及德皇的妹妹萨克斯—梅宁公主（她是个宽宏开明的女性），还有罗伊丝王妃、汉帕丁克、海因里希·索德等人。

我作了一场演说，赞颂海克尔的伟大，之后又为他献舞。海克尔为我的舞蹈做了评论，他将我的舞蹈比作自然界的普遍真理。他还表示，我的舞蹈表达了一元论的概念，因为这种舞蹈来自单一的根源，而且向一个方向演进。他说完后，著名男高音冯贝利开始演唱。我们共进晚餐，海克尔像个小男孩似的兴高采烈。我们又吃又喝，饮酒酣歌，直到天明。

虽然如此，第二天海克尔仍像待在"菲利浦小筑"的日子一样，在日出时就起床。他常常到我的房间，邀我一起到山顶散步。我必须承认，我并不像他那么热衷这种清晨散步。不过这些散步时光非常有趣，他会对路上的每一块石头、每一棵树木和每个地质岩层品头论足。

最后，当我们终于走到山顶时，他会像个半神似的，以赞许的眼光欣赏着自然界的杰作。他背着画架和画具盒，为森林里的树和山丘岩石排列画了很多素描。虽然他称得上是个不错的画家，但他的画中缺乏艺术家的想象力，呈现出的是科学家专业的观察力。这并不表示海克尔不会欣赏艺术，只是对他来说，这不过是另一种自然演进的表现而已。当我告诉他我们对巴台农神殿的崇拜与狂热时，他更想知道的是那些大理石的质地如何，它们是从潘特里科斯山的哪个地层、哪一边被挖出来的，他反而没兴趣听我赞美菲狄亚斯<sup>①</sup>的艺术杰作。

一天晚上，我们在华弗莱德别墅的时候，保加利亚的费迪南德国王突然驾临。大家都起身，有人还小声提醒我也起身恭迎。不过我是死硬的民主派，因此我仍旧优雅地坐在沙发上。过了一会儿，费迪南德国王开始打听我的身份，并向我走来，在那些王宫贵族看来，这可是一大丑闻。他就这样在我身边坐了下来，开始津津有味地向我谈论他对希腊古物的热爱。我对他提起我要建立舞蹈学校的梦想，并说这将是古希腊的文艺复兴。听罢，他以大家都听得到的声音说："这个主意真好。你一定要来黑海，将你的学校建在我的宫殿里。"

最不可思议的时刻终于来临。我问他是否愿意在某一天演出结束后到"菲利浦小筑"来与我共进晚餐，以便让我向他进一步解释我的理想。他欣然接受了我的邀约，果然到"菲利浦小筑"与我们度过了愉快的一晚。我也相当尊重这个了不起的人，他是诗人、美术家、梦想家，而且是皇室里真正有才智的人。

我有一个留着像德皇一样胡子的男管家，费迪南德的来访让他十分惊讶。当他端着香槟和三明治进来时，费迪南德说："谢谢，我从不喝香槟。"不过当他看到酒瓶上的标签时，他又说："啊，是法国香槟啊！那好，给我来一点。说实在的，我实在受不了德国香槟。"

---

① 菲狄亚斯，公元前 5 世纪雅典雕刻家。

虽然费迪南德和我只是极其纯真地坐着谈论艺术，但是他到"菲利浦小筑"做客这件事却在拜罗伊特引起一阵风波，他通常是半夜来这里与我聊天。事实上，我做的所有事情，似乎都跟别人完全不同，因此别人对我的行为会感到相当震惊。

"菲利浦小筑"里有许多沙发、垫子和玫瑰色的灯，但是并没有一般的椅子。有些人认为这里是罪恶的殿堂，尤其是男高音冯贝利常常兴之所至地整晚唱着歌，我也整晚跳着舞，因此村里的人认为这里简直是女巫之屋，并且将我们单纯的活动说成是"不堪入目的狂欢纵欲"。

拜罗伊特有一家叫作"猫头鹰"的艺术家聚集的夜总会。这些人常常整夜饮酒高歌，但是村里的人认为这种行为并无不当，因为那些人的举止和穿着都很"正常"。

在华弗莱德别墅的时候，我曾经遇到过一些军官，他们邀我早晨一起去骑马。我穿着古希腊式短袖及膝服装，穿上凉鞋，没戴帽子，卷发在风中飞扬，就像是布兰希塔。"菲利浦小筑"离剧院有一段距离，我从一名军官那里买了一匹马，以布兰希塔的姿态骑着马去排演。由于这是一匹军官的马，所以它已经习惯骑士用马镫踢它，很难驾驭。当它发现只有我和它独处时，便会任性地做出许多奇怪的举动。它常常会在路途中停在那些军官常去喝酒的某一个酒馆前面，四只脚死抓着地面，直到它前一任主人的朋友们笑着走出来，送我到目的地。你可以想象，当我以如此模样到达观众云集的戏院时所引起的轰动。

歌剧《唐豪塞》首演时，我舞动的身躯在透明的舞衣下若隐若现，在那些穿粉红色袜子的芭蕾舞演员中引起一阵骚动，最后连科希玛女士也失去了勇气。她派她的女儿带着一件白色的长衬裙来我的包厢，她求我在薄纱披肩下加上这件衬裙。但是我态度坚决，不为所动。对穿什么样的舞衣，跳什么样的舞蹈，我有自己的原则，否则我干脆不跳。

　　"在不久的将来，你将会看见，你们狂欢庆祝的女子和花似的少女，都会穿得与我一模一样。"这一预言后来果然成真。

　　但是当时大家对我的美腿议论纷纷，有人认为我光滑的皮肤无伤大雅，有人则认为我应该穿上浅橙色的丝衬衣。我常常一方面竭力表明这些浅橙色衬衣是多么粗俗不雅；一方面慷慨陈词，表示人体受到唯美思想启发时，即使是裸体，也是相当纯真和美丽无邪的。

　　就这样，我被众人看成是异教徒，独自一人与这些排斥艺术的庸人对抗。但是，我这个异教徒却即将被那份因为圣弗朗西斯教派而产生的爱情狂喜征服，而且还根据银色号角的礼仪，颂扬高举的圣杯。

　　在这个奇怪的神话世界，夏天悄悄走到尽头，我也即将离开这个地方。索德去作巡回演说，我也为自己安排了一次德国全境的巡回表演。我离开拜罗伊特，但是我的血液里早已有了一种毒素，我听见了海上女妖的呼唤。这种渴望的折磨，挥之不去的痛悔，哀伤的牺牲，爱情呼喊着死亡的主题——这些感觉永远抹去了我对陶立克式圆柱以及苏格拉底辩论智慧的憧憬。

　　我巡回表演的第一站是海德堡，我在这里听到索德对学生的演说。他语调时而柔缓，时而激昂，对学生们就艺术谈论着自己的观点。他突然在演说中提起了我的名字，并且告诉学生们，这个美国人将一种新的美学形式带到欧洲。他对我的赞美，令我感到幸福和自豪，不由得全身微微颤抖着。那天晚上，我为学生们进行了一场舞蹈表演。他们在街道上排成长队游行，后来，我和索德站在旅馆的阶梯上，与他分享了这个胜利的时刻。海德堡很多的青年就像我一样爱戴他，每一家商店的橱窗都摆着他的照片，每一家商店里都堆满了我写的那本小巧的书《未来之舞》。人们总是将我们的名字连在一起。

　　索德的夫人为我办了一场欢迎会。她是个和善的女人，但是我觉得她似乎无法到达索德所处的崇高境界。她太过实际，无法成为他的精神伴侣。事实上，他快走到生命尽头时终于离开了她，和女提琴家皮耶德·派珀在加尔达湖畔的乡村别墅同居。索德女士的眼睛一个是棕色，一个是灰色，这种组合总让人觉得她的表情拘束不自在。后来有一场有名的官司使大家争论不休，有人认为她是瓦格纳的女儿，有人认为她是比洛[①]的千金。不论如何，她待我是相当好的，即使她心中对我真有妒意，也从未表现出来。

为了索德而起嫉妒之心的女人，简直就是将自己置于酷刑之中，因为所有人都崇拜他，无论是女人或男人都是如此。他是每场聚会的魅力焦点。要是能知道人的嫉妒之心是如何形成的，倒也相当有趣。

虽然我和索德共度了许多夜晚，但是我们并没有发生性关系。即使如此，他待我的温柔态度仍让我整个人都变得极为敏感。他只消碰触我一下或看我一眼，就能让我感到极大的欢愉与最强烈的爱情，这与梦中那种真正的性欢愉有异曲同工之妙。我认为这种情形太不正常，不应该继续下去，因为我后来根本什么也吃不下去，还常常会感觉到一阵阵的软绵无力，让我的舞蹈变得越来越朦胧虚幻。

这次巡回表演只有一名女仆照顾我的生活起居。我的情形越来越严重，在半夜常常听到索德呼唤我的声音，甚至听到他保证第二天肯定会写信给我。大家开始为我的消瘦担心，并对我这种无缘无故的憔悴议论纷纷。我吃不下也睡不着，常常彻夜不眠。我用轻盈的、发热的双手抚遍全身，我的身体像是着了魔一样，我想制伏这个恶魔，想减轻这种折磨，但总是徒然无益。我一直能看见索德的双眼，听到索德的声音。在这样的夜里，我常常会因沮丧绝望而起床，在半夜两点时，搭上火车跨过半个德国，只

---

① 比洛（1830—1894），德国钢琴家、指挥家，是瓦格纳夫人科希玛的前夫。

为了能与他共处一个小时，然后又独自返回，继续我的巡回演出，继续遭受更痛苦的折磨。他在拜罗伊特所启发我的那种精神狂热，渐渐变成激烈而难以控制的欲望。

这种可怕的状态终于有了结束的迹象，我的经理为我签了一份去俄罗斯的合约。从柏林到圣彼得堡只需两天的时间，但是一过边境，我就仿佛进入了另一个完全不同的世界。一大片一大片的雪白平原与一望无际的森林，冷冷的白雪——闪亮耀眼、一望无际——似乎冷却了我发热的脑子。

索德！索德！他远在海德堡，对着那些可爱的孩子们讲述着米开朗琪罗的《夜》和《圣母》；而我却在这里离他越来越远，到了这个广大冰冷的白色世界，只有一些贫穷村落里，覆盖着霜雪的窗子里隐约透出一丝光线。我仍然能听到他的声音，但他的声音却越来越模糊。最后，维纳斯堡的悦耳曲调、康德丽的呜咽之声以及安弗塔斯的痛苦呼喊，全都被冰冻成一片冰的世界。

那天晚上，在火车的卧厢里，我梦见自己裸身跳出窗外，掉进大雪的冰冷怀抱，在雪地中翻滚，整个身体都冻僵了。真不知道弗洛伊德①会怎么解析这个梦。

---

① 弗洛伊德（1886—1939），奥地利精神病学家，精神分析创始人。1900年发表重要著作《梦的解析》，认为梦是性欲受到压抑后的一种掩饰的表达形式。

# 第十七章

如果有人翻开早报，看到一则火车失事导致20人丧生的新闻，而他们前一天根本没想到死亡这件事；或者有座城市被洪水或海浪整个淹没，那么他应该不可能去相信"一切有上天保佑"，或者"命运自有安排"的说法吧？既然如此，为什么我们要这么固执自负，幻想上天会保佑、引导我们这些微不足道的凡夫俗子呢？

然而生命中有些事情却让我不得不相信世上真的有"命中注定"这回事。例如到圣彼得堡的火车应该下午4点就到站，却因为下雪而误点，后来到了清晨4点才到站，整整晚了12个小时。当时没人来车站接我。当我下火车时，外面的气温是零下10摄氏度。我以前从没觉得这么冷过。俄罗斯马车夫都穿着厚靴，他们用戴着手套的拳头拍打手臂，让血液不被低温冻住，能继续在血管里流动。

我将行李留给女仆看管，搭上一辆单马马车，指示马车夫载我到"欧罗巴旅馆"。在俄罗斯这个黑漆漆的清晨，我单独一人坐着马车去旅馆。突然间，我见到一幅景象，与爱伦·坡[①]想象的世界一样阴森恐怖。

我远远地看到一列长长的黑色的送葬队伍。有一群男子弯着背扛着棺木，一个接着一个的棺木。马车夫放慢速度，让马慢慢步行，他低头在胸前画了个十字。在朦胧的清晨，我就在远方看着，心中十分恐惧。我问他，这到底是怎么回事。虽然我完全不懂俄文，

---

① 爱伦·坡（1809—1849），美国诗人，小说家。他的写作风格怪诞，在文坛上独树一帜。

但他仍然想办法让我了解他的意思。他说，前一天，也就是1905年的1月5日，有一群工人在冬宫前被射杀，因为他们手无寸铁地去求沙皇帮助他们脱离生活困境，求沙皇施舍一些面包给他们的妻儿。我请马车夫停下来。我泪流满面，泪珠在双颊上结成冰珠，而这一长列哀伤的队伍就这样慢慢在我的面前走过。但是为什么要选在清晨举行葬礼呢？因为如果天亮之后再安葬，会引起更大的骚乱。这种哀凄的景象不适宜出现在白天的圣彼得堡。泪水哽在我的喉咙，我无比义愤地看着这些哀伤的贫穷工人扛着牺牲的死者。要是火车没误点12个小时的话，我不可能看到眼前的景象。

> 啊，哀凄的夜晚，看不见黎明的曙光。
> 啊，这一列哀伤的队伍，步履蹒跚的穷苦人们，
> 泪汪汪的双眼里有着惊恐的目光，
> 因辛勤工作而变得粗糙的双手，此时拿着黑铲子，
> 将啜泣声和呜咽声一起埋在死者身旁——
> 此时士兵趾高气扬，走在队伍两边。

假如我不曾亲眼看见这种事，我的一生可能会是另一个样子。面对这个似乎永无尽头的队列，面对这出悲剧，我发誓要尽毕生之力，服务人民，特别是那些被践踏的穷苦人民。啊，我自己对爱情的欲望与惆怅，此时看来多么渺小无用！甚至我的舞蹈艺术都没有用处，因为它帮不了这些人。队伍终于在我们面前走完，马车夫转过身来，好奇地看到我在流泪，他叹叹气，又在胸前画了个十字，然后策马朝旅馆而去。

我进入旅馆豪华的大房间，往床上一躺，独自哭泣，哭着哭着就睡着了。但是，那个清晨，我心中充斥的怜悯与绝望引发的愤怒对我以后的生活产生了重大影响。

我在"欧罗巴旅馆"住的房间有挑高的天花板，很大、很宽

敞。窗户是封死的，从不打开，空气从墙上高处的通风口吹进来。我醒得很晚，我的经理人带了花来看我。我的房间很快就变成了花海。

两天后，我在贵族剧场里为圣彼得堡社交圈的上流人士表演。对这些爱好华丽芭蕾舞、喜欢舞台上的铺张装饰和场景布置的人们来说，看到一个穿着薄纱舞衣的年轻女孩，出现在只有蓝色布幕的台上，和着肖邦的音乐跳舞，以她所理解的肖邦的灵魂，舞着她自己的灵魂，一定觉得相当奇怪。但是，刚跳完第一支舞，观众即掌声如雷。我的灵魂因为充塞着肖邦《前奏曲》的悲怆音符而备受熬煎，我的灵魂向往波兰舞曲的激昂曲调，想到清晨那一列送葬队伍中的牺牲者时，会因这种不义之行而义愤填膺；同样是这个灵魂，却在那群富有、娇纵的贵族观众当中获得热烈掌声，这可真是荒谬啊！

第二天，一位迷人娇小的贵妇人来拜访我。她穿着貂皮大衣，还戴着钻石耳环和珍珠项链。当她说自己是知名舞者金斯基[1]时，我十分惊讶。她代表俄罗斯芭蕾舞界欢迎我来俄罗斯，并且邀我当晚到歌剧院欣赏一场表演。在拜罗伊特，我对芭蕾舞界人士对我的冷淡和敌意早已习以为常。他们的行为相当过分，甚至在我的地毯上撒圆钉，把我的脚扎伤。现在俄罗斯芭蕾舞界对我的和善态度同那些人完全不同，让我既高兴又惊讶不已。

当天晚上，有一辆豪华马车来接我到歌剧院，马车里温暖舒适，还铺着昂贵的毛皮。他们请我坐在第一排的包厢，包厢里摆满了鲜花和糖果，另外还有3个圣彼得堡的绝美青年。我依然穿着我的古希腊式白色舞衣和凉鞋，在这个圣彼得堡富贾贵族的聚会当中，我这个样子肯定非常奇特怪异。

芭蕾舞让我相当反感，我认为它是既虚伪作假又荒谬可笑的

---

[1] 金斯基（1872—1971），俄国著名芭蕾舞者，也是沙皇的情妇。

艺术。老实说，芭蕾舞根本不能算是艺术。但是，当看着金斯基仙女般的优雅舞姿而不鼓掌，我却做不到。她在舞台上轻盈地飞舞，像是可爱的飞鸟或彩蝶。

中场休息时，我环顾四周，看见了全世界最美丽的女人，她们穿着低胸露肩的晚礼服，戴着华丽的珠宝，穿着考究的男士陪在一旁。这种奢华排场，与那个清晨的送葬队伍形成强烈对比，令人无法理解。这些快乐的幸福人儿与那些可怜人，究竟是不是同在一个国度里？

演出结束后，金斯基邀我到她的豪宅共进晚餐。我在那儿遇见了麦克公爵，当我提到想为平民百姓的孩子创办一所舞蹈学校的计划时，他显得有些惊讶。在他们眼中，我一定是个不可理解的怪人，不过他们仍极为热情慷慨地招待了我。

几天后，迷人的巴甫洛娃①来找我，后来我又受邀坐在舒适的包厢中，欣赏她在芭蕾舞《吉赛儿》中②的迷人表演。虽然这些舞蹈动作违反艺术与人类的自然情感，但我看着巴甫洛娃那晚在舞台上空灵轻盈的舞姿，仍忍不住为她热烈鼓掌。

巴甫洛娃的宅邸比金斯基的豪宅要朴素一些，但是同样富丽堂皇。我坐在两位画家——巴克斯特和邦诺斯③中间用晚餐。那天也是我第一次遇见加吉列夫④，我和他热烈讨论我对舞蹈艺术的看法以及认为芭蕾舞与舞蹈艺术冲突的论点。

那天晚上，当我们正在用晚餐时，画家巴克斯特为我画了一张人像速写，那张画现在收录在他的书里。画中的我，神情严肃，

---

① 巴甫洛娃（1881—1931），俄国著名芭蕾舞者。

② 吉赛儿，或称"少女的幽魂"，指的是那些在婚礼即将举行前死去的女孩的鬼魂。

③ 巴克斯特（1866—1924）和邦诺斯（1870—1960），都是俄国画家，也都曾为加吉列夫的芭蕾舞团设计布景和服装。

④ 加吉列夫（1872—1929），俄国芭蕾舞团经理人。

卷发很感伤地垂在一侧。巴克斯特有未卜先知的超能力，那天他还给我看了手相。他看到我的手有两条十字纹，他说："你将享有无上荣耀，但是你将会失去两个你最爱的人。"当时他的这段预言对我来说是个无法解释的谜团。

晚餐后，巴甫洛娃不知疲倦地又跳起舞来，令她的朋友们相当开心。虽然我们离开时已经是清晨 5 点，但是她邀我在当天早上 8 点半再来，看看她工作的情形。我晚了 3 个小时到了她的宅邸（我承认当时我真的十分疲乏），看到她穿着薄纱舞衣在扶把旁练舞。她做着各式高难度的体操动作，旁边有一个老绅士拉着小提琴为她奏出节拍，也借此要她更加努力。这就是大名鼎鼎的大师彼季帕[①]。

整整三个小时，我目不转睛，专注又紧张地看着巴甫洛娃纯熟的芭蕾舞技巧。她跳起舞来亦刚亦柔，美丽的脸庞有着殉道者的坚毅表情，练起来就一直没停过片刻。

这次训练课程似乎是要把身体做的体操动作与思维完全分开。思维脱离肉体只能让肉体忍受这种严格的肌肉训练，这与我创建舞蹈学校的理论基础正好相反，我认为身体能传达我们的思维与精神。

时间接近正午，佣人们开始备餐，但是在餐桌上，巴甫洛娃的脸色苍白，一点食欲也没有。我得承认我当时很饿，吃了不少炸肉排。巴甫洛娃送我回旅馆，之后她回到皇家剧院去参加彩排。我非常疲乏，倒在床上睡得很香，心里感谢我的星座带给我好运，没让我去当芭蕾舞演员！

第二天，我又在 8 点这个早得不能再早的时间起床，去参观皇家芭蕾舞学校。我在那儿看到一排排的小学生在做那些严酷的

---

① 彼季帕（1818—1910），法国著名舞剧编导。1847 年前往圣彼得堡，进入俄国皇家芭蕾舞团。他创作了许多芭蕾舞剧，以柴可夫斯基的《睡美人》（1890）和《天鹅湖》（1895）最为有名。

练习动作。他们用脚尖站了好几个小时，就像是被严厉拷打的受害者。宽敞的练舞室里空荡荡的，没有任何装饰，让人感受不到美，也产生不了灵感，只有墙上挂着一幅巨大的沙皇画像，整个房间就像个刑讯间似的。因此我更加坚定地相信，皇家芭蕾舞学校是自然与艺术的敌人。

在圣彼得堡待了一个星期之后，我去了莫斯科。那里的观众刚开始时并不像圣彼得堡的观众那般热情。不过，在此我要摘引伟大的斯坦尼斯拉夫斯基[①]写过的几段话：

> 大约是在 1908 或 1909 年的时候，我已经不记得确切的日期，我认识了两位令我印象深刻的当代天才，这两个人是伊莎多拉·邓肯和克雷格[②]。我是在一次偶然的情形下观看了邓肯的舞台表演，在那之前我对她一无所知，也没注意过那些宣传她来莫斯科的广告。因此，看到在为数不多的观众当中，却有许多艺术家和雕塑家，带头的是马蒙托夫，还有很多芭蕾舞界的艺术家以及一些从不去剧院的人和戏剧界爱好特殊品位的人时，我相当惊讶。邓肯第一次出场的时候，并不是特别出彩。我不太习惯在舞台上看到一个几乎全裸的人体，因此我体验不出，也无法了解舞者的艺术。第一场表演之后，观众反应并不热烈，只有零落的掌声以及怯生生的口哨声。不过，在接下来几场成功的表演之后，我再也无法漠视观众的冷淡反应，开始毫不掩饰地带头鼓掌。
>
> 在中场休息的时候，刚刚成为这位伟大艺术家的学

---

① 斯坦尼斯拉夫斯基（1863—1938），俄国演员、戏剧导演、戏剧教授。1898 年创办莫斯科艺术剧院。对 20 世纪的戏剧表演做出重大贡献。

② 克雷格（1872—1966），英国舞台设计师、演员、导演和戏剧理论家，曾与邓肯相恋。

徒的我，跑到舞台前为她鼓掌。我高兴地看到马蒙托夫站在我身旁，他和我一样，也热烈地为她鼓掌；在他身旁的是一位知名的艺术家，旁边是雕塑家，再旁边是作家。当观众看到鼓掌的都是莫斯科知名的艺术家和演员时，全场轰动了。嘘声停了，当观众知道可以鼓掌了的时候，所有人开始鼓掌，还欢呼着要她出来谢幕。表演结束后，喝彩声不断，全场欢腾。

看过那次表演之后，我没错过任何一场邓肯的表演。我内心的艺术性情与她的艺术相当契合，因此我常常去看她的表演。之后，当我比较熟悉她的舞蹈方式以及她那位伟大的朋友克雷格的概念之后，我开始了解，在世界不同的角落，由于我们不了解的原因，有些人虽然所处的领域不同，但是他们在艺术当中寻求相同的出自自然的创作原则。当他们相遇时，他们都相当惊讶彼此的观念有共通之处。我现在描述的我和邓肯的这场相遇，正是如此。我们还没交谈之前，几乎就能了解彼此。邓肯第一次到莫斯科来的时候，我没有机会结识她。不过她第二次来的时候，她曾到我们的剧院参观，我热烈欢迎了这个贵客。这场欢迎会场面相当浩大，因为我们剧院所有的人都来了，他们知道她是个艺术家，相当爱戴她。

邓肯不知道如何有条有理地、有系统地谈论她的舞蹈。她的这些舞蹈概念，是在平凡无奇的日子突如其来的构想。举例来说，当人们问她，是谁教她跳舞的，她回答："是舞蹈之神教我的。我刚学会走路时，就会跳舞了。我一生都在跳舞。全世界的所有人都应该跳舞。过去如此，未来也将会一样。有些人试图阻止，他们不想去了解大自然赐给我们的这种自然需求，但这是徒劳的。"最后她以独特的美国式法语说："这就是我的看法。"结束了谈话。另一次，她谈到刚刚结束的一场表演。在那场表演的时候，有些观众到了后台，这妨碍了她的演出准备工作，她解释说："这样一来，我根本无法继续跳舞。我上台之前，必须在灵魂深处凝聚一股力量，当我有了那股力量，我的手、脚和整个身体会自然舞动，不受我的意志控制。要是我没有足够的时间在灵魂深处凝聚这股力量，那么我是不能跳舞的。"

那个时候，我自己正在寻找一种创作的力量，每个演员在上台之前，一定得先学习在灵魂里注入这种力量。想必我的一些疑问一定让邓肯觉得厌烦。我看了她的舞台表演，也看了她的排演过程。在这时，她会开始酝酿情绪，先是有脸部表情的变化，后来双眼闪亮，接着你会看到她灵魂所产生的那股力量。当我忆及她和我对艺术所做的一些随意讨论以及将她所做的工作与我正尝试要做的工作做一番比较之后，我发现我们两人所处的艺术领域虽然不同，但是我们追求的目标却是相同的。当我们谈论艺术的时候，邓肯一直提及克雷格的名字，她认为他是个天才，是当代戏剧界最了不起的人物之一。

她说："他不只属于他的国家，也属于全世界；他应该待在最能发挥他天分的地方，那个地方的工作条件和艺术氛围将会最适合他的需求。而最适合他的地方，就是你的艺术剧院。"

我知道她常常向他提起我和我们剧院的情况，并且鼓励他来俄罗斯。我自己则劝我们剧院的管理阶层邀请这位伟大的舞台导演来俄罗斯，因为他的到来将会为我们的艺术带来新的冲劲、新的动力。当时我们的剧院终于突破了障碍，我必须为我的同事们说句公道话。他们认真地讨论此项事宜，态度严谨，有如真

正的艺术家。最后他们决定拨出一大笔款项来发展我
们的艺术。

　　我对芭蕾舞心怀恐惧，但却对斯坦尼斯拉夫斯基的剧院充满
狂热。只要我没有演出，每天都会去那儿，并受到剧团所有人的
热烈欢迎。斯坦尼斯拉夫斯基常常来看我，他认为只要问我问题，
便可以将我的舞蹈转化为他的戏剧中一种新的舞蹈体系。但是我
告诉他，这必须从儿童时期做起才能成功。我第二次到莫斯科的
时候，看见他剧团里的一些年轻的美丽女孩在试着跳我的舞蹈，
但是结果真是惨不忍睹。
　　斯坦尼斯拉夫斯基整天在剧院里忙着彩排，他常常在表演结
束后来拜访我。他在书中写道："想必我的一些疑问一定让邓肯
觉得厌烦。"他错了，他并不会让我觉得厌烦。我倒是满怀兴致，
想一股脑儿告诉他我对舞蹈的看法。
　　事实上，俄罗斯的食物，尤其是鱼子酱，已经完全治愈了我
对索德那种精神恋爱引发的相思病。现在我全身心地渴望与一个
性格坚强的人相遇、相知。斯坦尼斯拉夫斯基就站在我的面前，
我觉得他就是一个性格坚强的人。
　　有一天晚上，我望着他：他体格俊朗、双肩宽阔、鬓角有些
发灰的黑发潇洒地落在前额。我长久以来扮演艾吉丽亚[①]这个角
色，连我的心都要抗议了。当他转身准备离去时，我将双手放在
他的肩上，然后钩住他强壮的颈子，将他的头往下靠向我的头，
我吻了他的双唇。他温柔地回吻着我，但是脸上满是惊讶，仿佛
没想过会发生这件事。然后，当我想进一步将他往我身上拉时，
他开始往后退，还惊恐地望着我，他说："那么小孩呢？我们怎
么办？""什么小孩？"我问他。"当然是我们的小孩。我们的

---

　　① 艾吉丽亚是公元 4 世纪的一个西班牙修女。

145

邓肯自传

小孩怎么办？"他郑重其事地说，"我绝对不允许我的小孩在外面变成不知父亲的私生子，而我已有家室，因此他也不能待在我的家中。"

他关于小孩问题的过分严肃态度让我啼笑皆非，我忍不住笑了出来。他直瞪瞪地看着我的反应，满脸忧愁苦恼，急忙转身沿旅馆的走廊跑走。我整晚有时想起来依然觉得好笑。不过，笑归笑，我其实有点苦恼，也有点生他的气。我想那时我完全理解，为什么有些高尚的男人与一些智性高超的女人谈过话后，会去不三不四的场合找另一种女人。我是个女人，自然无法这样做，只能整晚辗转反侧，睡不着觉。第二天早上我去洗俄罗斯桑拿，热蒸气和冷水重振了我的精神。

不过，我在金斯基包厢遇见的那些年轻人却愿意做任何事，只求得到我的芳心。他们一开口说话，就让我整个人完全冷却，一丝热情也没有，觉得他们无趣得很。我想这就是所谓重视智性的人。可想而知，与哈莱和索德这种既能启迪智性，又有文化修养的人交流过之后，我再也无法忍受这一群花花公子了！

多年后，我对斯坦尼斯拉夫斯基的夫人讲述这件事，她神情愉快地说："这就是他的为人，他对待生活从来相当严肃。"

我这样做可能算是突袭，让我得到了一些甜蜜的吻，否则他只会一直保持冷酷无情的君子模样。之后斯坦尼斯拉夫斯基再没有在排演结束后冒险来看我。不过，有一天他让我相当开心，他带我乘雪车到乡村的一家餐馆，我们在包厢里共进午餐。我们边喝着伏特加和香槟，边谈着艺术。我最后终于相信，只有塞尔西①才能攻克斯坦尼斯拉夫斯基严守道德的心灵堡垒。

我常常听说年轻女性投入戏剧界会有多危险，不过，我的读者们可以从我的舞台生涯看得出来，情形正好相反：我感受到的

---

① 《奥德赛》里的一个女巫师。她用一种神奇饮料使奥德赛的部下变成猪，但是奥德赛因为有白花黑根魔草的保护，从而破了她的魔咒。

舞迷们对我的敬畏、尊敬与爱慕，让我不胜忧烦。

　　离开莫斯科后，我在基辅停留了几天，基辅的一大群学生站在剧院前的公共广场上将我围住，非要我保证作一场独舞演出，让他们有机会看到我的表演，因为我表演的票价对他们来说实在是太贵了。我离开剧院之后，他们还在那儿，表达对剧院经理的不满情绪。我站在雪橇上对他们说，如果我的舞蹈艺术能启迪俄罗斯的年轻知识分子，那么我会相当骄傲与欣慰，因为俄罗斯的学生是全世界最关心理想与艺术的学生。

　　因为先前档期的缘故，我的第一次俄罗斯之行不得不缩短行程，我必须回到柏林表演。离开俄罗斯之前，我签了一份在春天时回来演出的合约。尽管我在俄罗斯待的时间并不长，但是人们都对我有深刻的印象。大家对我的舞蹈理想看法不同，时有争论，有一次还发生某个芭蕾舞爱好者与某个邓肯支持者决斗的事件。从那个事件之后，俄罗斯的芭蕾舞界开始采用肖邦和舒曼的音乐，并穿起希腊式舞衣，有些芭蕾舞者甚至还脱下了他们的舞鞋舞袜。

# 第十八章

我带着实现建校梦想的决心回到柏林。我要马上建立我的舞蹈学校，不再拖延。我和母亲、伊丽莎白讨论了这些建校计划，她们也和我一样热心。我们马上开始寻找未来学校的地点，速度之快就和我们做其他事情一样。在短短一个星期之内，我们在葛林华德的陶登大街找到并买下来一栋才粉刷整修过不久的别墅。

我们就好像是格林童话里的人一样：我们去维特米尔百货公司买了 40 张小床，床上都罩着用蓝丝带系在一旁的白纱幔，我们想将房子布置成孩子们的天堂乐园。在中央大厅，我们摆着一座亚马孙女神的英雄式画像，足足有真人的两倍大；在大练舞室里则摆了卢卡德拉·罗比亚①的浮雕像和多奈太罗②的跳舞小孩雕像；卧室里摆的是蓝色和白色的婴孩像以及同样也是蓝色和白色的圣母与圣子图，画框上还加了花果编织的花环做装饰——这也是卢卡德拉·罗比亚的作品。

我在学校里摆了这些以不同风貌呈现出的最理想小孩模样的图画和雕像，这些浮雕和雕像雕着跳着舞的孩子，还有书上和其他画作上的类似图案；这些雕像与绘画是古往今来的画家和雕塑家心中梦想的儿童形象：包括那些希腊宝瓶上跳着舞的儿童画像、从唐拉格那和比阿西亚③挖掘到的小雕像，多奈太罗那群活泼的

---

① 卢卡德拉·罗比亚（1400—1482），意大利雕塑家。

② 多奈太罗（约 1386—1466），意大利雕刻家，现代雕刻的鼻祖。

③ 唐拉格那和比阿西亚都是古希腊城市名。1873 年考古学家在此地挖掘出许多作于公元前 4 世纪至前 3 世纪的陶瓷女像。

跳舞儿童以及康斯保罗所画的跳舞儿童。

这些画中的人物都有一种共同之处：他们的外形与动作既天真又优雅，仿佛所有不同时代的孩子们都跨越了世纪界限，齐聚一堂，携手共舞；而我的学校里的孩子们与画中的儿童朝夕相处、一起舞动，慢慢长成他们的样子，在不经意之间，举手投足都流露出快乐喜悦与童稚气十足的风采。这将是他们在未来成为美好模样的第一步，也是他们迈向新舞蹈艺术的第一步。

我在我的学校里安置了年轻女孩跳舞、跑步、跳跃的画作。画中这些年轻的女孩要在斯巴达接受严格的体操训练，以便将来成为培育英勇战士的母亲；陶器上画着这些能走善跑、获得年度比赛大奖的女孩们，她们的面纱飞舞，衣摆飘动，在巴台农神殿上手拉着手跳舞。她们代表的正是未来的理想；而我学校里的学生们在渐渐喜爱上画中人物之时，一定会变成她们的模样，并会日益感受到这种神奇的和谐境界。因为我由衷相信，只有先唤醒心中那股追求美的意愿，我们才能获得美。

为了达到我期望的那种和谐境界，她们每天必须做一些练习动作，以期达到预期目标。不过这些练习动作必须与她们心里的意愿一致，这样她们才会快乐学习，并且迫不及待地去完成动作。每个练习并不仅仅是达到某种目的的手段；相反的，每个练习的过程本身就是练习的目的，而那个目的就是：让生命中的每一天都充实、快乐。

体操是所有体育之根本，我们必须供应身体足够的空气与阳光；我们必须循序渐进地让身体正常发育；我们必须激发出身体最大的能量，让身体发展更为健全。这就是体操老师的职责所在，之后才开始学习舞蹈。身体发展匀称并充满活力之后，才能表现出舞蹈精神。对学习体操的人来说，身体的自然律动与陶冶修养本身就是目的；但是对舞蹈演员来说，这些过程只是达到目标的方法。舞者必须忘却身体本身；身体在舞蹈过程中只是一个和谐的工具，而且是个被调理得恰到好处的工具。这些动作不像体操只表现出身体的动作；相反的，经由身体，这些动作能传达灵魂的丰富感情与深刻思想。

　　这些每日都做的练习，目的是要使身体在每一阶段的发展过程都变成完善和表达和谐的工具，这种完善与和谐将与自然融为一体。

　　练习动作由一套简单的训练肌肉的体操动作开始，为的是要让身体变得柔软、强健。做过这些体操练习之后，才能开始舞蹈。学习舞蹈刚入门时，学的是一种简单又有韵律的走路或快行的方式，再合着简单的韵律慢慢移动步伐；然后加快步伐，并合着比较复杂的韵律；之后再开始慢跑，然后是慢慢跳跃，这些动作都以一种有韵律的方式进行。通过这些练习动作，可以让人学习声音的音符与韵律，因此我的学生们可以由此学到动作的音符与韵律。接下来，这些音符就能让学生们慢慢了解不同结构的和谐，而且这些练习只是她们学习的一部分而已。她们做运动、在操场玩游戏、在林中漫步时，都穿着宽大优雅的衣裳；她们无拘无束地跳跃、跑步，直到她们能以动作轻松地自我表达，就像其他人以演说和歌唱自我表达一样。

　　她们的学习与观察并不只限于艺术方面，首先要源于自然：观察云朵随风飘动、树枝摇曳生姿、鸟儿自由飞翔、树叶变色飘落，这些对她们都相当重要。她们会观察到自然界万物变动的差异之处；她们的灵魂感觉到与自然产生的一种不为人知的秘密连接，并且进入到自然的奥秘；而她们的身体已经过训练，将能与自然界的旋律产生回应，并与它一同欢唱。

　　我们在各大报刊登招生广告，上面写着"伊莎多拉·邓肯学校"欲招收有天资的小朋友，教学目的是要让她们成为大众艺术的门徒，我希望能将这门艺术传授给数以千计的平民子弟。可想而知，学校匆忙开张，事前没有仔细规划，也没考虑过资金与组织工作，其草率鲁莽不言而喻，让我的经纪人接近发狂状态。他一直在为我安排全世界巡回表演事宜，但是我坚持要先在柏林住上一年，他认为这完全是浪费时间。现在我则是完全停止了演出，专心招收与训练那些他认为平庸无用的孩子们。不过这一切倒像我的行事作风，不切实际、不合时宜，全凭冲动行事。

雷蒙从科帕诺斯送来越来越令人担心的消息，钻凿自流井的花费越来越惊人。但是找到水源的希望却一个星期比一个星期渺茫。而建筑阿伽门农神殿的花费更惊人，最后我不得不打消这个念头。科帕诺斯依然是山丘上的一个美丽废墟，常常被希腊的各个革命派当成堡垒。科帕诺斯永远耸立，或许正代表了未来的希望。

我决定用我的钱为世界上的年轻人建立学校，而且我选择德国是因为我当时相信德国是哲学与文化中心。

有许多孩子来报名。我还记得有一天，我刚完成白天的表演回来，发现路上挤满了父母与他们的孩子。德国马车夫转过身来对我说："有一个疯女人住在那里，她在报上登了一则广告，所以这些孩子都来了。"

我就是那个"疯女人"。我现在仍不知道当时是如何挑出这些学生的。我只想到要将学校建起来，要让40个孩子入学，因此我对她们不加选择，她们可能因甜美的笑容或美丽的眼睛而入选，我并没有问我自己她们未来是否能够成为舞蹈演员。

举例来说，有一天在汉堡，有一位男士戴着高帽子，穿着礼服，用长围巾包着一大包东西来到我住的旅馆的客厅。他将这包东西放在桌上，我打开这个包裹，发现一个小孩的一双眼睛正专注地盯着我——这个小孩大约4岁，她是我见过的最安静的孩子。她没发出任何声音，连哼一声都没有。那位绅士则是一脸焦急，他问我愿不愿意接受这个孩子，几乎等不及我回答。我看着这个孩子的脸，再看看他的脸，我觉得他们长得极为相像，这可能是他如此诡秘、急促的原因。我做事通常不经仔细思考，因此我同意留下这个孩子，之后他就消失了，从此我再也没见过他。

这样将孩子交给我的方式真是奇怪，仿佛她只是个玩具娃娃似的。从汉堡开往柏林的火车上，我发现她发着高烧，患了严重的扁桃腺炎。到了格吕内瓦尔德之后，我们对她抢救了三个星期，当时有两位护士与优秀的外科医生霍法照顾她，霍法是个有名的外科医师，他相当欣赏我建校的构想，因此免费医治了这个孩子。

霍法医生常对我说："这根本不是学校，而是医院，因为这些孩子都有遗传病。你将会发现，你必须尽最大的努力，才能让她们活下来，这比教她们跳舞还要费力。"霍法医生是一个实践人道精神的人，病人因为他精湛的医术而付给他许多钱；他用所有的钱在柏林为贫苦儿童办了一所医院，院内所有开支都由他一人负担。自从我的学校开始教学之后，他自愿当我们的医生，负责照顾孩子们的健康以及学校的环境卫生。事实上，如果没有他的鼎力相助，这些孩子们以后不可能长得这么健康、完美。他身材高大，体格健壮，长得相当好看，双颊红润，脸上常常带着亲切友善的微笑，孩子们和我都相当喜爱他。

挑选孩子、组织学校、开始上课以及照顾她们的日常生活起居，就占去我们所有的时间。尽管我的经纪人提醒过我，我的舞蹈事业想成功，就必须到伦敦或其他地方去表演赚钱，但是我决不离开柏林。每天从早上5点到下午7点都在教这些孩子跳舞。

这些孩子们进步神速，我相信她们之所以会这么健康，乃是因为听从霍法医生的建议，只吃素食的缘故。他认为，为了孩子的学习着想，他们应该大量吃新鲜蔬菜和水果，不吃肉类。

那个时候我在德国可说是家喻户晓，他们称我是"圣洁的伊莎多拉"。甚至还有传说，生病的人只要来看我的舞蹈表演，就会不治而愈。因此每一场白天的表演，大家都会看到奇怪的现象，病人在担架上被抬来看我的表演。我一直都只穿我那件白色的古希腊式舞衣和凉鞋，我的观众以一种绝对的宗教式狂热来欣赏我的表演。

　　一天晚上，当我表演结束正准备回家时，学生们突然将我的马松开，他们拉着我的马车，穿过著名的"凯旋大道"。在大道上，他们要求我发表演说，我就站上马车——当时汽车尚未问世——我对学生们说："没有其他艺术比雕刻艺术更伟大。但是，为何你们会允许你们城市的中央摆着这种有辱艺术的作品？你们看看这些雕像！你们是艺术系的学生，但是假如你们真是学艺术的学生，你们一定会拿起石头毁掉这些雕像！艺术？这些雕像根本不配被称为艺术品。他们不配！他们只是德皇的幻影。"

　　学生们赞同我的看法，他们嚷着、喊着，表示对我的赞许与支持。当时要不是警察来了，他们可能真的会实现我的意愿，砸毁矗立在柏林的那些丑陋庸俗的雕像。

# 第十九章

1905 年的一个夜晚，我在柏林表演。当我跳舞的时候，通常不会注意观众席上的人。对我来说，他们总把我当作代表人道精神的神祇。不过今晚，我注意到前排坐了某个特殊的人。我并未看见那个人是谁，但是我注意到那个人。表演结束后，果真有一个相貌英俊的人来后台找我，不过他却是怒气冲冲。

"你的表演真是太出色了！"他说着，"你的表演真是太好了！但是你是从哪里偷了我的灵感？你是从哪里偷到我的舞台设计的？"

"你在说什么啊？这些是我自己的蓝布幕。当我 5 岁时，就发明了这些布幕。从那时起，我就在这些蓝布幕前跳舞了！"

"不！那是我的设计，我的构思！不过你正是我想象的在这样的场景里跳舞的那个人，你实现了我所有的梦想。"

"那么，你到底是谁？"

"我是埃伦·特里<sup>①</sup>的儿子。"

埃伦·特里！我理想中的完美女人！埃伦·特里！

我的母亲对他丝毫没有戒心，她对他说："那么你应该同我们一道回家享用晚餐。既然你对伊莎多拉的艺术深感兴趣，那么你一定得和我们一块儿吃晚饭。"

于是，克雷格来到我家里吃饭。

他相当兴奋，他想向我们阐述他对艺术的全部理想，我专心

---

① 埃伦·特里（1847—1923），英国女演员，以出演莎士比亚戏剧成名。其子克雷格（1872—1966），英国演员、导演，并以富有诗意的舞台设计闻名于世。

地听他说话。但是，我的母亲与其他人都听得昏昏欲睡，他们用不同的借口起身离开，回房睡觉去了，最后只剩下我们两个人。克雷格继续说着剧场艺术，他用各种手势解释他的艺术概念。

他话说到一半，突然问我：

"可是你在这里做什么呢？你这个伟大的艺术家为什么与家人住在一起？这真是太荒谬了！我是唯一发现你并创造你的人，你应该待在我的舞台场景里。"

克雷格身材高大，身段柔软，他的脸与他的母亲很像，不过他的五官却更细致。尽管身材高挑，他的嘴却很有女人味，嘴唇又薄又性感。他在少年时期拍的照片里有一头卷曲的金发，伦敦的剧场观众对埃伦·特里的金发孩子十分熟悉，不过他现在的发色较深。他眼睛深度近视，眼镜后的双眼发出坚毅的光芒。他让人觉得他像女人一样细致纤弱，只有他的两只大手，粗粗的指尖和粗糙的方形大拇指，证明了他的孔武有力。他总是笑称他的手指是杀手的手指，"用来掐死你刚好，亲爱的！"

我像是被他催眠了一样，任他将披肩披在我的白色舞衣上面。他拉着我的手，我们冲下楼梯，跑到街上。然后他叫了一辆马车，用地道的德文说："我和我夫人要去波茨坦。"

有好几个司机都拒绝搭载我们，但是我们最后终于搭车去了波茨坦。我们清晨时抵达，在一家小旅馆前下车。旅馆刚刚开门，我们进去喝了咖啡。然后，当太阳高高升起时，我们又上路返回柏林。

我们大约在9点时回到柏林。我们心里想着："我们该怎么办呢？"我们不能回到我母亲那边，因此我们去拜访一个叫爱希·德·布丽格的朋友。爱希·德·布丽格是个豪爽的波希米亚人，她很亲切地招待我们，还为我们做了有煎蛋和咖啡的早餐。她让我睡她的床，我睡得很沉，直到傍晚才醒来。

克雷格带我去他在柏林的工作室。工作室位于一栋大楼的顶楼，黑色地板打过蜡，上面装饰着人造的玫瑰花叶。

面对这样一位长相英俊、充满智慧的优秀年轻人，我的内心突然为他燃起熊熊爱火，我急切地投入他的怀抱，这股热情两年来一直被埋在深处，但一直在伺机爆发。他回应着我的急切，热情与我相当。我在他身上发现与我相同的血和肉、相同的气质、相同的气味。他常常激动地对我说："啊，你是我的亲姐妹。"

我不知道其他女人以什么方式记住她们的情人，我想应该是先说说他的头啊、他的肩啊、他的手啊这些事，然后再描述他的衣服。但是每当我想起他，总是像第一晚在他的工作室里看到的样子。当他褪去衣裳时，他白皙轻盈的身体闪耀着光芒。他的身体如此闪亮耀眼，我看得都痴了。

我想狄安娜①第一次看见的恩迪米昂②那高大、修长又白皙的身体，或是海辛斯特③、纳西索斯④以及聪明勇敢的珀修斯⑤，他们的身体一定也是这个样子。他不像是尘世的年轻人，反倒像布莱克⑥所绘的小天使。我的眼睛被他的美所迷惑，整个人立即投入他的怀抱，与他紧紧拥抱，合为一体。我们就像是两股火焰相遇，燃烧出耀眼的火光。我终于遇见我的伴侣、我的挚爱、我的另一个自我，因为我们不是两个可分离的个体，我们是一体的，就像柏拉图在《费德罗》⑦中所记载的"同一个灵魂的两半"。

这并不是一个年轻男子向一个女孩求爱，这是两个孪生的灵魂的会合。覆盖在血肉之躯外的光芒，因狂喜变得更加闪亮，此时世俗的激情烈火拥抱着白色的熊熊火焰，一同登上天堂。

---

① 罗马神话中的月神，相当于希腊神话中的阿特米斯。

② 希腊神话中，月神所爱的年轻牧羊人。

③ 希腊神话中，阿波罗所钟爱的美少年。

④ 希腊神话中，爱上自己水中倒影的美少年。

⑤ 希腊神话中，宙斯与达那依所生之子。

⑥ 布莱克（1757—1827），英国诗人、画家、雕刻家、神秘主义者。

⑦ 苏格拉底与费德罗论雄辩术的对话。

我们的欢乐如此完美，让人几乎吃不消。啊，那晚我炽热的灵魂为何没找到出口，没逃走，就像布莱克画的小天使一样，从云端飞向另一个世界呢？

他的爱情是年轻、清新、强烈的，不过他并不是沉湎于性爱的人。他不想耽溺于性爱的肉欲纠葛，他将年轻的旺盛精力转变成他艺术的神奇来源。在他的工作室里没有沙发，也没有椅子，更别说在此吃晚餐了。我们那一晚就睡在地板上。他身无分文，而我则不敢回家取钱。我在那儿睡了两个星期，当我们想吃饭时，他要人外送过来，当然是赊账，我就躲在阳台上，等饭送来之后，我才走出来与他一同吃。

我可怜的母亲到所有的警察局报了案，也找遍所有的大使馆，她告诉他们，有个坏人将她女儿拐跑了；而我的经纪人听到我突然消失，担心得都快疯了。一大群观众到剧院想看我的表演，却被剧院的人劝走，没人知道到底发生了什么事。不过，后来他们很聪明地在报上登了一则启事，上面写着"伊莎多拉·邓肯小姐目前因患有严重扁桃腺炎而无法上台表演。"

两个星期之后，我们回到我母亲的住处。老实说，尽管激情让我发狂，但我其实有点厌倦再睡在硬地板上，并且没有东西吃。只有他叫的外送食物，还只能在天黑之后才可以外出。

当我的母亲看到克雷格时，她对他大吼："你竟敢诱骗我的女儿，滚出去！"

她对他的戒备和提防达到了无以复加的程度，因此陷入一阵狂怒。

克雷格是当代一个相当杰出的天才。他就像雪莱一样，是火光与闪电做成的。他启发了现代戏剧的整个潮流。没错，他从来未参与实际舞台演出。他刻意保持距离，继续着他的梦想；而他的梦想启迪了当代舞台上所有美好的东西。要是没有他，就不会

邓肯自传

157

有赖恩哈特、雅各·科波（Jacques Corpeau）<sup>①</sup>、斯坦尼斯拉夫斯基这些人物。要是没有他，剧场将仍停留在老式写实主义风格的布景之中，每片叶子在树上摇曳，所有房子都有能开能关的门。

克雷格是个绝佳伴侣。他是我认识的人当中，能从早到晚都精神奕奕的少数人之一。早晨刚喝第一杯咖啡时，他的想象力就开始飞翔，整个人才气焕发。一次平淡无奇的街头散步，都像是在埃及的底比斯古城与一位德高望重的祭司谈话一般。

不知道这和他不寻常的近视眼有无关系：他会突然停下来，拿出他的铅笔和本子，眼睛看着一栋造型奇特的现代德国建筑——"新写实派"的公寓大厦，开始对我解说它的优美之处。他会开始快速地画下这栋房子的素描。那个素描完成后，看起来就像是埃及的登德勒神庙。

要是他在散步途中看见一棵树、一只鸟、一个孩子，他常常会欣喜若狂。与他在一起，永远不会感到枯燥乏味。他总是处于最亢奋、最快乐的精神状态，或者处于另一种突然而至的极端情绪中。这些突然发作的情绪，就像是天空突然满布乌云，空气中突然充满一股忧虑气氛，这时四周只剩下沉重的不安情绪。

不幸的是，当我同他在一起时间长了之后，他常会有这些负面的情绪。为什么会这样呢？这个主要是因为每当他说"我的工作，我的工作"时（他常会这样嚷着），我会柔声回答："啊，你的工作可真伟大呀。你是一位天才，不过，别忘了还有我的学校呢。"这时他会用拳头敲着桌子，叫嚷着："没错，但是我的工作就不重要吗？"我回答他："你的工作当然非常重要，但是我们必须将人摆在第一位，因为所有的艺术根源都来自灵魂。因此，第一重要的是我的学校，首先有容光焕发的舞者优雅地在台上舞蹈，然后才是你的舞台创作，为这些舞者创作完美的布景。"

----

① 邓肯此处所写为 Corpeau，不过所指应是科波（Jacques Corpeau，1879—1949），法国演员、文学评论家和戏剧导演。

我们在这些争执之后通常会陷入阴郁的沉默。然后我会察觉我体内的女性特质便会出现，我会柔声问他："亲爱的，我刚刚是不是惹你生气了？""惹我生气？啊，快别这么说！你们女人最麻烦了，你也一样，老是干扰我的工作。我的工作！我的工作！"他用力甩门出去了。大大的甩门声让我惊醒，明白这种争吵所造成的可怕问题。我会苦苦等候，如果他没回家，我会伤心难过地哭一整夜。这是一出我与他的悲剧。这些争吵的情景常常重复出现，使得生活十分不协调，让我们觉得无法再一起生活。

我注定要激发出这位天才对我的情爱，也注定得努力在我的事业发展与对他的爱之间取得平衡。想将两者完美结合简直是不可能的事啊！在前几个星期的激情缠绵之后，我们开始陷入一场最困难的激烈搏斗，一边是克雷格的天才，另一边是我的艺术。

"你为什么不停止舞蹈事业呢？"他常常会这样说，"你为什么想继续在舞台上胡乱挥舞手臂呢？你为什么不干脆待在家里为我削铅笔呢？"

尽管如此，克雷格依然是最赞赏我舞蹈艺术的人，但是他艺术家的自尊心与嫉妒心，却让他无法接受女人也能成为艺术家这一现实。

我的姐姐伊丽莎白为我们的格吕内瓦尔德学校组织了一个委员会，由柏林的贵族仕女担任委员。当那些委员知道我和克雷格的事之后，便写了一封长信给我，以庄严的措辞谴责我与克雷格的关系，并且表示她们作为正经的资产阶级社会成员，无法再资助这个学校，因为学校的领导者毫无道德操守。

门德尔松夫人是那位伟大银行家的太太，那些贵族仕女们推派她来送信给我。她带着这封吓人的信来找我，用惶恐的目光看着我。然后，她突然开始哭了起来，说："你可不要以为我也在这封信上签了名啊。我也拿她们没办法，她们决定不再资助你的学校，现在她们只信你姐姐伊丽莎白了。"

伊丽莎白现在有她自己的想法，不过她并没有明说。我也看清这些贵族妇女的伪善，她们认为事情只要不说出来，私底下怎么样都没关系。这些女人真把我激怒了，因此我在音乐厅办了一场演讲，告诉听众我的舞蹈是一种解放艺术。在演讲快结束的时候，我还谈到女人有爱的权利以及怀孩子的权利。

可以想见，人们会接着问我："那孩子怎么办呢？"我想我可以举出许多非婚生的杰出人士，尽管他们不是婚生的孩子，但他们依然功成名就。不过，先不管非婚生的孩子能不能功成名就，我自问：一个女人怎么能跟这个动辄发脾气，甚至不为自己的子女负责任的男人结下一辈子的誓盟？如果她认为他是这种男人，她为什么非得嫁他不可呢？我想爱的原则在于彼此忠诚与互信。不管情况如何，对一个必须自食其力的女人来说，要我牺牲体力与健康，甚至冒着生命的危险生下孩子，到头来孩子的爸爸却可能在未来利用什么机会坚持孩子依法应归父亲抚养，然后他就将孩子带走，而我一年只能见孩子三次，我绝对不会做这种傻事。

有一位聪明的美国作家，他的情妇有一次问他："如果我们不结婚的话，将来孩子会怎么看我们呢？"他回答："如果你的孩子和我的孩子是这种孩子的话，那我们也不必在意他会怎么看我们。"

如果聪明的女人了解婚姻的种种制约之后，还坚决要走婚姻这条路，那么她就必须承担一切后果。

这场演讲引起一阵批评的声浪。有一半的听众同意我的看法，另一半的听众却嘘声四起，为了表达他们的不满，还将手中的东西乱丢到台上。最后，那一半不满的听众都走了，只剩下我和其他的人，我们开始就女人的行为举行一次有趣的讨论，讨论到女人有权利做哪些事，做哪些事又会被指称不守妇德。这种讨论比今日的妇女运动还要激进。

我一直住在维多利亚大街的公寓里，伊丽莎白搬到学校住，我的母亲则是两边轮流住。到目前为止，我的经历过贫穷与苦难的母亲一直以惊人的勇气面对一切难关。现在她开始觉得生命枯燥乏味，或许是由于她的爱尔兰人的性格——爱尔兰人能坦然面对悲惨不幸，对于繁荣富裕反而手足无措——她开始变得喜怒无常，常常心境不好。从我们离开祖国以来，这是她第一次说她怀念美国，还说家乡的一切（例如食物）都比外面好。

我们带她去柏林最好的餐厅，想让她开心。我们问她想点什么菜，她说："给我来点虾吧。"如果当时不是盛产虾的时节，她会开始数落这个国家的种种不是，比如连虾都没有，讲完后她会不吃其他食物。如果餐厅真的卖虾，她还是会抱怨，嘟哝着说旧金山的虾比这里鲜美好吃多了。

我想母亲性格上的转变可能是因为她已经习惯将所有精力放在孩子们身上。现在我们都各自找到自己的兴趣，深深沉浸其中而忽略了她；她终于了解，她将自己所有的大好时光都浪费在我们身上，却没有为自己留下任何东西。我想许多做母亲的人都是如此，这种情形在美国尤其普遍。她的情绪越来越不稳定，一直想回家乡。不久，她终于回美国了。

我的思绪一直萦绕在格吕内瓦尔德的学校以及那里的 40 张小床。命运真是变化莫测啊，假如我早几个月与克雷格相遇，那么现在就不可能有这座别墅、这所学校了。不过，既然我已经逐步实现了创立舞蹈学校的梦想，那么现在就绝不能随便更改这个信念。

不久之后，我发现我怀孕了——这当然只是早晚的事。我梦见埃伦·特里穿着一件闪闪发亮的礼服来看我，就像她在《依莫珍妮》剧里穿的戏服一样。她手牵着一个和她长得一模一样的金发小女孩，以她迷人的嗓音叫着我的名字："亲爱的伊莎多拉，亲爱的……亲爱的。"

我从那时起就明白，一个可爱的孩子将来到世上，为我带来喜悦和哀伤。喜悦与哀伤！出生与死亡！这就是生命之舞的节奏。

我整个人感受到怀孕的神圣。我继续我的舞蹈表演，到我的学校教课，爱我的恩迪米昂 ①。

可怜的克雷格却十分焦躁不安，闷闷不乐，常边咬着指甲边叫着："我的工作。我的工作。我的工作。"

桀骜不驯的自然规律总是干扰艺术。不过，自从我梦见了埃伦·特里，我做了两次这个甜美的梦。

春天到了。我签了到丹麦、瑞典和德国表演的合约。在哥本哈根的时候，我相当惊讶地在当地的年轻女性脸上看到那股充满智慧与快乐的神情。她们黑色的卷发上戴着学生帽，自由自在地独自在街上行走，就像男孩子一样，我真是惊异不已，因为我从来没看过这样美貌聪慧的女孩子。后来有人告诉我，丹麦是世界上第一个妇女有投票权的国家。

因为学校的庞大开支，我不得不作这次巡回表演。我已用完所有的积蓄，在银行已经没有存款了。

斯德哥尔摩的观众相当热情，在表演完后，当地体操学校的女孩子们还亲切地送我回旅馆，她们很高兴能在瑞典看到我，在我的马车旁又蹦又跑。我去参观了她们的体操学校，不过并没有获得一个热心的信徒。瑞典的体操似乎是用来训练静止不动的身体，而不顾及有生命、有活力的人体。此外，这种体操只在乎训练出肌肉，而没想到肌肉只是机体的结构，它能为身体成长提供永无止境的能量。瑞典的体操界是个以错误方式训练身体的体系，这种体系缺乏想象力，只认为身体是个物体而不是活跃有力的能量体。我参观了这所学校，并且尽我所能向这群学生解释我的观点。不过，不出我所料，她们听不懂我的话。

---

① 此处指克雷格。

在斯德哥尔摩的时候，我寄了一封邀请函给我相当钦佩的斯特林堡[1]，请他来欣赏我的舞蹈表演。他回信告诉我他足不出户，而且厌恶世人。我说我能在舞台上为他设一个座位，但即使是这样，他也没有来。

在斯德哥尔摩成功表演后，我们经水路回到德国。我在船上得了一场病。我自己清楚，短期之内我最好停止任何巡回表演。总之，我很想自己一个人静一静，远离世人对我的注目。

6月，我去学校稍稍作了巡视之后，急于赶到有海的地方。我先去了海牙，后来从海牙出发，到了北海滨一个叫作诺德维克的小村庄，我在那里租了一栋白色的叫作"玛丽亚小筑"的乡村小别墅。

我自己没生过孩子，以为生孩子的过程是再自然不过的事。我住到这个别墅里，离其他镇少说也有100英里，我联络上村里的一位医生。我当时由于无知，还相当满意自己找到这位医生，现在想想，他可能只懂得应付当地村妇的一些小病痛。

从诺德维克到最近的凯德维克村大约有3公里的距离。我每天从诺德维克走到凯德维克，然后再走回诺德维克。我一直对海有一种渴望，我现在一个人待在诺德维克的白色小别墅里，与世隔绝，只看得见这个美丽国家绵延不绝的沙丘往两边伸展。从6月到8月，我就待在"玛丽亚小筑"。

同时我也和姐姐伊丽莎白保持密切联络，我不在格吕内瓦尔德学校的这段时间，就由伊丽莎白代为管理学校。7月的时候，我在日记里写下了学校的教学方向，编出500种练习动作，让学生从最简单的动作开始，慢慢学习到最复杂的动作。

我的小侄女坦普尔也在格吕内瓦尔德学校上课。坦普尔到这里同我住了三个星期，她常去海边跳舞。

---

[1] 斯特林堡（1849—1912），瑞典自然主义派剧作家、小说家。

邓肯自传

163

克雷格依然烦躁不安，他来了又走。不过，我不再是孤零零的一个人。我肚子里的小孩会踢着提醒我他的存在。看着我原本美丽的大理石般的身体变得柔软、隆起、变形，真是奇怪的感觉。感受力越强、思绪越敏感的人，注定要受更多的苦难，这恐怕是大自然对人的报复吧。于是我在连续的不眠之夜里时时感到痛苦，不过我也感受到喜悦的情绪。我满心欢喜，每天踩着海滩的沙子，从诺德维克走到凯德维克，大海的波涛在一旁看着我，另一旁则是荒凉沙滩上隆起的沙丘。海边的风总是吹啊吹，有时微风徐徐，有时狂风大作，这时我就必须顶着风慢慢走。这里偶尔会有暴风雨，风雨交加之际，"玛丽亚小筑"就像是汪洋中的一条小船，通宵达旦地饱受风雨侵袭。

我渐渐讨厌起社交生活。人们只会说一些风凉话，他们根本不懂得尊重孕妇的尊严和神圣。有一次，我看见一个孕妇在路上走，路上的行人不仅不尊重她，反而对她报以嘲弄的讪笑，仿佛这个怀孕的女人是个天大的笑话似的。

我一律不接待访客，除了一个真心的好朋友。他从海牙骑着自行车来看我，带了一些书和杂志让我打发时间。他会告诉我最新的美术、文学以及音乐的消息，以振作我的精神。当时他与一个女诗人结了婚，常常向我提起她，语气温柔，充满对她的崇拜之心。他办事相当有规律，会固定在某天来拜访我，并且风雨无阻。除了偶尔与他相处以外，我大部分的时间都是独自一人，只有大海、沙丘和肚子里孩子的陪伴，而这个孩子似乎急不可待地要来到这个世界了。

当我在海边漫步时，有时会觉得全身充满了力量与无畏的勇气，心里想着，我将会独自拥有这个孩子；有时天空一片灰暗，北海狂涛大作，这时候我觉得自己只是被陷阱抓住了的可怜动物，心情会突然跌入谷底，我极力挣扎，一心想逃出去，逃出去。但是能逃到哪儿呢？或许是逃到波涛汹涌的海浪中吧。我与这些消极的情绪挣扎对抗着，最后勇敢地战胜了他们。我不让任何人知道我有轻生的想法；也很难避免偶尔会有的消极想法。我也觉得大部分的人都不理我了，我的母亲仿佛远在数千英里之外；克雷格也表现得很奇怪，离我远远的，他总是陶醉在他的艺术里。而我呢？我越来越少地思考我的艺术，只是想着怀孕这件可能影响我事业的可怕事情。怀孕真是一件让人几乎疯狂，给人带来喜悦，也带来痛苦的事情。

怀孕的日子特别漫长难熬，每天、每个星期、每个月都过得好慢啊！我有时充满希望，有时则陷入绝望。我常常回想起我的童年、青年，年轻时漫游列国以及我在艺术方面的新发现等人生经历。这些往事变得朦胧而遥远，就像是一段开场序幕，接下来就是等着孩子出世。这是每个农妇都能做到的事！也是我所有雄心壮志的高潮！

为什么亲爱的母亲不在我身边呢？因为她有一些偏执的想法，认为我应该结婚。但是她自己结过婚，也知道婚姻的无法忍受，最终和丈夫离了婚。为什么她还要我踏进这个曾让她遍体鳞伤的牢笼呢？我的理性使我坚持反对婚姻。我当时的看法就是如此，现在也依然相信，婚姻是一种让人受奴役的荒谬制度，让人（尤其是艺术家）不得不走上离婚法庭，以荒谬可笑的诉讼收场。如果有人不相信我的话，他们可以统计一下有多少位艺术家离过婚。再看看美国报纸过去十年报道的婚姻丑闻，就可证明我所言不假。不过，我想世人依旧相当爱惜艺术家，不会因艺术家的婚姻生活不美满就不再喜爱他们。

8月的时候，有个护士来照顾我，她后来变成我的好朋友，她就是玛丽·基斯特。我从来没遇过比她更有耐心、更可爱、更仁慈的朋友了。她给了我很大安慰。我必须承认，我内心开始受各种恐惧所扰。我虽然告诉自己，女人生孩子是天经地义的事，但是我还是相当害怕。我的祖母生了8个孩子，我的母亲生了4

个，她们都会说，这是每个女人必经的生命阶段。然而，我依然充满恐惧，到底我害怕什么呢？当然不是怕死，也不是怕痛，这是一种说不清的恐惧感。

8月渐渐过去，9月慢慢到来。我的身子越来越重。"玛丽亚小筑"位于沙丘上，我必须爬上近100个阶梯才能到家门口。我常常想到我的舞蹈，有时候心里觉得懊恼不已。不过这时我会感觉到肚子里的小家伙很用力地踢了三下，告诉我他正在长大。于是我露出笑容，心里想着，毕竟艺术只是反映生活中快乐与生命中奇迹的一面模糊的镜子而已。

我原本美丽的身躯不可思议地一直膨胀；我原本坚挺的小乳房现在变得柔软和丰满了，甚至开始往下垂；我灵活的双脚现在走起路来步伐变缓了；我的双膝肿胀、我的骨盆疼痛不堪。我以前那耐雅德①式的体态到哪儿去了？我的雄心大志到哪儿去了？我的声名呢？尽管我努力安慰自己，但我常常觉得很悲哀、很沮丧。这场与生命的搏斗实在太艰苦。然而，我又会想起即将出世的孩子，此时这些不愉快的想法就会烟消云散的。我只能无助地在半夜里等着，慢慢度过折磨人的时光；如果我往左侧躺，会透不过气来；换到右侧，还是不舒服，最后只能平躺。我的身体是孩子的能量来源，我用双手抚摸肿胀的身体，希望借此让孩子感受到我想告诉他的信息。这些半夜等待的时光虽然难熬，却充满我对孩子的温柔呵护。无数的夜晚就这样慢慢地过去了。为了成为母亲，女人付出了多大的代价啊！

一天，我有一个意外惊喜。我在巴黎认识的一位叫凯萨琳的可爱朋友从巴黎来看我，她说她想和我住一阵子。她是个很有魅力的女人，精力旺盛，胆识过人。她后来与南极探险家斯科特结婚。

一天下午，我们正坐着喝下午茶，我突然感觉到砰的一声重

---

① 希腊神话中的水中仙女。

击，好像有人从背后用力打了我，接着是让人几乎无法承受的剧痛，仿佛有人把手伸进我的脊椎，想用力撬开它似的。这时生产的苦刑开始了，我觉得自己像一个可怜的受害者，落入一个无情的执刑者手中。一次又一次的痛苦折磨，人间最残酷的酷刑与生产的痛苦比起来，根本不算什么！生过小孩的女人都不怕那种苦痛。两者比较，酷刑只是小巫见大巫。这个看不见的可怕怪物残酷无情地牢牢抓着我，不让我挣脱，还不断地攻击我，好像要将我的筋骨撕裂似的。他们说我很快就会忘记这种折磨，但我只能闭上眼睛，听到我当时发出的痛苦尖叫与悲惨呻吟，那些声音好像是与我无关的东西在包围着我一样。

现代女人竟然还得忍受这种自然生产的不人道酷刑，这真是前所未闻的野蛮行为，我们必须想办法结束这种折磨。现代科学如此发达，大家却不认为无痛分娩是理所当然的事，这实在是荒谬！这种行为就像医生为病人割盲肠却不上麻药一样不可原谅！为什么一般女人有这种愚蠢的耐心，认为应该忍受这种残害自己的酷刑？

这种无以名状的可怕状态持续了两天两夜。到了第三天早晨，那个荒谬的医生竟然拿出一支大产钳，也没为我做任何麻醉，就开始做出野蛮的行为，像是要宰杀动物一般。我现在想想，唯有被牢牢绑在铁轨上等待火车碾压时的恐惧才能同我当时经历的恐惧相比。

不要同我提女性运动或女性争取投票权运动，除非女人开始想办法坚决要求结束这种我认为是毫无意义的受苦过程，争取生产手术必须与其他手术一样无痛。

这到底是怎么样的一种疯狂迷信，让人以为女人自然分娩比较好？为什么对孕妇的态度如此毫不同情，即使她们因此失去生命也不管？当然啦，有人会反驳我的说法，因为并非所有女性生产时都受到如此折磨。印第安人、农民或非洲的黑人就不必如此受苦。但是，越身处文明的社会，女人遭受的这种毫无意义的痛苦就越令人恐惧。为了文明社会的女性着想，我们应该找出一种文明的方法制止这种恐惧。

我总算没有因为生孩子而死。是的，我没死，我肚子里的小宝贝也平安出世了。或许你要说，当我看到我的宝贝的时候，一切不就都值得了吗？没错，我当然有那种达到巅峰的喜悦。然而，我和许多女人生产时之所以会经历这种痛苦，乃是由于科学家难以言状的自私和盲目。他们居然会认为女人自然分娩是天经地义的事，因此他们并没有着手去消除他们本有办法解决的残暴现象。现在想起这件事，我依然觉得义愤填膺。

啊，我的小宝贝真是可爱呀！她真是令人惊喜不已，长得就像丘比特，有着一双蓝眸和一头长长的棕发，棕发后来变成金黄色的卷发。她小小的嘴寻找我的乳房，用她没有牙齿的牙床咬着吸吮我不断涌上的乳汁，这真是神奇啊！天底下有哪一位母亲不曾有宝宝轻咬着乳房以及她自己乳汁饱胀、不断流出来的奇妙感觉呢？这张吸着奶的淘气小嘴就像是情人的嘴，而情人的嘴又使我们想起宝宝的嘴。

啊！女人啊，如果这种奇迹已经存在，我们何必去努力学习，成为律师、画家或雕塑家呢？现在我拥有这份无尽的母爱，这远远超过男女之爱。我整个人好像被拉扯、被撕裂、在流血、感觉紧张，而我的小宝贝则边吸着奶，边呱呱啼哭。生命，生命，生命啊！给我生命吧！啊，我的艺术到哪儿去了？我的艺术或是其他艺术到哪儿去了？我还在乎艺术吗？我觉得自己像个神明，远超过任何艺术家的神明。

在生完小孩的最初几个星期，我常常双手抱着孩子，久久地躺着，看着她睡觉；有时候她也会望着我，我觉得自己已非常接近生命的奥秘。这个新生的身体里的灵魂，用显得成熟的双眼凝视着我——这是永恒之眼，充满爱意地看着我。或许爱就是所有问题的答案吧。还有哪个字能描述这种初为人母的喜悦呢？我不是作家，因此我无法将这种大自然的奇妙转化为贴切的文字。

我带着宝宝和我亲爱的朋友玛丽·基斯特回到了格吕内瓦尔德。所有的学生看到我的小宝贝都很开心。我对伊丽莎白说："她是我们年纪最小的学生。"每个人都问着："我们该叫她什么名字呢？"克雷格想到了一个很美的爱尔兰名字——"迪尔德丽"，它的意思是"爱尔兰的挚爱"。因此我们就称呼她为"迪尔德丽"。

我的精力慢慢恢复了。我常常怀着一种同情之心，站在那幅我崇奉的亚马孙女战士的画像前面，因为在我眼里她不再是适合上战场的战士了。

# 第二十章

朱丽叶·门德尔松和她有钱的丈夫住在豪华的别墅里，他们跟我们住得很近。虽然朱丽叶有一些势利的中产阶级朋友，但是她对我的学校倒是挺热心的。有一次，她邀请我们全体到我相当崇拜的偶像——埃莉诺拉·杜丝的面前跳舞。

我介绍克雷格与杜丝认识，她立即对他的戏剧见解深深着迷。后来我们又见了几次面，彼此都兴致高昂。之后，她邀我们去佛罗伦萨，希望克雷格能为她单独设计一个舞台布景。克雷格决定为她设计易卜生[①]剧作《罗斯梅尔庄园》的场景。我们——杜丝、克雷格、玛丽·基斯特、我及我的小宝宝，一起搭豪华火车去佛罗伦萨。

我在途中给宝宝喂奶，由于奶水不太充足，因此必须喂她吃奶瓶里的营养品。尽管如此，我还是很开心。我一生中最欣赏的两个人终于彼此认识了：克雷格可以发挥他的专长，而杜丝将会有一个配得上她精湛演技的舞台。

到达佛罗伦萨之后，我们住进了富丽大饭店附近的小旅馆，而杜丝则住在富丽大饭店的五星级套房。

安顿好后，我们开始讨论舞台设计事宜，我担任翻译的角色，因为克雷格不会说法语也不懂意大利语，而杜丝一句英语也不会。我发现自己被夹在这两位了不起的天才人物中间，他们两人似乎从一开始就针锋相对，而我只想让他们两人都开心。我在翻译时

---

① 易卜生（1828—1906），挪威剧作家和诗人。《罗斯梅尔庄园》是他晚年倾向象征主义的作品。

故意加了一些谎言，以便他们慢慢对彼此产生好感。我希望他们原谅我在翻译时所说的善意的谎言。我真心想看到这座舞台完工，如果我原封不动地将克雷格所说的话告诉杜丝，或者将杜丝的命令与要求告诉克雷格，那么这座舞台是不可能完成的。

在《罗斯梅尔庄园》的第一场，我相信易卜生在书上描写的起居室应该是"有着老式装潢的舒适房间"。但克雷格却满意地看着他埃及神殿式的装潢——天花板挑高，墙壁往后移。不过跟埃及神殿不同的是，房子后方有一扇巨大的正方形窗子。根据易卜生在书里的描述，从窗户看出去是一条古木参天的林荫大道，通往庭院。克雷格将窗户弄成 10 米长，12 米宽，从窗户看出去是一片姹紫嫣红的风景，好像摩洛哥的景观。

杜丝不太同意克雷格的做法，她说："书上写的应该是小窗户，不可能是这么大的窗户。"

克雷格听到她的话之后勃然大怒，用英语说："你告诉她，我不会让任何女人干涉我的工作。"

我很谨慎地将他的话翻译给杜丝听："他说他很钦佩你的见解，而且他将会尽力达到你的要求。"

然后我转身对克雷格转述杜丝的意见，很有技巧地说："埃莉诺拉·杜丝认为你是个伟大的天才，因此她会让你全权负责，不会再对你的草图有任何意见。"有时这样的对话会持续好几个小时，而且大多是我一边喂宝宝吃奶，一边担任调停译者的重要角色。如果到了喂奶时间，我还要对这两位艺术家说着他们彼此没有说过的话，我会感到痛苦万分。当时我身心疲惫，健康状况越来越差。这些累人的讨论让我产后的恢复过程异常痛苦。不过，一想到克雷格正为埃莉诺拉·杜丝设计《罗斯梅尔庄园》这个伟大的艺术盛事，我又觉得自己的付出算不了什么。

于是克雷格全力投入到剧院工作。一如从前，他前面摆着数十桶颜料，还有一支刷子，他准备自己画这些场景，因为意大利工匠不懂他的意思。他找不到合适的画布，于是把粗麻布缝起来当画布用——一群意大利老太太在台上缝了好几天的粗麻布。那些年轻的意大利画工在舞台上跑来跑去，忙着做克雷格吩咐的工作。克雷格则是披头散发，一边吼着他们，一边用刷子沾上颜料，爬上梯子，一副摇摇欲坠的危险模样。他几乎没日没夜地在剧院里工作，甚至没时间出去吃饭。假如我午餐时没将餐篮送给他，他可能就没饭吃。

他下了一道命令："不许杜丝来剧院。如果她来，我就搭火车走。"

当然杜丝很想去看看布景画得如何，因此我就必须有技巧地带她远离剧院。我常带她去公园散步，公园里美丽的雕像与绚丽的花儿让她暂时缓解了紧张的情绪。

我永远也忘不了杜丝在花园里散步的神态与模样，她看起来出尘脱俗，就像是彼特拉克[①]或但丁笔下的女神，意外下凡到尘世来。众人会自动为她让路，他们盯着我们瞧，态度既尊敬又好奇。杜丝不喜欢被人盯着瞧，为了回避众人的注视，她尽量带我走无人的小径。她不像我一样会关心穷困的人，她认为这些人是"愚氓"，并常常这样称呼他们。

她之所以会如此，其实当归咎于她过度敏感的天性，而不是故意歧视平民，她心里以为他们都十分挑剔。其实当杜丝真的与人接触时，她是非常仁慈和富有同情心的。

我将会永远记住这些在花园里散步的时光：路边栽种的白杨树，还有杜丝美丽动人的秀发。当四下无人时，她就会脱下帽子，让略灰的黑发自由地在风中飘着。她额头很高，象征无比的智慧，她的双眸闪亮——我永远不会忘记这一切。虽然她的眼神略带忧郁，但是当她的脸庞闪耀着热切的光芒时，那张脸上的快乐表情

---

① 彼特拉克（1304—1374），意大利诗人。

比任何人或任何艺术作品都美。

《罗斯梅尔庄园》的舞台装潢正在进行。每一次我给克雷格送午餐时，他总是处于一种非狂怒即狂喜的极端状态。他可能这一刻还在为艺术界将看到他最伟大的舞台设计而高兴；不消一刻，他又开始大吼大叫，抱怨意大利什么都没有，没有颜料，没有工匠，什么事都得自己来。

现在杜丝终于能去看舞台的全部场景了，这之前我用尽了方法让她不去剧院。我在预定的时间去接她，我们一起去剧院。她既紧张又兴奋，我真担心这种不安的情绪会爆发，转成一场暴风雨。她在饭店大厅与我碰面。她身穿一件棕色貂皮大衣，头戴一顶大大的棕色皮帽，很像是俄罗斯的哥萨克人戴的帽子，不过她却将帽子斜斜地戴在眼睛上方。杜丝也曾听从好心肠的朋友的建议，买了一些时髦衣裳，但是她就是穿不出时髦的味道。她的衣服总是一边高一边低；她的帽子总是皱的；不管她穿着多贵的衣服，看起来都像是迫不得已地把衣服披在身上。

在去剧院途中，我心里忐忑不安，说不出话来。我再一次很技巧地不让她冲向后台，提前让人将舞台前门打开，由我带她走进大门，并且引领她到包厢去。我们等了很久，她一直问我："他们是否做了我想要的窗户呢？这是哪一幕的场景？"她一直问着，让我坐立难安。

我紧握着她的手，并不时轻轻拍着对她说："再等一下，你马上就能看到布景，别心急。"但是我一想到那扇被放大到夸张地步的窗户就很害怕。

后台不时传来克雷格的吼声，一会儿想试着用意大利文说，一会儿又用英语吼着："搞什么！搞什么！你为什么这样乱摆？你到底有没有听见我说的话？"之后又是一阵沉默。

经过漫长的好像有数小时的等待之后，我觉得杜丝的情绪正要爆发，此时台上的布幕终于徐徐升起。

啊！我简直无法形容眼前这种令人赞叹不已美丽设计。我以前提过埃及神庙吗？埃及神庙也不及这座舞台美丽！即使是哥特式教堂或雅典的宫殿也比不上这座舞台。这是我看过的最美丽的设计。从宽广的窗户望出去，不见羊肠小径，只有无尽的苍穹，蓝色的天空，天堂般的宁静和谐，仿佛一下子摄住了人的灵魂。在蔚蓝的天际，藏着凡人的思绪、冥想以及尘世的哀伤。在这扇窗户后是克雷格的想象力带来的感动、喜悦与奇迹。这是"罗斯梅尔庄园"的起居室吗？我不知道易卜生会做何感想。或许他会像我们一样，深深为之折服，感动得说不出话来。

杜丝紧握着我的手，我感觉到她用手臂环抱着我。我看见她美丽的脸庞上满是泪珠。我们拥在一起，静静地坐了一阵子，两个人各有心事，都默不作声。杜丝是由于佩服以及艺术带给她的欢乐，我则是因为知道她很满意这个结果而松了一口气。我们就这样坐着，然后她拉着我走出包厢，穿过黑漆漆的走廊，上了舞台。她站在舞台上，以洪亮的声音喊道："克雷格！到这儿来！"

克雷格从舞台侧边走过来，像个小男孩一样害羞。杜丝将他抱在怀里，开始用意大利语赞美他，她说得速度极快，以至于我根本来不及逐字为克雷格翻译。这些赞美的词句宛如喷泉喷出的水，源源不绝。

克雷格不像我们感动得落泪，他一直很沉默，这表明他的内心十分激动。

杜丝将所有工作人员叫到跟前，他们本来是在后台漠然等着的。她慷慨激昂地对他们说："上天注定让我遇见克雷格这位伟大的天才。在未来的演艺生涯中，我将尽全力让世人都看到这位天才的伟大作品。"

接着，她以雄辩的口才，滔滔不绝地批评现代的舞台设计、现代的风格场景，还有现代人对演员的生命与职业的时尚观点。

她一直握着克雷格的手，并频频转身看着他，同时谈着克雷格的天才以及他为舞台带来的革新风潮。她再三强调："只有通过克雷格，我们这些可怜的演员们才能从目前丑陋又阴森的舞台环境中解脱！"

这一切真令我心潮澎湃！当时我还年轻，缺乏经验，竟然相信人们一时冲动时说的话。我脑中浮现出埃莉诺拉·杜丝在伟大的克雷格设计的舞台上发挥她精湛的演技的画面。我想象着未来将是克雷格的天下，也是艺术舞台的天下。可惜的是，我当时忘了女人有三分钟热度的缺点。杜丝虽然是个天才，但也是个女人，这些以后便见分晓。

《罗斯梅尔庄园》在佛罗伦萨首演时，一大群充满期待的观众将剧院挤得水泄不通。当幕布升起时，观众发出一声赞叹——这是预料之中的事。那是《罗斯梅尔庄园》在佛罗伦萨的唯一一场表演，令人印象深刻；即使到了今日，那场表演依然让艺术爱好者津津乐道。

杜丝的直觉一向很准，她那天穿着一件白色礼服，两边水袖摇曳生姿。当她出场时，她的样子与其说像丽贝卡·韦斯特[1]，不如说更有德尔菲[2]神庙的女先知的味道。杜丝的舞台天分无懈可击，她一边流利地说着每一句台词，一边在每一道照着她的光线中表演自如。她的姿势和动作千变万化，她在舞台上行走的样子，就像是一个预示大海浪即将到来的女先知。

但是其他演员一上台时——如罗斯梅尔将手插在口袋里上台——却像是因失误误上了舞台，感觉很不协调。只有饰演布伦德尔的那个演员真正与舞台相称，他的台词说道："当金色梦境笼罩着我，我脑海里开始萌生令人心醉神驰的奇思妙想，我乘着它们的翅膀鼓翼翱翔。在这些时刻，我将它们转化为诗歌，转化为梦一般的美景。"

---

① 丽贝卡·韦斯特（1892—1983），英国作家、记者、文学评论家及游记作家。

② 德尔菲，古希腊城市，因有阿波罗神庙而闻名。

演出结束后，我们的情绪都很高亢。克雷格容光焕发，信心百倍。他预见他未来将为杜丝设计一个又一个的舞台；他以前提到她就生气，现在则是赞不绝口。这真是人类的弱点啊！事后证明，这是杜丝唯一一次在克雷格设计的舞台上表演。她的剧目五花八门，每天演的戏都不一样。

这些兴奋的时刻过去之后，我发现我的银行存款又用光了。生孩子、格吕内瓦尔德学校的支出、我们到佛罗伦萨的旅费，这些开销花去我的全部积蓄。我必须想办法赚钱，刚好这时圣彼得堡的一位舞台经理向我发出邀请，问我是不是准备好再次登台表演，他想跟我签约，请我到俄罗斯巡回表演。

就这样，我将孩子托玛丽·基斯特照顾，请杜丝帮我照顾克雷格，我自己乘坐特快火车，一路经过瑞士和柏林，到了圣彼得堡。不难想象，这趟旅程让我很难受。想到必须和我的宝贝、克雷格和杜丝分开，我就难过。我的健康状况也堪忧，而且孩子也还没完全断奶，所以我必须用吸奶器具将奶水吸掉。这是很不愉快的经历，我常常因此而伤心落泪。

火车越走越远，奔向北方，我终于又到了满是白雪覆盖的林海雪原，现在看起来比以前还荒芜凄凉。而且，我心里太挂念杜丝与克雷格，根本无心作这次巡回演出。虽然如此，那些友善的俄罗斯观众一如既往地热烈欢迎我，而且不计较我表演时的一些小失误。我只记得，当我跳舞的时候，乳汁常常会流出来，弄湿我的舞衣，让我狼狈不堪。女人想要成就一番事业真是不容易啊！

我现在已记不清那次俄罗斯巡回表演了。我当然是归心似箭，很想早日回佛罗伦萨。因此我尽量缩短行程，又签下荷兰的巡回表演。这样一来，我离我的学校和那些我思念的人就更近了。

我第一次在阿姆斯特丹登台时，身体突然觉得不适。我想大概跟乳汁有关，也就是所谓的乳腺炎。表演结束后，我倒在舞台上，被人送回旅馆。之后的几个星期，我枕着冰袋，躺在黑漆漆的房间里。医生说这是神经炎，目前无药可治。我好几个星期什么也不能吃，他们喂我喝一小杯加了鸦片的牛奶，喝完后我一会儿恍惚，一会儿清醒，就这样慢慢进入梦乡。

克雷格从佛罗伦萨赶来这里，他待了三四个星期，一心一意照料我，直到有一天他接到杜丝的电报，上面写着："我在尼斯演《罗斯梅尔庄园》，布景不佳，速来。"

那时我已经慢慢康复，因此他就去了尼斯。不过，当我看到电报的时候，心里有一种不好的预感，我不知道当我不在场为他们翻译、调解他们的矛盾时，会闹出什么事情来。

克雷格在早上抵达尼斯剧院，里面一片狼藉，他发现工人未告知杜丝，就擅自把他的舞台一分为二。可以想象，当他看到他的艺术作品、他的杰作、他在佛罗伦萨花尽心思设计出来的成品，竟然在他的眼前被截肢、被屠杀时，会怎样忍不住大发雷霆。更糟的是，他开始对着舞台上的杜丝大吼着："你到底做了什么？""你糟蹋了我的作品，你破坏了我的艺术！你！亏我本来还对你寄予厚望！"

他毫不留情，一个劲儿发火；杜丝并不习惯别人以这种态度对待她，因此她也开始火冒三丈。事后她告诉我："我从来没见过这样的人，从来没有人用那种态度同我说话。他身高6英尺多，抱着手臂，一副英国人盛怒的样子，不停地对我大骂。从来没有人这样对待我。我当然无法忍受这种辱骂，我指着门对他说：'给我走，我不想再看到你。'"

她原本说过，想将毕生事业用来发扬克雷格的才华，那件事当然也不了了之了。

抵达尼斯时，我的身体还相当虚弱，根本无法自己下火车，不得不让人抱着我走。那是狂欢节会的第一天，我的马车送我到饭店途中，遇到一群法国哑剧中的皮耶罗白脸丑角，他们的面具奇形怪状，让我仿佛看见临终前的"死亡之舞"[①]一般。

当时杜丝住在附近的另一家旅馆，她也病倒了。她捎来许多关心的信息，把她的医生介绍给我。博松医生对我照顾有加，而且从此变成我一生的挚友。我恢复得很慢，痛苦不堪。

我的母亲来与我会合，玛丽也带着宝宝来了。我的宝宝长得很健壮，一天比一天漂亮。我们搬到波珑山，从山上可以眺望大海，也可以从海滨望着山顶，查拉图斯特拉[②]曾与他的蛇和鹰在山顶上沉思。我们住的别墅里有阳光普照的庭院，我慢慢又恢复了元气。当时我的经济状况堪忧，不得不马上回到阿姆斯特丹巡回表演，不过我的身体依然相当虚弱，而且心情很沮丧。

我崇拜克雷格，我将我的艺术家灵魂奉献于他。虽然我知道迟早得与他分手，但是我已经到了一种与他厮守或与他分手都活不下去的疯狂状态。想与他厮守，我势必得放弃我的艺术、我的个性，甚至是我的生命、我的理智。如果与他分手，我又会长期地意志消沉，而且时时受着忌妒的折磨，不过这种忌妒是有道理的。我脑中浮现出克雷格英姿焕发，倒在别的女人怀抱里，这些景象让我半夜心神不宁，甚至睡不着觉。我想象着克雷格对那些女人讲解他的艺术，而她们则露出爱慕的眼神；我想象着其他女人让克雷格快乐的景象：他看着她们，嘴角露出埃伦·特里式的微笑；我想象着他看上她们，一边爱抚着她们，一边自言自语："这个女人真是让我开心极了。伊莎多拉实在太讨厌了。"

脑海中的这些情境，让我一会儿愤怒，一会儿绝望。我无法工作，也无法上台跳舞。我一点也不在乎观众的喜欢了。

我知道这种情形不能继续下去，我只能在克雷格的艺术与我

---

① 中古世纪时，盛传夜晚时分死者会自坟墓中站立而舞，并引诱第一位路人加入他们的行列，最后此人亦步入死亡之途。久而久之，死亡之舞的传说变得更具体化。露天舞台剧表演、教堂和墓地的壁画将这种迷信描绘得尤其详尽。

② 查拉图斯特拉，是神话传说中古代波斯等地的宗教——袄教的创建者。

的艺术两者中选择其一。要我放弃我的艺术当然是不可能的事，我一定会因此而憔悴悔恨，而且将来一定会懊悔不已。我一定得想办法解决这件事，我想到了顺势疗法。如果我们真心期待什么，便能得到什么，我需要的解药也是如此。

有一天下午，一名男子走进了我的生命，他，帅气潇洒、彬彬有礼、青春年少、金发白肤、衣着讲究。他说："我的朋友都叫我毕姆。"

"毕姆！多么动人的名字。你是艺术家吗？"

"不，我不是！"他不承认，仿佛我在指控他罪行似的。

"那么你有伟大的思想吗？"

他回答："不，我没有。我根本就没有什么想法。"

"你至少有人生目标吧？"

"我没什么人生目标。"

"那你到底是做什么的？"

"什么也不干。"

"但是你一定得做一些事啊。"

"这个嘛，"他想了一下，回答道，"我搜集了一套18世纪的鼻烟壶。"

这就是我的灵丹妙药。

我签了一纸合约，到俄罗斯作巡回表演。这趟旅途漫长又艰辛，不止在北俄罗斯表演，也去南俄罗斯，还要到高加索地区。我有点害怕一个人的长途旅行。

"毕姆，你跟我一道去俄罗斯好吗？"

他立即答道："啊，我当然很愿意去，但是我还有母亲，我必须说服她一起去，而且还有另一个人，"——毕姆说到这儿就脸红了——"这个人深爱着我，或许她不会同意我走的。"

"我们可以秘密地走呀！"于是我们计划好，我在阿姆斯特丹作完最后一场表演之后，会有一辆汽车在门口接我们，然后把我们送到乡下。我们作了安排，让我的女仆坐特快火车帮我运行李，好让我在阿姆斯特丹的下一站拿到行李。

那天晚上相当冷，田野上笼罩着浓雾。司机不想开得太快，因为马路旁边就是运河。

他警告说："在这儿开快车很危险。"

但是这种危险与后头的追兵相比，简直算不了什么，因为这时毕姆叫着："我的天啊，她追来了！"

用不着他解释，我也知道。

毕姆又说："她可能带枪。"

我对司机说着："开快点，再快一点！"但是他置之不理，只是指了指雾中微微可见的运河中的流水，还是一脸悠闲的样子，不过他最后还是甩掉了那部紧追在后的车子。我们抵达车站，然后在旅馆前面停了下来。

当时是清晨 2 点，值班的老门房手提着灯笼，照了照我们的脸。

我们两人齐声说："一个房间。"

"你们要一个房间？不行，不行。你们结婚了吗？"

我们回答："是啊，是啊。"

他又咕哝着："啊，不是，不是。我知道你们不是夫妻，你们看起来太开心了。"尽管我们极力反对，他还是给我们一人一间房，而且故意给了我们走廊两边尽头的房间。他还故意整夜不睡，就坐在两个房间之间，把灯笼放在膝盖上，每当我或是毕姆的头往外一探，他会拿起灯笼说着："不行，不行，没结婚——门都没有——不行，不行。"

玩了整夜的捉迷藏，第二天早晨我们都有点累了。我们搭了快车到圣彼得堡，那是我空前愉快的一次旅程。

当我们抵达圣彼得堡时，搬运工从车厢上拿下 18 件行李，全标着毕姆的名字，我感到困惑不解。

我问他："这到底是怎么回事？"

毕姆回答："啊，没什么，只不过是一些行李罢了。这一箱是我的领带，这两箱是我的内衣，这几箱是我的西装，还有这几箱是我的靴子，再有这一箱装的是我特别准备的真皮背心，这在俄罗斯是非常适用的。"

欧罗巴旅馆有个宽广的楼梯，毕姆每个小时都要跑上跑下，每次穿着不同颜色的套装，打上不同的领带，见者无不啧啧称羡。他很讲究穿着，事实上他的打扮是海牙流行的典范。伟大的荷兰画家范弗莱为他画像，背景是郁金香——金色郁金香、紫色郁金香、红色郁金香。他整个人的确像春天郁金香花床那样鲜艳迷人，他的金发就像是金色郁金香花床，他的唇像是红色郁金香；当他拥抱我的时候，我仿佛置身在荷兰春天的一张万紫千红的郁金香花床上。

毕姆长得很俊美，金发蓝眼，思想单纯。他很喜欢引述王尔德说过的话："宁要片刻的快乐，不要永久的悲伤。"毕姆给我的正是短暂享乐。到目前为止，爱情带给我的是浪漫、理想与折磨。但是毕姆让我快乐，纯粹是愉快的享受。而且来得正是时候。要不是他及时伸出援手，我可能要得神经衰弱症了。毕姆的出现，为我带来新的生命、新的活力，或许这是我第一次懂得单纯的、无忧无虑的青春的快乐。什么事都能让他开怀大笑，他总喜欢蹦蹦跳跳的。我忘记哀伤，生活在快乐中，心情轻松愉快。这样的好心情，让我的舞台表演闪耀着前所未有的朝气和欢乐。

我在这个时候编了"片刻音乐"，在俄罗斯大获成功，我每晚都必须重复五六次。"片刻音乐"是毕姆的舞蹈——"短暂的欢愉"——这正是音乐的片刻永恒。

# 第二十一章

如果我把舞蹈仅仅看成是自己一人的事业，一切就会单纯许多。我已经成名，各国都竞相邀请我去表演，飞黄腾达指日可待。但是我一心挂念的是办一所学校，一所大的学校，让学生们一起舞着贝多芬的《第九交响曲》。夜晚时，每当我闭上眼睛，就看见学生们的身影在我的脑海里舞着，要我把他们变成活生生的现实。"我们就在这儿。你的指头一点，我们可能就会有生命！"（第九交响曲：《欢乐颂》）

我一直怀着普罗米修斯[①]创造的梦想，幻想着一群舞者将听着我的号令，从地底下冒出来，从天上掉下来。哎呀！这个骄傲的梦想不断引诱着我，让我接二连三发生悲剧！为什么你要这样掌控我？就像坦塔罗斯[②]的光一样，把我引向黑暗与绝望的深渊。但是灯还没熄灭呀！依然闪烁着，黑暗中的光亮最后一定会带领我到光荣的境界，美梦终会实现。我步履蹒跚，看见前面微弱飘动的亮光，我依然相信你，依然追随你——借着你的光，我将会找到这些超凡的生灵，他们心中充满和谐之爱，将会舞出全世界期待的壮丽舞蹈。

我怀抱着这些梦想，回到格吕内瓦尔德去教那一群小朋友，她们已经舞得相当美，这加深了我对一个完美和谐的舞团的信念。这个特殊的舞团是视觉飨宴，正如诉诸听觉的伟大交响乐队一样。

---

① 希腊神话中从天上盗取火种到人间的神。

② 希腊神话中因偷食诸神的食物，将自己的孩子做成食物给诸神吃，因而被罚入冥界。

我一会儿像庞贝城柱上雕刻的爱神，一会儿像多那太罗雕刻的优美三女神，一会儿又像泰坦尼娅 ① 的随从们轻灵地飞舞着。我教她们迂回环绕、分离组合，不停地转动、舞着。

　　她们一天比一天强健，一天比一天柔软灵活，她们青春的体态和面容上闪烁着灵气与圣乐的光芒。这些孩子跳起舞来美极了，让所有艺术家和诗人都赞叹不已。

　　不过学校开支越来越令我不堪重负，因此我想带她们到别的国家去，试试看能不能找到某一国的政府能够赏识这种教导孩子美的教育方式，从而给我一个机会，让我在一个比较大的范围内试验我的计划。

　　在每次表演结束的时候，我都会呼吁观众，请他们替我宣传，设法把我的发现传给其他人，借此解放以及照亮千万人的生命。

　　我越来越明白，德国没有人会援助我的学校。德国皇后的观念纯粹是清教徒式的，她去参观雕刻家工作室之前，甚至会派总管家先用布将所有裸体雕像遮起来。由于这种极端的普鲁士政权，我不可能再幻想德国是适合我舞蹈艺术的地方。于是我想到俄罗斯，因为俄罗斯观众对我的表演反应热烈，还让我赚了不少钱。我一心想着可以在圣彼得堡建一所学校，于是 1907 年 1 月，我和伊丽莎白以及我的 20 个小学生一起到了俄罗斯。不过这次试验没有成功。虽然观众热烈支持我复兴真正的舞蹈，但是皇家芭蕾舞团在俄罗斯太根深蒂固，任何变革都是不可能的。

　　我带着我的小学生参观了芭蕾舞学校孩子们的训练，这些孩子们看着我的小学生，好像笼子里的金丝雀看着在空中自由翱翔的燕子一般。但是，想在俄罗斯建一座让人能自由舞动的学校的时机还不成熟。芭蕾舞这种俄国帝制固有的俗套表现方式依然存在呀！我在俄罗斯想创办一所更伟大、更为自由地表现人类情感

---

　　① 莎士比亚《仲夏夜之梦》中众仙姬的女王。

的学校，唯一的希望就在斯坦尼斯拉夫斯基身上。可是，尽管他
竭尽全力帮我，但是他也无法安排我们在他伟大的艺术剧场里演出。

就这样，在德国和俄罗斯寻求建校援助失败后，我决定去英
国试试。1908 年夏天，我带着全班人马到了伦敦。在著名的乐团
经理舒曼和福洛曼的安排之下，我们在约克公爵的剧院演出了几
个星期。伦敦观众开心地看着我和学生们迷人的表演，但是对于
我建一所学校没有实际的援助。

当时离我第一次在新艺廊表演已经过去了 7 年。我很开心能
和老朋友哈莱 [①] 和诗人安斯利叙旧。伟大又美丽的埃伦·特里常
常到剧院来。她很喜爱这些小朋友，有一次还带她们去动物园，
使她们高兴万分。亚历山德拉皇后两次驾临包厢看了我们的表演，
还有许多的英国贵族仕女，包括后来成为里彭勋爵夫人的格雷小
姐，都常常到后台来；她们毫无贵族架子，诚心向我祝贺。

曼彻斯特女伯爵建议我去伦敦试试，她表示我可能会在那找
到赞助人。因此她邀请我们全体去她位于泰晤士河的乡间豪宅，
我们在那儿为亚历山德拉皇后与爱德华国王表演舞蹈。在英国建
校的希望曾一度让我相当振奋，但是结果又是一场空！那栋建筑、
那块土地、那笔足够让我实现宏大梦想的钱，它们到底在哪里？

一如往常，我的小朋友们的开销很大。我的银行存款再次告
罄。因此，最后我的学生们不得不回到葛林华德，同时我也和福
洛曼签了一纸合约，到美国巡回表演。

一想到要离开我的学校、伊丽莎白和克雷格，我就依依不舍。
最重要的是，我必须和我的小宝宝黛尔蒂分离，她快一岁了，金
发蓝眼，脸颊红润，非常可爱。

7 月的一天，我独自搭上一艘大船前往纽约。那时离我当初
从纽约搭运牛船到欧洲已过去了 8 年。这 8 年之间，我已经驰名

---

[①] 哈莱（1819—1895），英国钢琴家、指挥家。

欧洲，创造了自己的舞蹈艺术，办了自己的学校，也生了小孩，成绩不错。但是就经济方面来说，我并没比以前富裕多少。

福洛曼是个了不起的经理，但是他不了解我的舞蹈艺术其实并不叫座，只能打动相当有限的观众。他安排我在8月的炎炎夏日在百老汇表演，却搭配了一个很小的交响乐团，想让我演出格鲁克的《伊菲革尼亚》和贝多芬的《第七交响曲》。结果不出所料，这场表演彻底失败了。在华氏90度高温的酷热夜晚，走进剧院的观众很少，他们看得莫名其妙，大部分人根本不喜欢。来看表演的批评家并不多，而且他们写的评论又很糟糕。总的来说，我觉得回到祖国实在是一大错误。

一天晚上，我坐在化妆室里，心情十分沮丧，这时听到一个亲切悦耳的声音向我打招呼，我看见门口站着一位男士，个子不高，但是体格相当好，留着棕色卷发，满面笑容。他很自然地跟我握手，说了许多赞美我的舞蹈的话，这让我觉得发生在纽约的一切不如意有了补偿。这个人就是著名的美国雕刻家巴纳德[1]。从那一天起，他每晚都来看我的表演，也常常带着他的艺术家和诗人朋友以及其他朋友一起来，包括和蔼可亲的剧场制作人贝拉斯科、画家罗伯特·亨利和乔治·贝洛斯，还有佩西·麦凯[2]、马克斯·伊斯曼[3]——大概格林威治村[4]所有的青年革新派都来了。我还记得其中还有同住在华盛顿公园南边一栋高楼上的三位形影不离的诗人：罗宾逊、托伦斯和穆迪。

这些诗人和艺术家友善的问候与热情的捧场，大大地振奋了我的精神，弥补了我对纽约观众的艺术贫乏与冷淡的失望。

---

① 巴纳德（1863—1938），美国雕塑家，他于1917年创作大型林肯雕像。

② 麦凯（1875—1956），美国剧作家及诗人。

③ 伊斯曼（1883—1969），美国作家、出版家。

④ 格林威治村是美国纽约的一区。从19世纪起因作家、知识分子和文艺人士汇集于此而闻名。

那时，巴纳德想为我雕塑一座舞蹈的雕像，叫作《舞动的美国》。惠特曼曾写过："我听见美国在歌唱。"10月晴朗的一天，那是纽约的秋天独有的天气，我和巴纳德在他位于华盛顿高地的工作室外面的山丘上，眺望着四周的自然美景，我伸开双臂大声说："我看见美国在舞蹈。"这让巴纳德有了雕塑这座雕像的灵感。

我每个早上都会提着午餐去他的工作室，我们畅谈为美国注入艺术灵感的新规划，度过了许多欢乐时光。我记得他工作室里摆着一座年轻女孩的迷人半身像，他告诉我那是内斯比特尚未遇见哈利·梭之前，他为她做的半身像，当时她还是个天真无邪的女孩。她相当美丽，许多艺术家都深深为她着迷。

这些在工作室里的谈话和对于美的共同狂热，自然对我有所影响。我很愿意奉献我整个身心，启发他创作《舞动的美国》这座雕像的灵感。但是巴纳德谨守道德礼教，不为所动。我这种幼稚的幻想根本无法影响他对宗教的虔诚。他就像他做出来的大理石雕像一样，冷漠又严谨。我只是俗人，他却永世名存；也无怪乎我渴望能在他的天分之下，化为不朽。我整个身体的每一个细胞都渴望变成可塑的黏土，让他那雕刻家的手掌抚摸着我。

啊！巴纳德，我们将会年华老去，我们都会死的，但是我们共处的这些时光将永远存在。我是舞者，你是伟大的魔术师——你有神奇的魔力，能将这闪电的一刻化为永恒。哎呀，我的杰作，我的《舞动的美国》在哪呢？我举目仰望，遇上代表人类悲悯的目光，这是献给美国的林肯大雕像——他眉毛浓厚，双颊满是皱纹；他为人性悲悯以及崇高的殉道精神流下眼泪。而渺小的我则在这个超人与完美德行的理想之前，婆娑起舞。

但是，至少我不是莎乐美[1]，我不想取任何人的脑袋。我不

① 莎乐美要求她父王希律王砍下施洗者约翰的头，作为她跳舞的报酬。

是吸血鬼，我不要你的血，我要你的感情。"约翰，如果你不吻我"，不把你的爱情给我，我依然会以"年轻的美国"充满智慧的优雅气质，祝福你在修德养性的旅途上一路平安。这并不是与你永别，因为你的友谊是我生命中美好与神圣的怀念之一。所以或许西方的方式比东方来得高明。"约翰，我要吻你的唇，你的唇"，不要你的头摆在盘子上，因为那是吸血鬼的手段，而不是想得到你的感情的方式。"请接受我吧！""哎呀，你不愿爱我？那么我们就再见吧，但是别忘了我。当你想起我的时候，你可能会创造出伟大的作品。"

雕像《舞动的美国》有个美丽的开端，可惜并没有完成。不久之后，他的妻子突然病了，雕像工作被迫停止。我曾想成为他的杰作，但是激发巴纳德创作出美国杰作的并不是我，而是林肯。林肯雕像现在就矗立在威斯敏斯特庄严的花园前。

福洛曼发现百老汇的表演损失惨重，又试着安排在小镇的巡回表演，但是这次的巡回演出安排得更糟糕，结果比在纽约的演出失败得还要惨。最后我终于失去耐性，跑去见福洛曼。他看起来狼狈不堪，一直惦念着他赔上的大笔金钱。他说："美国人不懂你的艺术。你的艺术超乎他们的接受能力，他们永远无法理解。你最好还是回欧洲去吧。"

我本来和福洛曼签了约，不管演出是否成功，他都必须支付我六个月巡回演出的钱。然而，我觉得他伤了我的自尊，对他不能坚持理想也有所不满，所以我在他面前撕了这纸合约，告诉他："不管如何，现在你不必对我负责了。"

巴纳德不断告诉我，他以我为荣，他还说如果美国人无法赏识我的艺术，那么他简直太伤心了。我听从了他的劝告，在纽约留下来。所以我在美术大楼租了工作室，用我的蓝色布幕，铺上地毯，我继续创作一些作品，每一晚都为诗人和艺术家跳舞。

1908 年 11 月 15 日，星期天的《太阳报》上刊登了一篇文章，对于我晚上为文艺人士跳舞的情形做过如下描述：

她（伊莎多拉·邓肯）腰部以下裹着一件有着中国式绣花的衣裳。她将黑色的短发轻卷在颈背上，前面的头发自然落在脸颊两边，宛如圣母一般……她有着高挺的鼻子和灰蓝色的眼眸。许多报道她的文章都说她的体态高大匀称，犹如成功的艺术品，不过其实她只有 5.6 英尺高，体重 125 磅。

四周琥珀色的灯光已经点亮，天花板中央的黄色圆盘吊灯柔和地照着，构成完美的色彩效果。邓肯小姐出台表示歉意，说用钢琴配音太不协调。

她说："像这样的舞蹈用不着配乐，除非是像牧羊神用他从河岸砍下的芦苇奏出的音乐，或者是直笛或牧羊人的笛子吹奏出的乐声——那样的音乐就够了。其他的艺术形式，诸如绘画、雕刻、音乐、诗歌，已经将舞蹈远远地抛在后面。舞蹈实际上已成为一种失传的艺术，想将舞蹈艺术与早已走在前面的音乐艺术结合在一起，徒增困难，而且也会弄巧成拙。我贡献出我的一生，就是致力于恢复这失传的舞蹈艺术。"

当她开始演说的时候，她站在诗人朋友们身旁，而当她结束讲话的时候，她已经到了房间的另一边。简直无法知道她是怎么走到那里的，不过她这么做的时候，你会不禁想起她的朋友埃伦·特里，还有埃伦·特里那种不受空间限制的样子。

她不再是个愁容满面的女主人，反而像个有异教徒精神的人，从一块破碎的大理石上舞了进来，仿佛这是世界上再自然不过的事。或许她就像伽拉忒亚①，因为伽拉忒亚被释放时的最初瞬间，的确是手舞足蹈。她又像是披着秀发的达佛涅②，在德尔菲③森林中想逃离阿波罗的拥抱。你刚这样想，邓肯的秀发刚好垂了下来。

无怪乎她已经厌倦这些年来站在那块大理石上，娱乐那些拿着带柄望远镜的英国人，也受够了他们半信半疑的态度。因为现在从你们眼前舞过的仿佛是一列唐拉格那④的小雕像，又像是雅典巴台农神庙柱上所雕刻的长排队伍。你看见了死亡的哀伤，也目睹了生命的狂放，看起来你们是在观看他；但你真正看见的，其实是人性未受污染之前的全部活动景象。

邓肯小姐承认，她一直努力想回到过去，重新发掘那份失去已久的淳朴自然。

她说："我们现在习惯称为异教的远古时代，每一种情绪都有相对应的肢体动作。当时灵魂、身体和思绪浑然一体，和谐统一。看看那些被雕刻家所捕捉的希腊男女的魅力吧，他们并未受到大理石的劈砍凿刻——当他们开口时，你几乎能听到他们可能会对你说的话；即使他们不开口，你依然会知道他们会对你说些什么。"

她说着说着又停了下来，马上转为一个舞动的精灵，一个高擎酒杯的琥珀色小雕像，在雅典娜神殿洒上玫瑰花瓣，在爱琴海紫色波涛的浪头游泳；诗人就在旁边观

---

① 希腊神话中的海洋仙女之一。

② 希腊神话人物，为逃避阿波罗的追逐，变为月桂树，月桂树从此成为阿波罗的圣树。

③ 古希腊阿波罗神殿所在地。

④ 唐拉格那，古希腊城市，1873 年在此发掘出许多栩栩如生的陶瓷女像，为公元前四、三世纪之名作。

望着，而先知则捋着胡子，其中一人还柔声朗诵了济慈
的《赋希腊古瓷》诗中的句子：

来献祭的是谁？
……

美即是真理，真理即是美——这就是你在世上惟一
知道的一件事，也是唯一值得知道的事。

艺术杂志的编辑罗伯茨女士欣喜若狂地发表过下面一段感
言，邓肯小姐认为这是对她工作的最佳诠释：

"伊莎多拉·邓肯跳舞时，她将观众的灵魂带回数
百年之前的远古时代，回到世界初创的时代。那时伟大
的灵魂由美丽的身体自由地表现出来，动作的韵律与声
音的韵律完美对应，人体的动作与风和大海的运动协调
一致，女人手臂的姿势宛如含苞待放的玫瑰花瓣，她的
脚踏着草皮，宛如落叶飘然落地。当所有宗教、爱情和
爱国的狂热合着竖琴和铃鼓等乐器的乐音，恰切地表现
出来的时候；当男男女女以宗教狂喜的心情，在火炉前
或神的面前跳舞，或是因他们感受到体内生命的欢乐，
到森林或海边跳舞的时候，那股从精神当中释放出来，
传送到身体的灵魂冲力，必须与宇宙的韵律相互契合。"

巴纳德劝我留在美国，我庆幸听从了他的建议。因为有一天，
有个人来到我的工作室，由于他的帮助，我后来获得美国观众的
爱戴。这个人就是瓦尔特·达姆罗施[①]。他曾看过我诠释的贝多
芬《第七交响曲》，当时搭配我的表演的是一个又小又糟糕的管

---

① 瓦尔特·达姆罗施（1862—1950），侨居美国的德国作曲家、指挥家。

弦乐团。达姆罗施当时就能理解我的舞蹈，因此他明白，如果我的舞蹈搭配上他自己的优秀管弦乐团与完美的指挥，将会有了不起的效果。

我小时候学过的钢琴和管弦乐作曲的底子，总留在我的潜意识里。每当我躺下闭上眼睛时，我可以清楚地听见整个管弦乐团的音乐，仿佛他们就在我的眼前演奏一般，而每一项乐器的演奏，都以天神般的形象活动着。我常常在幻觉中听见这个幻影乐团在演奏。

达姆罗施建议我12月时在大都会歌剧院举办一连串的表演。我果断答应了。

表演结果正如他所料。首演时，福洛曼本来想订包厢的位子，却发现整个歌剧院的座位被抢订一空。这次的经验证实，不论一个艺术家有多伟大，如果没有搭配得宜的场景，即使是最伟大的艺术也会被糟蹋。杜丝当初第一次来美国巡回表演时就是如此：那时由于整个舞台设计得很糟糕，所以她表演的时候剧场里几乎空空如也，当时她觉得美国人永远不会懂得欣赏她。而当她1924年重返美国时，从纽约到旧金山都是万人空巷。原因很简单，就是这次有深具艺术眼光的莫里斯·杰斯特懂得欣赏她。

伟大的达姆罗施指挥着80人组成的交响乐团，能与他们一起巡回表演我觉得很骄傲。这次的巡回表演特别成功，因为乐团上上下下对指挥和我深具好感。的确，我觉得和达姆罗施相当有默契，当我站在舞台中央时，我体内的每一根神经仿佛与管弦乐团以及伟大的指挥连成一体，息息相通。

我简直无法形容与这个管弦乐团合作带给我的舞蹈乐趣。达姆罗施的指挥棒就在我的眼前，当指挥棒开始挥舞的时候，所有乐器合而为一的交响乐和弦也在我体内奔腾。巨大的回响冲击着我，我变成一种媒介，传达由齐格菲[1]所唤醒的布兰希塔[2]的喜悦，

---

① 瓦格纳之子，也是指挥家。

② 布兰希塔，德国古典传说故事中的女主人公。

或者是想借由死亡实现梦想的伊索尔达①的灵魂。我的舞蹈动作就像是在风中张开变大的船帆一样，把我向前向上推进。我觉得有一股巨大的力量在我体内，这股力量听着这音乐，然后我整个身体都充满这股力量，并试着找到出口释放这股力量。有时这股力量变得越来越猛烈，有时这股力量发狂、摇撼着我，我的心几乎爆裂，让我以为自己即将死去。有些时候，这股力量阴郁地酝酿着，仿佛在沉思，这又让我苦不堪言，我会高举双臂乞求苍天，但是并没得到任何帮助。我常常自忖，大家称我为舞者真是大错特错。其实我就像是磁心一样，表达出整个管弦乐团的情绪。我的灵魂当中爆发出炽热的射线，将我和震撼的乐团连成一体。

乐团里有一位长笛手，他独奏《奥菲斯》②中的《快乐的灵魂》一曲，他的演奏简直出神入化。我常常伫立在台上听着他的长笛演奏，泪流满面，因为听着他的演奏和小提琴以及整个乐团在伟大的指挥家领导之下所奏出的震撼乐音，让我心醉神迷。巴伐利亚的路易③以前常在拜罗伊特独坐，听着管弦乐团的演奏，要是他的舞蹈由这个乐队伴奏，那么他将会体验到更雀跃的心情。

达姆罗施与我默契极佳，他的每一个手势，我都能立即跳出应和的舞蹈动作。当他渐渐加强乐团的音量气势时，我的生命力马上增长，宣泄于每个舞蹈姿势；当每个音符飞扬时，我整个人也跟着律动，与他配合得天衣无缝。

有时我从舞台往下望，看见他的额头都快碰到乐谱了，这时我觉得自己的舞蹈就像是雅典娜女神诞生的样子，她全副武装从宙斯的头颅里蹦了出来。

这次的美国巡回表演可能是我一生中最快乐的日子，唯一的

---

① 中世纪欧洲传说故事中的女主人公，为瓦格纳歌剧中人物。

② 古希腊神话中的诗人和歌手，善弹竖琴，弹奏时猛兽俯首，顽石点头。

③ 巴伐利亚国王路易二世（1845—1886），他赞助日耳曼浪漫主义艺术流派，1886年被宣告精神错乱。

缺憾是，我为乡愁所苦。当我跳着《第七交响曲》时，我脑中勾勒出一幅画面，我想象学生们成年以后，可以与我同台演出，与我一起诠释这个乐章。因此我并不是完全的快乐，只视其为未来能更令我雀跃的一个希望。或许生命中并没有所谓的"完整"的快乐，只有希望而已。伊索尔达唱的情歌的最后一个音调看来是完全的，但是那意味着死亡。

我在华盛顿遇上一场风暴，有些教会的牧师以激烈的言辞攻击我的舞蹈。

后来突然发生了一件大家始料未及的事。在一场午后表演时，有一个人意外地亲临包厢观赏我的舞蹈，他不是别人，正是美国总统罗斯福。看来他很喜欢这场表演，每段表演之后他都带头鼓掌。后来他在给一位朋友的信中写道：

> "这些牧师到底认为伊莎多拉的舞蹈会对社会造成什么伤害呢？在我看来，她就像是个纯真的孩子，在晨光中舞着，采撷她的想象之花。"

许多报纸都援引了罗斯福的这段话，让那些传教士大为羞愧，所以他们后来鼎力相助，协助我们的演出事宜。其实，整个巡回表演让我很开心，也弥足珍贵。达姆罗施是我见过的最和善的指挥家，也是可爱的伙伴，他是个地地道道的艺术家。他休闲放松的时候，会享用一顿丰盛的晚餐，然后弹好几个小时的钢琴；他从不疲倦，永远是那么和蔼可亲，跟他相处真是轻松愉快。

我们回到纽约时，很高兴地接到了银行的通知，知道我的户头又有了一笔相当可观的存款。要不是心里对孩子和学校牵肠挂肚，让我归心似箭，我可能永远不会离开美国。某一天早晨，我终于离开了纽约的这群朋友——罗伯茨夫妇、诗人朋友、艺术家朋友——回到欧洲去了。

# 第二十二章

　　伊丽莎白带着学校里的 20 个学生和我的宝宝，到巴黎与我会合。可以想见我有多么高兴！我已经六个月没看到宝宝了！当她一见到我的时候，脸上露出奇怪的表情，然后哭了起来。当然我也哭了。能再次将她抱在怀里，这多么奇妙啊。还有我其他的孩子——我的学生们，她们都长得好高了。这是一次美妙的重逢，我们整个下午都在一起跳舞歌唱，好不快活。

　　著名艺术家吕涅·波[①]为我安排了这次的巴黎演出事宜，他还将杜丝、德丝普蕾和易卜生等人都请到巴黎来。他认为我的舞蹈必须有良好的陪衬，因此为我安排了快乐剧院与科洛纳[②]指挥的科洛纳管弦乐团一起表演。我们的表演轰动了全巴黎。诗人拉弗丹、米勒和雷尼耶[③]等人，都很热心地为我写了肯定的评论。

　　巴黎满面春风地迎接我们。

　　我的每一场表演都来了许多文艺界的精英分子。我的梦想似乎越来越近了，我梦想中的那所学校似乎近在咫尺。

　　我在丹顿路五号租了两层大公寓，我住一楼，学生们和那些女管家住二楼。

　　有一天，在日场快要开演之前，我受到了很大的惊吓。我的

---

　　① 吕涅·波（1869—1940），法国演员。曾经营著名的"作品剧院"，上演易卜生、斯特林堡与王尔德等人的作品。

　　② 科洛纳（1838—1910），法国指挥家、小提琴家。

　　③ 雷尼耶（1864—1936），20 世纪初法国重要的诗人。出身于古老的诺曼底家庭，曾当选法兰西学院院士。

宝宝忽然呛到，咳嗽不止。我担心这可能是可怕的喉头炎，于是叫了一辆出租车，跑遍了巴黎，想找一位未出诊的医师，最后终于找到一位著名的小儿科医师。他很热心，和我一起回家，看了孩子之后，他很快就让我放心，说这不是严重的病，只是小咳嗽而已。

我因此晚了半小时才抵达剧院，此时科洛纳正用一些音乐在撑场面。那天下午跳舞的时候，我总是由于忧惧而战栗。我当然很爱我的孩子，如果她出了意外，我也活不下去了。

母爱真是强烈、自私又狂热。我不认为母爱非常值得钦佩，如果能爱所有的孩子的话，那才无比值得钦佩。

黛尔蒂现在可以跑来跑去、蹦蹦跳跳了。她特别可爱，简直是小一号的埃伦·特里；不过，这恐怕是因为我很思念埃伦，又极为欣赏她的缘故。将来人类高度发展了，所有的妈妈在生产前都应该待在一个安全的地方，周围应该是雕像、画作和音乐。

当时巴黎的盛事就是布利森舞会，所有巴黎的艺术家和文人都接到了邀请。每一个参加的人必须扮演不同的角色，我打扮成欧里庇得斯笔下的酒神身边的狂欢女，我发现莫奈—苏利刚好穿希腊式的袍子扮酒神，我整晚与他共舞；或者说，至少我围着他跳舞，因为伟大的莫奈看不起现代舞步。后来竟然有谣传说我们的行为不堪入目，但是这纯粹是冤枉，我只是用跳舞逗这位伟大的艺术家开心而已。我这种美国人的纯真举动，那一晚竟然会让巴黎人那么震惊，这太令人奇怪了。

最近的心电感应研究证实，人的脑波可以经由空气中一些频率相通的共振通道抵达目的地，有时甚至连发出脑电波的人都不知不觉。

我几乎快破产了。仅以我的收入，已不能支付学生人数越来越多之后学校的所有开销。我用自己赚的钱，照顾教育了40个孩子，德国有20个，法国也有20个；此外，还得资助别的人。

有一天，我和姐姐伊丽莎白开玩笑地说："这样下去不行！我的银行存款都透支了。如果我们不想停办学校的话，我们一定得找个金龟婿。"

说完这个愿望之后，这个愿望便缠住我不放。

"我一定得找个金龟婿！"我成天讲着这样的话，开始是开玩笑，说久了却真心希望能美梦成真。

有一天早上，在快乐剧院作了一场特别成功的表演之后，我回到休息室，坐在镜子前面。我还记得为了下午的表演，用卷发纸把头发卷上，发卷外又戴着一顶小蕾丝帽。我的女仆拿了一张访客的名片进来，名片上印着一个显赫的名字，我的脑中突然响起一个声音："他就是我的金龟婿！"

"请他进来！"

他，个子高高的，一头金色卷发，留着胡子。我马上想到他的名字：洛翰葛林。"谁想当我的骑士？"他的声音极为迷人，但他似乎有些害羞。我心想："他就像个戴假胡子的大男孩一样。"

他对我说："你不认识我，但是我常常为你美妙的舞蹈艺术鼓掌。"

这时，我产生了一个奇异的感觉，好像以前遇到过这个人。在哪儿看到过他呢？我还记得波利涅王子的葬礼，就像在梦中一般：当时我还是个小姑娘时，哭得很伤心，那是我第一次参加法国葬礼，王子的亲属就站在教堂走道两侧。有人把我向前推，他们低声用法文说："你得去握手呀！"我失去了一个亲爱的朋友，感到相当悲恸，伸出手与王子的亲戚们一一握手。我记得当时突然凝视着其中一人的眼睛，那个人就是我眼前的这个高个子的男子。

所以，我们的初次相遇是在教堂里的一个棺木旁，那可真不是幸福的预兆呀！不管怎样，从那一刻起，我心里明白这个人就是我的金龟婿，这就是我传送出去的脑波找到的人。不管未来的命运如何，反正我见到他是早就注定了的。

他说："我很钦佩你的艺术，还有你对于理想中的学校的那份坚持。我就是来帮助你的。我能做些什么呢？比方说，不知道你愿不愿意和这些跳舞的孩子一起到地中海里维耶拉海边的乡村小别墅住，并且在那里创作新的舞蹈？你不必担心开支，全部由我负责。你已经干了一件了不起的工作，你一定累了，现在让我为你扛起这个重担吧。"

不到一星期，我所有的小朋友们就都坐在头等车厢里，向大海和阳光奔去。洛翰葛林在车站等我们，他满面春风，穿着一身白色的衣裳。他带我们到海边的一栋漂亮的别墅里，在大阳台上，他指给我们看他白色的游艇。

他说："那艘船的名字是艾莉希亚号，不过或许现在我们应该将她改名为艾莉丝。"

孩子们穿着轻飘飘的蓝色图尼克，在橙树下跳着舞，她们手捧着花朵和果子。洛翰葛林很疼孩子，将她们每一个都照顾得无微不至。他对她们的热忱，让我除了对他原有的感激之外，还多了一份信任。与他朝夕相处，这样的信任愈来愈深，变成另一种更强烈的情感。不过，当时我只视他为我的骑士，因此对他敬而远之，以近乎宗教的方式崇拜他。

我和那些孩子住在博略的一栋乡村别墅，而洛翰葛林则住在尼斯的豪华饭店。他有时会邀我一起用餐，我记得一次我穿着朴素的希腊图尼克出席，当时我觉得很窘，因为餐桌上还有另一位女士，她穿着五光十色的礼服，满身珠光宝气。我马上就明白了，这个女人是我的仇敌，她让我感到非常不安。后来果然证实，我的这一想法绝非多虑。

有一天晚上，洛翰葛林相当慷慨地邀请了很多人去参加一场盛大的狂欢舞会。他为大家准备了哑剧演员的面具和戏服，戏服是用飘逸的缎子做的。那是我第一次穿这种衣服，也是我第一次参加假面舞会。这真是一次狂欢节，不过，我心中却有着挥之不去的不祥预感。那位钻石女士也拿到一套舞会的服装来参加舞会，我见到她时，心里便很痛苦。但是，我记得后来还和她一起跳舞，玩得很高兴——爱恨真是如此近似——直到舞会的男管家过来拍拍我们的肩膀，告诉我们不可同性共舞。

在我们狂欢作乐的时候，突然有一个电话找我。有个人从博略的别墅打电话来告诉我，说学校里的一个叫艾莉卡的孩子突然得了严重的喉头炎，恐怕有生命危险。我放下电话，冲向晚餐桌，洛翰葛林正在餐桌上逗他的宾客们开心。我要他快点过来打电话找医生。就在小小的电话间，因为一个和我们都很亲近的孩子发生这样的事，我们两人之间的堤防崩溃了，于是我们第一次吻了彼此。但是洛翰葛林的车子就在门口，我们一刻也没耽搁，两个人穿着戏服就去接医生，然后直奔博略。我们发现艾莉卡呼吸困难，脸憋得发紫。医生开始医治她，我们两个怪模怪样的人就守在床边，等着医生诊断的结果。两个小时之后，窗边开始出现一线曙光，医生告诉我们孩子已经脱险。我们流着眼泪，脸上的妆都花了，洛翰葛林将我拥在怀里，对我说："亲爱的，勇敢些！我们回到舞会去招呼客人吧。"一路上，他紧抱着我，说："我的挚爱，如果我们只能拥有今晚这些美好的回忆，我也要永远爱你。"

在化装舞会上，快乐的时光飞逝，绝大多数人都没注意到我们刚刚离开了一阵子。

不过，其中有个人可是认真计算着我们离去的时间。那位钻石女士看到我们离去时，露出忌妒的眼神；当我们回来时，她从餐桌上抓了一把刀子，扑向洛翰葛林。幸好，他及时发现她居心不良，迅速抓着她的手腕，并将它高高举起，他以这种聪明的方法将她带到女宾休息室，让其他宾客以为这件事只是狂欢舞会事先安排好的一个节目。他将她交给仆役，只简单地跟他们说，她有点歇斯底里，看来她得喝点水！然后若无其事地回到舞会，兴致看来还特别高昂。的确，从那一刻起，整个舞会的气氛更加欢乐，直到早上5点达到了顶点。我和马克斯·狄尔立大跳探戈，我借着探戈宣泄了那一晚狂野又矛盾的情绪。

太阳升起，舞会结束了，那位钻石女士独自回饭店，而洛翰葛林则留下来同我在一起。他对孩子们慷慨大方，为小艾莉卡生病而真挚担忧。他所做的这一切已经赢得了我的爱。

第二天早晨，他提议我们开船出去玩，那艘船已经改名了。我委托管家照料学校，带着我的小女儿一起出海，直奔意大利。

金钱会带来灾祸，有钱的人也快乐不久。

如果我早知道跟我在一起的这个男人心理状态像个被宠坏的小孩，如果我早知道我的言行举止都必须顺他的意，那事情就不会变成这样。但是我当时太年轻也太天真，不懂得这些。我对他大谈柏拉图的《理想国》、马克思的思想以及世界大改造等等，我一点也不知道自己的话会造成多大的恶果。这个男人口口声声说他爱我的勇敢与慷慨，但是当他发现他带到自己船上的人竟是个狂热的人时，他变得越发不安。他逐渐意识到，他的平和心智无法接受我的理想。但是有一天发生了一件最糟糕的事，他问我最喜欢哪首诗。我高高兴兴地把我的床头书拿来，为他朗诵惠特曼的《大路之歌》①。我太过沉醉，完全没注意到这首诗对他起了什么作用。当我抬头看着他时，很惊讶地发现他一脸怒气，俊美的脸庞都变了形。

"什么乱七八糟的！"他大叫着，"这个人绝对养不活自己的！"

"难道你看不出来，"我对他大叫，"他憧憬着自由美国？"

"去他的远见！"

突然之间，我明白了他对美国的向往只是那数十家为他赚大

---

① 《大路之歌》是惠特曼的一首长诗，共15段，鼓励人们为伟大的目标而斗争、前进。

钱的工厂。但是女人真是奇怪，吵完了，我依然投进他的怀抱，沉醉在他粗野的爱抚之下。我还自我安慰，认为他很快就会张开双眼，看清一切，然后他会帮助我为民众的孩子设立那所伟大的学校。

在这期间，那艘大游艇就在蓝色的地中海中航行。

这些回忆历历在目，恍若隔夕：游艇上宽广的甲板，午餐桌上摆着水晶餐盘与银器餐具，黛尔蒂穿着白色图尼克到处舞着，当然我也沉醉在令人心旷神怡的爱河中。然而我一直觉得很不舒服的是，伙夫在机房里添加燃料，船上共有50名船员、船长和大副，这么大的开销仅仅是为了两个人的快乐。潜意识里，这段日子我过得很不舒服，每一天都是我舞蹈工作的损失。有时候，我会不恰当地将现在的这种豪奢的生活和终日宴乐、将自己沉溺在享乐之中而毫不在乎的情景，同我早年的痛苦挣扎做比较。然后我的身心会很快地爽朗，犹如黎明渐渐融化在正午的炽热炫目的光芒之中。我的圣杯武士洛翰葛林，也来一起分享这个伟大的感受吧！

我们在意大利的庞贝城停留了一天，洛翰葛林很罗曼蒂克地想看我在月光下在贝斯登神庙跳舞。他干脆雇了那不勒斯的一个小型管弦乐团，并且安排他们先到神庙等我们。但是那一天碰巧有夏日暴雨，一连两天大雨倾盆，游艇根本无法驶离港口，当我们终于抵达贝斯登神庙时，我们发现管弦乐团的人已经全身被淋透了，看起来非常狼狈，他们坐在神庙的台阶上，足足等了24个小时。

洛翰葛林叫人送来几打葡萄酒，还有一只烤羔羊，我们按照阿拉伯人的方式用手拿着羊肉吃。管弦乐团的人饥肠辘辘，吃喝过量，而且他们早已等得疲惫不堪，无法演奏。当天空又开始飘起毛毛雨时，我们都上了游艇，驶往那不勒斯。管弦乐团的人自告奋勇，要在甲板上为我们演奏。但是当船开始颠簸时，他们一个个脸色发青，只能回到船舱去了……

于是，月光下在贝斯登神庙跳舞的浪漫想法就这样完结了！

洛翰葛林想继续在地中海航行，但是我想起在俄罗斯有个合约，尽管很难拒绝洛翰葛林，但是我依然婉拒他的恳求，决定遵守合同。洛翰葛林送我回巴黎。他本来想和我一起到俄罗斯，但是又怕搞不到护照，因此打消了这个念头。他在我的车厢内摆满了花，我们依依不舍地道别。

与情人分离时，虽然我们可能因哀伤而柔肠寸断，但是同时我们却也觉得有一种解脱的奇怪感觉。

俄罗斯的巡回表演和往常一样相当成功，但是这期间发生了一件可能导致悲剧，不过后来以喜剧收场的事。有一天下午克雷格来看我，我几乎相信一切都不重要了——学校、洛翰葛林或别的事，再次见到克雷格这件事带给我的喜悦才是最重要的。但是我这个人的个性就是对伴侣忠贞。

克雷格情绪很高，他正为斯坦尼斯拉夫斯基的艺术剧院创作哈姆雷特的布景。那个剧院里的所有女演员都爱他，男演员也喜欢他，因为他长得俊俏，和蔼可亲，精力充沛。他不时对他们大谈剧场艺术，他们也竭力地理解他所有的想法。

当我看见他的时候，感到他依旧是那么迷人，那么有魅力。如果我当时不是带着一位可爱的女秘书，事情恐怕是另一种结局了。在我们就要动身去基辅的最后一天晚上，我设便宴招待斯坦尼斯拉夫斯基、克雷格和我的女秘书。席间，克雷格问我是否打算留下来同他在一起，由于无法立刻回答，他又像过去那样大发脾气，一把把我的女秘书从椅子上抱起来，带到另一个房间，把门锁上了。斯坦尼斯拉夫斯基当时吓得要死，竭力劝说克雷格把门打开。当他看到劝说无效时，我们只好赶到火车站去，但是火车已经在 10 分钟之前开走了。

我和斯坦尼斯拉夫斯基回到他的寓所，都感到沮丧，没精打采地谈了谈现代艺术，想把克雷格这桩事岔开，可是我看得出斯坦尼斯拉夫斯基对克雷格的这种行径感到很苦恼、很震惊。

第二天我乘火车去基辅。几天后我们回到巴黎，洛翰葛林就在那儿迎接我们。

洛翰葛林在伏日广场有一栋奇怪又阴暗的公寓。把我带到那里，躺在路易十四时代的床上，吻抱爱抚着我。那是我第一次知道神经与感官可以有怎样的转化。我似乎以一种以前从未体验过的崭新又令人振奋的方式获得了新的生命。

他就像宙斯一样，幻化为各种形体，时而是金牛，时而是天鹅，然后又变成金雨，这股爱意似乎让我漂浮在波浪之上，被白色双翼温柔地爱抚着，在金云中被诱惑、被掏空。

那时我也逐渐知道巴黎所有上等的餐厅，所有餐厅的侍者都对洛翰葛林弯腰屈膝，仿佛他就是国王。所有餐厅经理争相取悦他，这也难怪，因为他就像贵族一样，花钱如流水。我也是第一次知道不同的鸡肉烹调方式所形成的口感差异，还有圃鸫、松露和蘑菇味道的差异。实际上，我舌头上的味觉神经已经苏醒，我开始懂得看葡萄酒的制造年份，我也知道哪一年酿的酒以及哪种原装的酒是品酒的最佳选择；此外我还懂得了许多以前忽视了的东西。

这时是我有生以来第一次走进最时髦的时装店，我深深被这些服装的材质、多彩的颜色、多变的样式，甚至还有各种帽子吸引住而不可自拔。我以前总是穿一件小小的白色图尼克，冬天就穿羊毛料子，夏天则穿亚麻料子；现在我居然开始订购这些漂亮礼服并穿戴起来。不过我倒是有个借口，那位裁缝师与众不同，简直是天才的保罗·普瓦雷①，他装扮女人的方式就像是创造一件艺术品。然而这对我而言，是一种从神圣艺术到世俗艺术的转变。

---

① 普瓦雷（1879—1944），第一次世界大战前巴黎最时髦的女装设计师。

所有这些可喜之事都有另一面，我们好些日子都在谈论命中注定的病症——神经衰弱症。

在一个美好的清晨，我和洛翰葛林到布隆森林散步时，我在他脸上看到一种恍惚而悲伤的表情（我及时觉察到并开始担心他这种表情）。当我问他原因时，他回答说："我母亲躺在棺木里的表情无所不在，不管我到了哪里，都看见她那张脸。如果一切到头来只是死亡，那么活着有什么意义？"

由此我意识到，富有与奢华都不会使人满足、快乐！有钱人反而很难在生命中做出有意义的事业。我总是看见有那么一艘船在港里，引诱我到蔚蓝的海洋上遨游。

# 第二十三章

我们乘着游艇，在布列塔尼海岸度过那年夏天。船常摇晃得厉害，我不得不下船，在海岸公路上乘坐汽车跟着游艇走。洛翰葛林坚持留在船上，但是他并不是个优秀的船员，经常晕船，脸色铁青。这就是有钱人的乐趣！

9月，我带着宝宝和保姆到威尼斯。我几个星期就只和她们在一起。有一天我去圣马可大教堂，独自坐在那里，凝视着蓝色与金色的圆顶。忽然，我仿佛看见一个小男孩的脸庞，但他像一个小天使：大大的蓝眼珠，一头金发。

我去海水浴场，坐在那里，小黛尔蒂在沙滩上玩耍，我一连数日陷入沉思。我在圣马可大教堂幻觉的情景，使我的心情充满喜乐与不安。我爱过，但是我知道男人所谓的爱不过是朝三暮四以及自私的任性而已；为了所谓的爱，我的艺术却必须做一些牺牲，甚至它对我的艺术造成了致命的伤害。于是我无限缅怀我的艺术、我的工作、我的学校。如此一来，这个在我艺术之梦旁边的生命，实在是个累赘。

我相信每个生命都有一条精神线，一条往上的曲线；而依附并强化这条线的，是我们的真实生命，其他的只是当我们的灵魂往前进时，从我们身上脱落的无关紧要的碎屑。这样的精神线就是我的艺术。推动我生命的两件事是爱与艺术——爱常常摧毁艺术，而艺术迫切的要求，也常常给爱带来悲剧性的结果。两者不能协调，总是常常彼此搏斗。

由于我处于这种六神无主和苦恼的状态，于是我到米兰去找一位医生朋友，我将我的问题告诉他。

"咳，真是荒唐！"他大声说着，"你是个独特的艺术家，却想再度从这个世界上夺走你的艺术，这绝对不行。请你一定要听我的劝，不要这么做。"

听了他的话，我心里还是痛苦不堪，犹豫不决。一会儿内心满是反感，想到我的身体将再度变形，而我的身体是我的艺术工具；一会儿又为幻觉中那个小天使的脸蛋和我儿子的形象所折磨。

我请我的朋友离开一小时，让我考虑清楚。我还记得那家饭店的卧室——一间颇为阴暗的房间——我忽然看见一幅画，一个穿着奇怪的18世纪礼服的女人，她美丽而无情的双眼直视着我。我目不转睛地盯着她，她的眼睛似乎在嘲笑我。"不管你的决定是什么，"她似乎说着，"结果其实是一样的。看看我以前曾经如此光彩照人，可死亡吞噬了一切——一切——你干吗要受这个罪，将一个生命带来世上，只为了让这个生命被死亡吞噬？"

她的双眼变得更加残酷，更加阴沉，而我则更加苦恼。我用双手遮住眼睛，不想再看到她。我努力思考，想做出决定。我泪眼婆娑，苦苦哀求，但是她的双眼似乎不为所动，对我毫无怜悯，只是不停地嘲笑我。不论生死，可怜的人啊，你永远陷入这残酷的陷阱之中。

我终于站了起来，对着那双眼睛说："不，你们难不住我。我相信生命，相信爱情，相信自然法则的圣洁。"

这是我的幻想，还是这双冷酷无情的双眼真的闪过一丝可怕嘲弄的微笑？

当我的朋友回来时，我把决定告诉了他，从此以后，没有什么能让我改变心意。

我回到威尼斯，手里抱着黛尔蒂，对她轻声说："你将会有一个小弟弟。"

"啊，"黛尔蒂笑着，高兴地拍手，"真好，真好。"

我传了电报给洛翰葛林之后，他立刻赶来威尼斯。他似乎相当开心，充满喜悦、爱意与温柔。那该死的神经衰弱症在这一段时间完全消失了。

我与瓦尔特·达姆罗施签了第二纸合约，10月时搭船到了美国。

洛翰葛林以前从没来过美国，因此非常高兴，因为他有美国血统。他住的当然是船上最大的套房，我们每天拿到特别印制的菜单，就像皇室贵族出游一般。与百万富翁出外旅行确实省事，我们住的饭店房间富丽堂皇，里面的仆役见了我们都闪避左右，向我们鞠躬致敬。

我相信美国有某种法律规定，不允许情人携手出游。可怜的高尔基与他17岁的情妇被到处追查，受尽折磨。不过，如果是有钱人的话，可以很快摆平这些小麻烦。

美国的巡回表演令人雀跃，相当成功，而且赚了不少钱。直到1月的某一天，一位很紧张的女士来到化妆室对我说："亲爱的邓肯小姐，我们在前排看你隆起的肚子真是一清二楚。你不能再继续这样跳了。"

我回答她："啊，亲爱的女士，这就是我的舞蹈要表达的含义——爱情——女人——形态——春天。你知道波提切利画作《丰饶的土地》中那三位舞动的优美三女神在期待新生命，圣母还有和风也在期待新生命吗？万物都在闪闪而动，期待春天即将到来的新生命。这就是我的舞蹈要表达的意境。"

听我这么说，那位女士还是莫名其妙。不过我们认为，最好还是暂停美国的巡回表演，回到欧洲去，因为我肚子越来越大了。

我很高兴奥古斯丁和他的小女儿与我们一起回欧洲。他已经与妻子分居，我想这趟旅程能让他暂时解除一些烦闷。

"你想不想整个冬天乘着大游艇在尼罗河上，远离这里灰暗阴沉的天空，奔向阳光灿烂的地方，去参观底比斯、登德勒那些你一直想去看的地方？游艇已经准备好载我们去亚历山大港，那艘大游艇上有 30 个当地水手，一名头等厨师；船上有好多房间，浴室里还有浴缸可以泡澡。"

"啊！可是我的学校，我的工作……"

"你姐姐伊丽莎白将学校管理得很好；而你还年轻，未来有足够的时间可以工作。"

于是，我们在那个冬天便航行在尼罗河上，像做了一场幸福美梦。但是神经衰弱症这个恶魔不时出现，就像是一只挡住阳光的黑手。

大游艇缓缓驶在尼罗河上，我们的心也回到了一千、两千、五千年前；穿过历史迷雾，直达永恒之门。

这次旅程对我来说简直是平静而美妙极了，况且我还期待着一个新生命的诞生。看完古代埃及国王的神庙，再穿过金色沙漠，来到法老王陵寝深奥的神秘之中。我腹中的这个小生命似乎隐约猜测到这是一个走到黑暗与死亡之地的旅程。一个月夜，在登德勒神庙，我似乎觉得埃及爱神残缺的脸上的双眼像是被催眠了一般，在整个神庙里来回观望，然后将目光对着我未出世的孩子。

最奇妙的是"死亡谷"；还有，我觉得最特别的是那个尚未登基即夭折的小王子的坟墓。那样年幼就夭折了——几个世纪以来一直是个死去的孩子——6000 年来，他一直躺在那儿。但是，假如他活着的话现在就 6000 岁了！

关于那次埃及之旅，我还记得什么呢？紫色日出，红色日落，金色沙漠与神庙。我还记得待在神庙的庭院，想着法老王的生活，梦想着我即将诞生的孩子。走在埃及河岸边的农妇，她们美丽的头上顶着瓶子，巨大的身躯在黑色长袍下扭动。黛尔蒂小小的身影在甲板上跳着舞，走在底比斯古老的街道上，抬头看那些残损的古老神像。

当看到狮身人面像时，她说："啊，妈妈，这个娃娃不太漂亮，可挺神气呐！"

当时她刚刚学会说一些简单的词儿。

这个在永恒神庙前的小家伙——在法老王陵寝里的那个小王子、国王谷、沙漠商旅，还有将沙子从山洞吹过沙漠的风，他们将往何处去？

埃及的日出很早，清晨4点就烈日炎炎。之后就无法再入眠，因为大家到尼罗河取水的声音不断。然后一长列工人在岸边汲水、耕田、赶骆驼，一直忙到太阳落山，宛如一幅生动活泼的壁画。

大游艇在水手的歌声中缓缓前进，水手们古铜色的身体随着划桨的动作一起一伏。我们悠闲地看着，像观众一样欣赏着一切。

夜晚真美。我们带了一架史坦威钢琴在船上，还有一位很有天分的英国钢琴师，他每晚为我们演奏巴赫与贝多芬的曲子，他弹奏的庄严音乐与周围环境和埃及神庙非常协调。

几个星期后我们抵达哈尔法溪，穿过努比亚。那一段尼罗河相当窄，一伸手就能够着两岸。到了这里，船上的男人都去了喀土穆①，我和黛尔蒂单独待在船上，度过了一生中最安静的两个星期。我待在一个美好的国度，烦恼与麻烦在此微不足道。我们的船似乎被各个时代的节奏摇晃着。如果经济上允许的话，搭乘设备完善的大游艇徜徉在尼罗河上，是世上最好的疗养方法。

埃及对我们而言是梦幻之地，对农民而言则是劳动之地，但是我认为这里是唯一可以用美丽来形容劳动的一个地方。这些农民以扁豆汤和没发酵的面包为主食，他们的身体美丽又柔软，不论他们在田间弯腰劳动，或是从尼罗河汲水，都好像是雕刻家最满意的古铜色模特儿。

我们回到法国，在法兰西村上岸，洛翰葛林在博略租了一栋大公寓，公寓的层层平台还有庭院缓缓向海面倾斜。洛翰葛林性

---

① 喀土穆，苏丹首都。

子急，他开心地在佛列特买地，想在那里建一座意大利式城堡。

我们搭汽车去看亚维侬的塔楼和卡卡森的城墙，都是为了给这座城堡找个模型。有一座城堡现在就矗立在佛列特，可惜就像他其他的幻梦一样，这座城堡一直没有完成。

当时他常常坐立不安，有点反常。不是忙着赶去佛列特买地，就是在星期一搭快速火车到巴黎，星期三又赶回来。我则是平静地待在湛蓝的海边，沉思着把生活与艺术分开来的奇怪的界限。我也常常好奇地想着，女人是否能当真正的艺术家，因为艺术是个严格的主人，不容艺术家分心。而女人一旦有了爱，便会舍弃生命的一切。总之，我现在是第二次完全与我的艺术分开。

5月1日早晨，海水湛蓝，阳光灿烂，万物欣欣向荣，我的儿子就在这时出世。

聪明的波森医生不像上次诺德威克的乡下庸医，他知道如何使用恰如其分的吗啡来减轻分娩的痛苦，因此这第二次生产的经验与第一次大不相同。

黛尔蒂来到我的房间，她美丽的小脸蛋有着母性的早熟。

"啊，妈妈，多可爱的小男孩。你不必担心他，我会抱着他，一直照顾他。"

当她死了以后，我又想起她说过的这些话，当时她就是用自己的小手臂抱着他。既然上帝——如果他真的存在的话——对一切无动于衷，为何人要祈求上帝？

就这样，我再一次抱着宝宝躺在海边，只是这里不是强风吹袭的狭小的白色的"玛丽亚小筑"，而是一栋富丽堂皇的大宅院；这里不是阴沉不平静的北海，而是蔚蓝的地中海。

# 第二十四章

当我回到巴黎时，洛翰葛林问我要不要宴请我所有的朋友，他要我开一个节目单，并且让我全权处理节目安排。在我看来，有钱人从来都不知道该如何自娱，他们的晚宴与门房家里办的普通宴会没有多大区别。我总是想着，如果我有足够的钱，那么我可以办一场别开生面的宴会。于是我就照这种想法去准备了。

我邀请所有宾客下午4点抵达凡尔赛，我在那儿的公园搭了大帐篷，里面摆满各式茶点，包括鱼子酱、香槟、茶和蛋糕等等。然后，由指挥家皮尔内①指挥科洛纳管弦乐团，为我们表演瓦格纳的作品。我还记得在那个美丽夏日午后的树荫下，歌剧《齐格菲》当中的《牧歌》何等美妙；而正当日落之际，《齐格菲》的《葬礼进行曲》庄严哀戚地响起。

音乐会之后，我为宾客准备了丰盛的宴会，让他们尽情享受。我准备了各式珍馐佳肴，宴会一直持续到半夜，这时我们点上灯，然后大家随着维也纳管弦乐团的音乐婆娑起舞，直到将近天明。

如果有钱人想用钱来让他的朋友们开心的话，我认为就该这么办。巴黎所有的精英与艺术家都来参加这次宴会并相当满意。

不过奇怪的是，虽然我安排这次宴会是为了让洛翰葛林高兴，而且花了他5万法郎（战前的法郎），但是他却未出席。

在宴会开始前的一个小时，我收到一份电报，上面写着洛翰葛林生了重病，来不了了，但是他要我继续接待宾客。

无怪乎我想成为共产主义者，因为我常认为有钱人想找到快

---

① 皮尔内（1863—1937），法国作曲家、风琴家及指挥家。

乐，就像西西弗斯①在地狱里想将石头推到山顶一样，只是徒劳。

　　就在那个夏天，洛翰葛林心血来潮地认为我们应该结婚，虽然我对他说我一向不赞成结婚。

　　"艺术家结婚是多么愚蠢，"我说，"而且我必须在世界各地巡回表演，你总不会想一辈子都待在包厢里看我表演吧？"

　　"假如我们结婚的话，你可以不必再到处表演。"他回答。

　　"那我们干什么呢？"

　　"我们可以住在我伦敦的家，或者可以待在我的乡间别墅里。"

　　"然后我们又该干什么呢？"

　　洛翰葛林提议我们可以试试三个月这样的日子。

　　"你一定会喜欢的。"

　　因此，我们那个夏天去了德文郡，他在那有一座城堡，城堡是仿照凡尔赛宫与小特里安龙宫而建，里面有许多间卧房、浴室和套房，全归我支配。车库里有14辆汽车，港口还停着一艘游艇。但是我可不指望天会放晴。英国夏季整天下雨，不过英国人似乎毫不在乎。他们一早起床吃早餐，早餐包括蛋、培根、火腿、腰子和粥。然后披上雨衣，走到潮湿的乡间。到了午餐的时候，他们会吃许多道菜，最后吃德文郡的奶油甜点。

　　从午餐时间到下午5点，据说是忙于处理书信，不过我相信他们其实是去午睡了。5点的时候，他们下楼来吃茶点，有各种蛋糕、面包、奶油、茶和果酱。吃完茶点，他们假装打桥牌，直到一天最重要的时刻来临——整装吃晚餐。他们出席晚宴时穿着整套的晚礼服，女士们袒胸露肩，男士们则穿着浆得笔挺的衬衫，入席把20道菜都吃光。吃完晚餐之后，他们开始聊着轻松的政治话题，或者随便聊聊哲学，一直到告退去睡觉。

――――――――――
　　① 西西弗斯受众神处罚，必须在地狱将一块巨石推上山丘，但是石头会一再滚落，因此总是徒劳无功。

你可以想象我是否喜欢这种生活。过了几个星期之后，我实在是绝望了。

在这个城堡里有一个大舞厅，里面挂着戈布兰挂毯①，还有大卫画的拿破仑加冕图。大卫似乎画了两幅这样的画，一幅挂在卢浮宫，另一幅就挂在德文郡洛翰葛林城堡的舞厅里。

洛翰葛林发现我一天比一天绝望，他对我说："你何不再开始跳舞，就在这个舞厅里跳？"

我看看戈布兰挂毯以及大卫的画作，说道：

"我怎么能看着这些装饰，踩在打过蜡的油光光的地板上，跳着我简洁的舞步？"

"要是仅仅是这些东西妨碍你，"他说，"那么就派人将你的布幕与地毯送过来吧。"

因此我差人将我的布幕运过来，悬挂在挂毯上，然后我将地毯铺在打过蜡的地板上。

"可我得有一架钢琴伴奏。"

"那就请一位钢琴师。"洛翰葛林说。

因此我拍电报给科洛纳："在英格兰，需工作，派钢琴师来。"

科洛纳管弦乐团里有一位首席小提琴家，相貌奇特，体态不好看，大大的头还摇摇晃晃的。这位首席小提琴家也擅长弹钢琴，科洛纳把他派来了。但是我很讨厌这个人，因此一看到他或碰到他的手就想作呕。我拜托科洛纳别带他来。科洛纳告诉过我，这个人很崇拜我，但是我告诉他，我无法克制自己不讨厌那个人。有一晚科洛纳生病了，无法在快乐剧院为我指挥，因此他派了这个人来代替他。我气极了，说："如果是他来指挥的话，我无法跳舞。"

他来化妆室看我，眼泪汪汪地瞧着我说："伊莎多拉，我仰

---

① 戈布兰家族是法国的染织师家族，所织挂毯闻名于世。

慕你，就让我指挥一次吧。"

我态度冷淡地看着他。

"不，我必须说清楚，我看了你的样子就讨厌。"

听我这么说，他失声痛哭起来。

由于观众正在等待，于是我只能同意由他来指挥。

一个大雨天，我收到一封科洛纳的电报，上面写着："已派钢琴师，某日某时抵达。"

我去车站，令我相当惊讶的是，从火车上走下来的正是那个我最讨厌的人。"科洛纳怎么可能派你来？他明明知道我很讨厌你。"他用法语结结巴巴地说："小姐，请您原谅，亲爱的大师派我来。"

当洛翰葛林知道钢琴师是谁的时候，他说："至少我不会吃醋。"

洛翰葛林依然常常觉得他患了中风，身体常不舒服，因此他在城堡里安排了一位医师与一位有经验的护士。他们相当注意我的一举一动，将我安排在城堡另一端尽头的房间，并且告诉我任何情况下不许去打扰洛翰葛林，而洛翰葛林每天必须好几个小时都待在房间里，吃米饭、通心面和喝水，而且医师每个小时为他量一次血压。有时候他们带洛翰葛林走进一个有点像笼子的东西，那是从巴黎运过来的。洛翰葛林就坐在里面，身上连接着好几千瓦的电力，显得可怜巴巴，他说："希望这对我有益。"

这一切让我更加焦躁不安，再加上雨一直下个不停，这些也许就是后来发生大事的起因。

为了解除烦闷，驱散苦恼，尽管我极度讨厌那个人，我仍然开始与他工作。但是每当他为我演奏时，我就用一块布幕把他围起来，并且对他说："你真的很令我作呕，我实在无法看着你。"

那时，洛翰葛林的老朋友、一位伯爵夫人也住在城堡里。

"你怎么能如此对待那位可怜的钢琴师呢？"她说。有一天她极力劝我邀请他加入我们每日午餐后的开车出游。

于是我非常勉强地邀请了他。汽车里没有折叠式椅子，我们三个人只得坐在同一张椅子上，我坐在中间，伯爵夫人坐在我的右侧，他坐在我的左侧。那天和平时一样下着雨。当我们进入乡间时，我觉得对他极度厌恶，于是我敲了敲玻璃，告诉司机掉头回家去。司机点点头，他想取悦我，来个急转弯。乡村的道路有许多泥坑，当车子转弯的时候，我没坐稳被甩到他的臂弯里。他伸手把我搂住。我往回坐，看着他，突然觉得我整个人好像是一捆着了火的干稻草，猛烈地燃烧起来。我看着他，突然之间被惊呆了。为什么我以前没看出来呢？他的脸是那么俊美，他的双眼散发出的是天才的光芒。从那时起，我才知道他是个伟大的人。

在回家的路上，我一直凝视着他，神情恍惚。当我们走进城堡大厅的时候，他握着我的手，目不转睛地注视着我，温柔地拉着我走到舞厅的布幕后。原本那么激烈的反感，怎么可能变成这么激烈的爱意？

当时唯一引起洛翰葛林兴趣的是一项著名的新发明———一种新型兴奋剂，现在它在市场上随处可见。它能激发白血球之类的噬菌细胞，洛翰葛林命令管家每天给宾客服用这个药物，后来我才知道这种药物每次只能服用一茶匙，但是当时洛翰葛林一定要我们用酒杯喝这种药物。

从坐汽车那天开始，我们两人只想单独在一起，在温室里、在花园中，甚至在泥泞的乡村路上散步。但是这些激烈的感情免不了要结束，有一天他离开城堡，一去不复返。我们做了这样的牺牲，为的是要拯救那个即将死去的人的性命。

很久之后，当我听到美丽的《耶稣的镜子》时，我顿时觉得认为那个人是天才的想法是正确的，而天才对我总是有致命的吸引力。

这个插曲也证明，我确实不适合家庭生活，因此在秋天的时候，我动身去了美国，履行我的第三份合约。我觉得自己有了些智慧，心情却有些哀伤，我第 100 次下定决心，从此要将全部生命奉献给艺术，艺术虽然是个严格的导师，但是却比人类更懂得感激。

在这次巡回演出的时候，我积极呼吁美国人赞助我建校。过了三年富有的生活，我相信富有的生活其实毫无希望、空虚无聊，而且相当自私，那种生活也证明了我们无法找到真正的快乐，除非有一种放诸四海皆准的表达方式才行。那年冬天我对大都会剧院里的观众大发宏论，后来报纸上用大标题写着《伊莎多拉臭骂有钱人》，我说的话大致如此：

有人引用我的话，说我曾说了美国的坏话。或许我真的说过这样的话，但是那并不意味着我不爱美国。恐怕我是爱之深，责之切。我以前认识一个人，他疯狂地爱着一个女人，但是那个女人对他没话可说，而且对他很坏。于是，他每天都写一封信侮辱她。当她问他"为什么你要给我写那些粗野无礼的话"时，他回答："因为我爱你太深。"

心理学家可以为你解释这个故事的含义，大概我对美国的态度也是如此。我当然热爱美国。怎么说呢？我的学校，这些孩子，我们不都是惠特曼的精神后裔吗？还有这种被称为"希腊式"的舞蹈。这种舞蹈其实出身于美国，这是属于未来的美国的舞蹈。这所有的动作，它们是哪来的？它们都来自美国伟大的自然，来自内华达山脉，来自洗涤着加州海岸的太平洋；它们也来自落基山脉，来自雅斯米山谷，来自尼亚加拉瀑布。

贝多芬与舒伯特是生活所造就出来的。他们当时是穷人，而他们伟大的作品的灵感来自全人类，也是属于全人类的。人类需要伟大的戏剧、音乐与舞蹈。

　　我们去纽约东区<sup>①</sup>作了一场免费的表演，有些人对我说："如果你在东部演奏舒伯特的交响曲，那里的人是不会理睬的。"

　　我们作了一场免费表演（没有售票室的剧院，看起来可真爽快），观众都看呆了，他们感动得泪流满面，证明他们不是不理不睬。丰盛的生命、诗歌与艺术，正等待从东岸的人们身上展现出来。为他们建一座圆形露天剧场，那是唯一民主的剧场，没有包厢或看台，每个人的视野都一样；你看看上头的顶层楼座——你觉得将人类像苍蝇似的摆在天花板上，然后要他们欣赏艺术与音乐，这样做合理吗？

　　建一座简单美丽的剧院吧。你们不需将它建得很花哨，任何华而不实的装饰物都不需要。美术来自于人类的精神层面，不需外在的事物装点。在我们的学校里，没有华丽的服饰和装饰，只有受到启发的灵魂所涌出的美，而身体正是美的象征；如果我的艺术在这里对你们有所启发，我希望是这种启发。美就在孩子们身上，就在他们的眼睛的光辉里，就在他们伸展出来作可爱动作的小手中。你们看见这些孩子，手牵手，走过舞台，比坐在包厢里的任何太太、小姐所戴的任何珍珠项链更美。他们就是我的珍珠、我的宝石，别的我什么也不需要。让小孩培养美、自由与力量，将艺术带给需要艺术的人。伟大的音乐不应该只是少数附庸风雅人士的娱乐，它应该无代价地给予大众：艺术就像是空气与面包，是大众生活不可或缺之物，因为艺术是人类的精神美酒。

---

① 纽约贫民窟地带。

在这次巡回表演中，我很开心与天才艺术家大卫·比斯法姆①成为好友。我每一场的表演他都来看，我则去欣赏他的独唱会，之后我们在饭店共进晚餐。他还常常为我唱《往曼德里之路》或是《丹尼迪佛》等等，我们开怀大笑，彼此拥抱，相处得很愉快。

这一章的标题或许要命名为《为浪漫的爱情辩护》，因为我现在发现，爱情是闲暇娱乐，也是一出悲剧；而我则是以一种浪漫的天真无邪投身于爱情。人类似乎渴求美，渴求那种无惧、不需负责、让人焕然一新而且具有启发性的爱情。在一场表演之后，我穿着希腊式舞衣，头上戴着玫瑰花冠，是多么可爱啊！为什么不好好欣赏这种美丽呢？以前那种喝着热牛奶，读着康德的《纯粹理性批判》的日子一去不复返了。现在的我似乎更能自在享受啜着香槟、听着迷人男士称赞我的美丽的日子。神圣的浪漫的肉体，激情的双唇，拥抱着情人的双臂，靠在爱人肩上香甜的睡眠。对我而言，这些是既纯洁又愉快的喜悦。有些人可能对此大为愤慨，但是我真不懂他们为何如此，如果与生俱来的身体注定要受一些苦痛，像是长牙、拔牙、补牙，不管多么有德行，都免不了要生病、感冒等等。既然如此，那么为何不及时行乐，让这个同时得受苦的身体得到最多欢愉呢？一个整天思索，有时受严重的问题与焦虑所扰的人，为何他不该躺在美丽的手臂之中，借此纾解他的痛苦，并且享受几个小时忘却忧虑的美丽时光呢？我希望从我这里得到安慰之人，能像我一样，以愉快的心情记住这些时刻。我没有时间在自传中一一写他们，也没有时间在一本书里写尽所有我在森林或田野度过的美好时光，写尽我听莫扎特或贝多芬的交响曲时的喜悦感觉，或者是伊沙耶②、华德·鲁曼尔③、亨

① 比斯法姆（1857—1921），美国歌唱家，主唱瓦格纳曲风的男中音。

② 伊沙耶（1858—1931），比利时小提琴家。

③ 鲁曼尔，德国钢琴家。

利·史凯利与其他艺术家带给我的极为有意义的时刻。

　　"是的，"我继续喊着，"让我自由享受尘世爱恋，让我做异端吧！"不过，或许我一直只是个有自由思想的清教徒，或者是个有清教徒思想的自由之人。

　　我永远无法忘记我回到巴黎的事。我将学生们留在凡尔赛，托保姆看顾。当我一打开门的时候，我的小儿子跑到我跟前来，他的金色卷发绕在可爱的脸蛋旁。我离开他的时候，他还只是个摇篮中的小娃娃。

　　1908 年，我买下位于纳利的葛维克工作室，里面有一间音乐室，很像小教堂，我就带着孩子们住在那儿。我常常整天在这间工作室工作，有时是整夜。当时与我一起工作的还有好友亨利·史凯利，他是个天才钢琴师，而且工作时有用不完的精力。我们常常一早开始工作，由于我在工作室四周挂上蓝色布幕，用弧光灯照明，因此我们对时间的流逝毫无知觉。有时我说："你不觉得饿吗？真不知道现在几点了？"于是我们看看时钟，才发现已经是次日清晨 4 点！我们如此专心致志于工作，进入印度人所谓的"清静无为境界"。

　　我在花园里为我的孩子们、保姆与看护设了一个房间，以免音乐干扰到他们。花园很漂亮，春天与夏天的时候，我们打开工作室的门，在花园跳舞。

　　我们在工作室工作，也在里面娱乐。洛翰葛林开心地在里面举办舞会与宴会，宽广的工作室常常摇身一变成为热带花园或是西班牙皇宫，座上客都是巴黎的艺术家与知名人士。

　　我记得有一天晚上，瑟席·梭雷、邓南遮与我即席演出一出哑剧，邓南遮在剧里充分展露了表演天分。

　　许多年来，我一直对他有成见，因为我赞赏杜丝，而我认为他对杜丝很不好，因此我拒绝见他。有一位朋友对我说："我能不能带邓南遮来看你？"我回答："不，别带来，假如我见到他的话，我会对他非常无礼。"尽管我不想看到邓南遮，但是有一天他还是把邓南遮带来了。

虽然我以前从没见过他，但是当我看到这位神采奕奕、充满吸引力的人时，我只能说："欢迎您，您真是迷人极了！"

1912年邓南遮见到我时，便决定要征服我。这倒不是恭维自己，因为邓南遮想与世界上所有知名女士谈情说爱，然后将她们绑在腰间，就像印第安人系着敌人带发的头皮一样。不过我出于对杜丝的赞赏而抵御他。我认为自己将是世界上第一位未对他俯首称臣的女子。那真是一种英雄似的冲动。

邓南遮想把一个女人搞到手的时候，他会每天清晨送她一首小诗，而且还附上一朵小花，表达诗的意境。每天早晨8点，我收到这朵小花，不过我依然继续充当英雄！

有一天晚上（当时我在拜伦饭店附近的街上有一间工作室），邓南遮以一种特殊腔调对我说："我半夜时到你这里来。"

我与一个朋友布置了一整天。我们在整个工作室摆满白花，还有就是葬礼时所用的那些白色百合，我们还点上许多蜡烛。邓南遮到了工作室看到这个情景，不禁目瞪口呆：工作室看起来像哥特式教堂。他走进来，我们领他坐在长沙发椅上。我先为他跳舞，然后在他身上撒满鲜花，并且在他周围摆满蜡烛，慢慢地配合着肖邦的《葬礼进行曲》，轻盈地起舞。渐渐地，我将蜡烛一一吹熄，只剩他头上与脚边的蜡烛。他静静地躺着，好像被我催眠了一样。我仍然和着音乐翩翩起舞，然后我吹熄他脚边的蜡烛。但是当我神情肃穆，朝着他头上的蜡烛前进时，他用力跳了起来，因为恐惧而大叫着，从工作室冲了出去。这时我与那位钢琴师忍不住哈哈大笑，倒成一团。

第二次拒绝邓南遮是在凡尔赛的时候。我邀请他到小特里安龙宫饭店吃晚餐。这大概是两年后的事。我们搭我的车去那家饭店。

"你不想在吃饭之前到森林里散散步吗？""啊，当然好，那真是太棒了。"

我们开车到了马利森林，然后走进树林里。邓南遮高兴极了。我们散步了一会儿，然后我提议："现在我们回去吃午餐吧。"

但是我们却找不到我的汽车，只好试着走到小特里安龙宫饭店用餐。我们走呀走，但是就是找不到出口！最后，邓南遮开始像个小孩似的哭了起来："我要吃午餐！我要吃午餐！我有脑子，我必须喂饱我的脑子，我饿着肚子就什么也做不了。"

我尽力安慰他，我们终于找到出口，回到了饭店，邓南遮饱餐了一顿。

第三次拒绝邓南遮是在几年之后的欧战时期。我到了罗马，下榻在女王饭店。说来蹊跷，邓南遮刚好住在我隔壁房间。他每晚都与卡萨蒂侯爵夫人共进晚餐。有一天晚上，侯爵夫人邀我一起吃饭。我到了宫里，走进接待室。房间采用希腊式布置风格，我坐在那儿等待侯爵夫人。突然，一些不堪入耳的话冲我而来。我往四周一瞧，看见一只绿鹦鹉。我发现它没被关住，于是我起身走到另一个房间。我坐在那儿等侯爵夫人，又听到一阵汪汪的噪音，我看见一只拳狮狗，它也没上绑，因此我又跳起来，走到下一个房间。那个房间里铺着白熊毛地毯，墙上还挂着熊皮，我坐在那儿等侯爵夫人。突然，我听到嘶嘶声，我往地上一瞧，看见笼子里关着一条眼镜蛇。我又跳了起来，走到另一个房间。那个房间的地上铺满了虎皮，房间里还有一只大猩猩对我龇牙咧嘴。我冲到另一个房间，也就是餐厅，我看到了侯爵夫人的秘书，侯爵夫人终于下来吃饭了。她穿着金色透明的睡衣，我对她说："我猜你很喜欢动物。""啊，是啊，我很喜爱动物——特别是猴子。"她一边回答，一边看着她的秘书。

奇怪的是，在这刺激的开场戏之后，晚餐却极其隆重。

饭后，我们回到那间有猩猩的房间，侯爵夫人请她的女算命师来。她头上戴着一顶尖尖的高帽，还披着巫婆的披风，开始用扑克牌为我们算命。

这时候，邓南遮穿得怪模怪样地走进来。邓南遮相当迷信，而且相信一切算命占卜之流。这位算命师告诉他一个很不寻常的故事。她说："你将在空中飞，做出一些惊人业绩。你将会跌落到死亡关前，而且你将经历死亡，但免于一死，然后享受富贵荣华。"

然后，算命师对我说："你将唤醒世人，带领他们接受一个新的宗教，而且在世界各地建立伟大的神庙。你将受到保护，一有灾难，天使将会保护你。你将会相当长寿，长生不老。"

之后我们回到饭店。邓南遮对我说："我将于每晚半夜 12 点去你的房间。我已征服所有的女人，但是我尚未征服伊莎多拉。"

他真的每晚 12 点来我的房间。

我对自己说："我就要成为世界上唯一拒绝邓南遮的女子。"

他给我讲述有关他生命、青春与艺术中最美好的事情。

"伊莎多拉，我受不了了！接受我吧！接受我吧！"

此时他的天才已让我心烦意乱，我真的不知所措，因此我常温柔地带他走出我的房间，回到他的房间。这个情形大约持续三个星期，最后我非常恼火，干脆冲到火车站搭头班火车离开了。

他常常用法语问我："为什么你不能爱我呢？"我回道："因为杜丝的缘故。"

小特里安龙宫饭店里有一条邓南遮珍爱的金鱼，它被养在一个漂亮的水晶鱼缸里，邓南遮常常喂它，还对它说话。金鱼会拍打着鱼鳍，嘴巴一开一闭，好像在回他话似的。

我还住在小特里安龙宫饭店的时候，有一天我问饭店经理："邓南遮的金鱼在哪儿？"

"啊，女士，这说起来真叫人伤心！邓南遮去意大利了，他让我们好好照顾它。他是这么说的，'那条金鱼是我的心肝宝贝儿，是我所有快乐的象征！'他还不断拍来电报问：'可爱的阿多佛斯近来如何？'有一天，阿多佛斯在鱼缸里游得有点缓慢，像是要见邓南遮。后来它死了，我把它拿出来，丢到窗外。但是邓南遮的电报又传过来了：'我觉得阿多佛斯有病了。'我回电说：'阿多佛斯已经死了。昨晚死的。'邓南遮先生又回电说：'将它安葬在花园，立一个墓。'于是我抓了一条沙丁鱼，用锡箔纸包好，葬在花园里，我还立了个十字架，上面写着：'阿多佛斯长眠于此！'邓南遮回来马上问我：'我的阿多佛斯埋葬在哪儿？'我带他到花园的坟墓前，他带了好多花给它，久久地站在墓前，啜泣不已。"

但是有一次宴会，却以悲剧收场。我将工作室布置成热带花园的样子，还在浓密的厚叶片与稀有植物之间摆着多张双人桌。这时候我几乎已经学会了巴黎复杂的人际关系，因此我安排一些想坐在一起的人坐在一起，不过这让当妻子的伤心流泪。客人们穿着波斯服装随着吉卜赛管弦音乐起舞。客人中的亨利·巴塔耶与他知名的翻译柏斯·贝蒂是我多年的好友。

如上所述，我的工作室就像个教堂，四周挂满15米高的布幕，在高高的看台上还有一个小房间，经由普瓦雷的巧妙装饰，简直像是女妖塞尔西的居处。墙上的金色镜子映着暗褐色的天鹅绒布幕，还有一张黑色地毯和一条长沙发，上面摆满东方色彩的垫子，这些就是这个房间的装饰。窗户是密封的，而门更怪，看起来像是伊特鲁里亚人①的墓穴。普瓦雷在房间完工后说："这个与众不同的地方更能让我们做不凡的事，谈论不凡的话题。"

确实如此。这个小房间很美、很迷人，不过同时也很危险。谁知道每件家具有没有特性呢？或许床有道德操守，沙发容易犯罪，椅子值得敬重，而躺椅则非常邪恶？但是普瓦雷说得对，进

---

① 位于今日意大利西部的一个古国。

入那个小房间之后，大家的感觉以及说话的方式，完全不同于待在那个像教堂的工作室。

在这个不同寻常的晚上，就像洛翰葛林平时举办宴会时一样，大家尽兴享用一杯又一杯的香槟。凌晨2点，我发现自己和亨利·巴塔耶一同坐在普瓦雷设计的房间里的躺椅上。尽管他一向对我像兄弟一样，不过今晚他受了这个地方的迷惑，言行都与平日不同。然后，洛翰葛林刚好出现。当他看见我和亨利·巴塔耶在镜中一同坐在躺椅上的倒影时，立刻冲到工作室，对着宾客把我大骂一通，还说他要离开，永远不会再回来。

宾客觉得有点扫兴，我的心情也从快乐转为悲伤。

"快一点，"我对史凯利说，"演奏《伊索尔达之死》，要不这个晚上就糟蹋了。"

我迅速换下有刺绣装饰的图尼克，穿上一件白色长礼服。史凯利演奏得比平时更好，我则舞到清晨。

但是那个晚上注定会引来不幸。尽管我与亨利·巴塔耶是清白的，但是洛翰葛林一直不相信，他还发誓永远不想再见到我。我辩解、恳求都没有用。亨利·巴塔耶也被这件事深深困扰，他甚至还写了一封信给洛翰葛林，但是无济于事。

洛翰葛林后来让步，只愿意在汽车上见我。他诅咒我的声音就像是恶魔空洞的铃声，叮当乱响。突然之间，他停止诅咒，开了车门，将我推到车外的夜幕之中。我一个人恍恍惚惚，独自在街上徘徊了好几个小时。一些陌生的男人对我做鬼脸，嘴里还喃喃地发出暧昧的邀请。转眼之间，世界仿佛变成淫秽可憎的地狱。

两天之后，有朋友告诉我，洛翰葛林已经去埃及了。

# 第二十五章

在那段日子里，一直在身旁安慰我的好友是音乐家亨利·史凯利。他的个性有点奇怪，鄙视功名或是个人的野心。他崇拜我的艺术，只有为我演奏时，才真正开心。他是我见过的人之中最爱慕我的。他是个出色的钢琴师，意志坚强，常常整晚为我演奏，有时弹奏贝多芬的交响曲，有时整部弹奏瓦格纳的歌剧《指环》，从《金色莱茵》演奏到《天堂曙光》。

1913 年 1 月，我们一起去俄罗斯巡回表演。这次旅行发生了一件奇怪的事。我们在某个清晨抵达基辅，然后乘坐雪橇去饭店。当时我睡意未醒，突然之间，我清楚地看见道路两旁有两排棺木，但是那不是一般的棺木，而是儿童的棺木。我紧紧抓着史凯利的手臂。

"你看，"我对他说，"都是小孩，所有的孩子都过世了！"

"但是外面什么也没有啊。"他这么告诉我。

"你说什么？你看不见吗？"

"看见什么？外面只有道路两旁的积雪。你的幻觉真奇怪！你一定是太劳累了。"

那一天我去洗俄国浴，让自己好好休息，镇静下来。在俄罗斯，浴池都在充满蒸气的温暖房间里安一排排长长的木架子。我就躺在其中的一个架子上，侍者离开以后，热气突然让我很不舒服，我从架子上掉到大理石地板上。

侍者进来后才发现我已经失去知觉，只好把我抬回饭店。他们找来了医生，医生发现我有轻微的脑震荡。

"你今晚可能无法上台表演——你在发高烧。"

"可是这会让观众失望。"我坚持要去剧院。

那一晚的节目是肖邦的曲目。在节目进行到尾声的时候，我出人意料地对史凯利说："请演奏肖邦的《葬礼进行曲》。"

"为什么呢？"他问我，"你从来没跳过这支曲子。"

"我自己也不知道为什么。请你演奏就是了。"

我坚持要他弹，他只好同意我的要求。我跳着这支进行曲，扮演一个抱着死婴的妇女，踩着缓慢又犹豫的步伐，一直走到墓地。我舞着走向坟墓之路，最后灵魂脱离死去的躯体，飞升而起，升至亮光之处——也就是飞向复活。

当我跳完舞蹈，幕落以后，我察觉到一股奇怪的静默。我看着史凯利，他脸色苍白，浑身直哆嗦，握着我的手也是冰凉的。

"别再叫我弹那首曲子，"他恳求我，"我感受到死亡，我甚至嗅到葬礼白花的气味。我还看见小孩子的棺木——"

我们两个人都忍不住颤抖着，受到极大震动。我相信那天晚上某个神灵给了我们异常的预兆。

我们于1913年4月回到巴黎。在特罗卡德罗剧院的一长串表演即将结束时，史凯利再度为我演奏这首曲子。在一种宗教式的静默之后，观众恐惧了好一阵，然后开始热烈鼓掌。有些女士开始啜泣，有些甚至有点歇斯底里。

或许过去、现在、未来就像是一条漫漫长路，在每个转弯之后，路依然存在，只是我们不能看见它；我们认为这就是未来，但是未来已经在远处等待着我们。

在基辅看过《葬礼进行曲》的幻象之后，我就有一种灾祸临头的感觉，因而情绪相当低落。回到柏林时，作了几场表演，我再度像是着了魔一样，创作了一个人在世界走着，却突然被一种可怕的意外击中，这个受伤的人在这次命运的残忍打击之后，又站起来再度追求新希望的舞蹈。

我在俄罗斯表演时，我的孩子们一直与伊丽莎白在一起，我回到柏林后，就把孩子们接到身边。他们长得健康又活泼，到处跳舞，显得非常快乐。我们一起回到巴黎，回到我位于纳利的大房子。

我又回到纳利，与我的孩子们住在一起。我常常站在阳台上，不让黛尔蒂知道，偷偷地看她自己编的舞蹈。她也会搭配着自己写的小诗起舞。小小的身影在宽大的蓝色舞室里跳着，她用甜美童稚的声音说着："现在我是一只鸟，我飞得这么高，飞到白云里。"还有："现在我是一朵花，仰望着鸟儿，摇曳生姿，像这样，像这样。"看着她独特的优雅与美丽，我梦想着她或许能如我所愿，继承我的舞蹈学校，她是我最好的学生。

我的儿子帕特里克也开始随着他自己创作的奇怪音乐起舞，但是他绝对不让我教他。"不，"他一本正经地说，"帕特里克要跳帕特里克自己的舞蹈。"

我住在纳利，每天在工作室练舞，在图书室里待上几个小时看书学习，在花园里和我的孩子们玩或教他们跳舞。我非常愉快，生怕再有任何巡回表演会将我与孩子们分开。他们一天比一天漂亮，我也越来越舍不得离开他们。我一直预言未来将会出现一位伟大的艺术家，他将会综合这两项天分，一边创作音乐，一边舞出动作，当我的小儿子跳舞的时候，我似乎觉得他就是那位从新音乐当中创造出新舞蹈的人。

我不仅与这两个可爱的孩子血脉相连，而且还有一种近乎超越人性的联结将我们紧紧联系在一起，那就是艺术。他们两个人都疯狂喜爱音乐，常常会求我让他们待在工作室，听史凯利演奏或看我跳舞，他们乖乖地坐在那儿，眼神专注。我有时候会觉得很不可思议，小小年纪竟然会这么认真专注。

我记得某一天下午，伟大的艺术家布格诺[1]正在弹奏莫扎特的音乐。孩子们蹑手蹑脚地走进来，站在钢琴两侧，听他演奏。当他弹奏完时，他们不约而同地将长着金发的头钻到他的怀抱，以崇拜的眼神望着他。布格诺相当惊讶，他说："哪里跑来的这些天使——莫扎特的天使——"听到他这么说，他们都笑了，爬上他的膝盖，把小脸蛋儿藏在他的大胡子里。

我凝视着这群老少，心里很温暖。但是，我哪里知道，此时他们三个人如此接近那块"永不复返"的幽暗之地。

当时是3月，我在夏特蕾剧院与特罗卡德罗剧院轮流演出。尽管我正过着幸福的生活，但我仍然不断有一种奇怪的压抑感。

一天晚上，我在特罗卡德罗剧院跳由史凯利伴奏的肖邦的《葬礼进行曲》，我的额头再度感受到一股冰凉的冷气吹拂，也再度闻到白色月光下葬礼花朵的浓郁香气。我仿佛看见可爱的黛尔蒂穿着白衣躺在棺木里，当她看着我跳这支舞时，她突然哭了起来，好像心碎了一样，哭喊道："啊，我的妈妈为什么这么伤心难过呢？"

这是即将发生的悲剧序曲的第一个微弱的音符，不久之后便发生了这出悲剧，永远结束了我对过自然快乐生活的全部希望。虽然人可以继续生活，但我相信有些哀伤会让人生不如死。人的躯体或许会疲惫地过一天算一天，但是他的精神已经毁了，永远毁了。我曾听说，悲伤使人升华。我只能说，那次意外打击发生的前几天，其实就是我精神生命尚存的最后几天。从此以后，我只有一个欲望——飞——飞——飞离那恐惧，我一辈子一直想逃离那件事，就像是不停流浪的犹太人或永世漂流的荷兰人。生命的一切对我而言，好像变成了一艘航行在幽灵之海上的幽灵船。

真是奇怪的巧合，心理状态常会反映在实质物体上。普瓦雷

---

[1] 布格诺（1852—1914），法国钢琴家。曾任巴黎歌剧院的音乐指导和巴黎音乐学院的钢琴教授。

为我设计的我曾提过的那间神秘且充满异国风格房间的时候，他在每一扇金色的门上都加了黑色双十字架。我起初认为这种设计相当别致而古怪，但是它渐渐地以一种奇怪的方式影响着我。

如我所说，尽管我的生活看似幸福，但我一直生活在某种奇怪的压抑之下。一种不祥的预感使我常常半夜惊醒，恐惧不已，因此我常常通宵不敢熄灯。有一天晚上，在昏暗的灯光下，我看见床对面的黑色双十字架里跑出一个穿着黑袍的闪动身影，走到我的床脚，用怜悯的眼光凝视着我。我吓呆了，急忙开亮大灯，那个身影突然不见了。但是这个奇怪的我以前从来没有见过的幻觉——断断续续地发生了好几次。

由于我深受其扰，某一晚我去好友雷切尔太太家吃晚饭时，便告诉了她。她相当惊恐，之后，以她一贯的好心肠，坚持立刻打电话请她的医生过来。她说："你的神经系统一定出毛病了。"

年轻漂亮的雷纳·巴德医生来了，我告诉了他我看见的幻象。

"你的精神太紧绷了，你最好到乡下休息一些日子。"

"但是我还有合约在身，必须到巴黎演出。"我回答他。

"那就去凡尔赛吧——那儿离这里不远，你可以开车去，凡尔赛的新鲜空气对你大有好处。"

第二天，我把他的话告诉了孩子们亲爱的保姆，她听到这个消息很开心。"凡尔赛对孩子们的健康有益。"

于是我们打点行李，准备出发，此时我又看见从大门渐渐移到小路上的一个穿黑袍的瘦长身影。这到底是我过度紧张呢，还是这就是半夜从双十字架里跑出来的那个身影？她走到我面前。

"我特意跑来看你，"她说，"因为我想来看你。我最近一直梦到你，觉得非见你不可。"

然后我认出她。她以前是那不勒斯的皇后，几天前我才带黛尔蒂去看她。我说："黛尔蒂，我们要去看皇后啰。"

"啊，这样的话我一定得穿我的'宴会礼服'。"黛尔蒂说，波赫为她缝制的那件精致的礼服有许多刺绣的荷叶边装饰。

我花了一些时间教她真正的宫廷礼仪,她很开心,不过最后一刻她却开始大哭,说:"啊,妈妈,我好怕去见真正的皇后。"

我相信可怜的小黛尔蒂以为她必须去真正的宫廷,就像童话哑剧一样。但是当她到了位于波伊斯边缘的一座考究的小房子,被带到那位身材苗条、白发上戴着一顶皇冠的女士面前时,她很勇敢地试着表现她的宫廷礼仪,然后笑着钻进皇后的怀里。她一点也不畏惧善良仁慈的皇后。

这一天皇后戴着黑面纱,我告诉她我们正准备出发去凡尔赛以及此行的原因。她说她很想与我们同行,那将是个奇遇。在旅途上,她很温柔地抱着我的两个孩子,将他们搂在胸前。但是当我看着他们的金色小头被盖在黑纱之下时,我再度感受到最近一再困扰我的那种奇怪的抑郁。

我们在凡尔赛与孩子们开心地喝着茶,然后我陪伴那不勒斯皇后回到她家。我从来没遇过比这个倒霉的女人更可亲、更富有同情心,而且聪慧的人。

第二天早晨,我在小特里安龙宫饭店那座可爱的花园里醒来,我所有的恐惧与不幸的预感都消失了。那位医生说得对,我真的需要乡下的环境。可惜,假如希腊悲剧的合唱队当时也在那里的话,他们可能会引用这句话:我们常常为了避开厄运而选择与厄运反方向的路,结果适得其反招致厄运,就像是俄狄浦斯王的故事一样。假如当初我没去凡尔赛躲避困扰我的死亡预兆,那么孩子们就不会在三天之后死在这条路上。

我永远忘不了那晚发生的事,因为我一直尽兴跳着舞,以前从来不会这样。我不再是个女人,而是欢乐的火焰——是一团火,是燃烧起来的星星之火,火花与轻烟从观众内心升起。在 12 次的谢幕之后,我跳了告别节目《片刻音乐》,当我跳着舞的时候,我似乎觉得心中正在唱着"生命与爱——极度的心醉神迷——那是我要奉献的——我要奉献生命与爱给那些需要它们的人。"突然之间，仿佛黛尔蒂就坐在我的肩膀上，而帕特里克就坐在另一边的肩膀上，他们坐得很稳，非常快乐。当我边跳着舞边看着他们两个人时，我看见他们带笑、明亮的小脸和娃娃似的微笑，而我的双脚一直舞着，丝毫不觉得疲累。

跳完舞后，有个人突然出现，让我相当惊讶。自从洛翰葛林去埃及之后，我就再也没见过他。几个月之后，他突然出现在我的化妆间。那晚的舞蹈以及我们的相逢，似乎让他相当感动，于是他约我一起在奥古斯丁住的香榭饭店吃晚饭。我回到饭店，坐在餐桌前等他。时间慢慢过去，一小时之后他还没露面。他这种态度让我相当紧张。尽管我知道他不是单身去埃及的，但是再次相逢，我依然开心，因为我一直爱着他，而且很想让他看看他的儿子。这个孩子在父亲不在身边的时候，已经长得健壮美丽了。但是到了3点，他还是没出现，我极为失望，怅然离开饭店，回到凡尔赛与我的孩子们团聚。

在表演时的心情激动以及焦急等待之后，我筋疲力尽，倒在床上酣然入睡。

第二天清晨，当孩子们来到我的房间时我才醒，这是他们的习惯，他们跳上床来大叫大笑，然后我们按惯例一起吃早餐。

帕特里克比平时更顽皮，他将椅子弄倒了，当椅子倒下的时候，他快乐地叫着。

然后发生了一件事。前一晚有人送来两本巴尔贝·多尔维利[1]的书，我一直不知道送书来的人到底是谁。我随手从身旁的桌子上拿起其中一本，一边责备帕特里克玩得太吵，一边随意翻着书页，看见《尼俄柏》[2]那一章中的这一段法文：

---

① 巴尔贝·多尔维利（1808—1889），法国作家。

② 希腊神话中，因太过夸耀自己的14个孩子而受众神处罚的妇女，丧子后悲伤终日。

美丽又堪称是尽责的母亲，只要谁说到奥林匹斯山
之神时，你就发笑，不予理会。为了惩罚你，众神的箭
瞄准你可爱孩子们的头，你将无法保护他们。

连保姆都说："帕特里克，别那样闹妈妈生气了。"
保姆是个可亲善良的妇女，非常有耐心，而且她很喜爱这两
个孩子。

"啊，由他去吧，"我说，"你想想，如果生命中听不到他
们的声音，生活还有什么意思？"
然后我马上想到，如果失去他们，那我的生命将会变得多么
空洞、黑暗，因为他们胜过我的艺术，胜过一千倍任何男人的爱，
他们让我的生活充满欢乐。我继续念着书上的文章：

你别无选择，此时只剩你的胸膛可供弓箭刺穿，你
渴望着以自己的胸膛迎向来箭，期待众神将你射杀而饶
过你的孩子！但这一切都是徒劳，高贵而命运多舛的女
人。众神之箭已然射出，并且捉弄了你这凡人。你在寂静、
绝望与黑暗之中，一生等待，你未曾发出悲号，你失去
生命活力，人们说你已变成坚石，以表你爱子之心坚若
磐石。

然后我合上书本，因为我心里突然有一种恐惧的感觉。我张
开双臂，把两个孩子叫到跟前，当我拥抱他们时，我突然哭了。
我记得那天早晨的每一句话以及每一个动作。我常常在不眠之夜，
一再回想起当时的每一分每一秒，我无助地想着，为什么这些幻
象没有事先警告我，以便防止要发生的事？
那是个灰蒙蒙的早晨，窗户开着，可以看见外面的公园，公
园的树梢开始绽放出花朵。那一年我第一次在初春和煦的日子里

特别感受到雀跃的心情。在宜人的春天看着我的脸颊红润、娇嫩可爱的孩子，我觉得好高兴，突然从床上跳了下来，和他们一起翩翩起舞。我们三个人又笑又跳，好不快活。在一旁看着的保姆也开心地笑了。

突然电话响起，里面是洛翰葛林的声音，他要我带着孩子到城里与他见面。"我想看看他们。"他已经四个月没见到孩子了。

我很高兴，这次会面将会让我与洛翰葛林和好如初。我轻声告诉黛尔蒂这个好消息。

"啊，帕特里克，"她喊着，"你猜我们今天要去哪里？"

我现在还常常听到那童稚的声音说着："你猜我们今天要去哪里？"

我可怜的、脆弱的、美丽的孩子们，要是我早知道那天残酷的命运之神会找上你们，该有多么好啊。你们那天到底去了哪儿？

保姆说："夫人，好像快下雨了。最好让孩子们留在家里。"

我以后常常在梦里听见她的警告，我责备自己的粗心大意。但是我当时以为与洛翰葛林见面时，有孩子在身边会比较顺利。

在最后一次搭车从凡尔赛到巴黎的路上，我搂抱着两个孩子，我对生命充满新希望与信心。我知道洛翰葛林一见到帕特里克，就会忘记他对我的一切反感，而且我梦想我们的爱将会死灰复燃，并且实现一些真正伟大的目标。

洛翰葛林去埃及之前，早已在巴黎市中心买下一大片地，打算为我的学校建一座剧院——一座让全世界所有伟大艺术家齐聚一堂的剧院。我当时认为，杜丝将会觉得那里是最适合让她发挥天才艺术的场地，还有莫奈—苏利将能在此实现他的雄心壮志，演出希腊悲剧三部曲：《俄狄浦斯王》《安提戈涅》与《俄狄浦斯王在科洛诺斯》。[1]

---

[1] 这三部悲剧都是古希腊悲剧作家索福克勒斯的作品。安提戈涅是俄狄浦斯王的女儿，科洛诺斯是古时位于雅典附近的城镇，俄狄浦斯王死于此地。

在前往巴黎的路上，我想到这一切，我的心情因为充满艺术的伟大希望而显得轻松愉快。那座剧院注定盖不起来，杜丝也没找到配得上她的艺术圣殿，而莫奈—苏利在实现演出索福克勒斯的三部曲梦想之前就辞世。为何艺术家的希望几乎都是难以实现的呢？

不出所料，洛翰葛林很高兴再度看到他的儿子以及他疼爱的黛尔蒂。我们在一家意大利餐馆很开心地吃了午餐。我们吃着意大利面，喝着意大利红酒，谈论着那座伟大剧院的未来。

"它将命名为伊莎多拉剧院。"洛翰葛林这么说着。

"不，"我回答，"它该叫帕特里克剧院，因为帕特里克是伟大的作曲家，他将为未来的音乐创作舞蹈。"

吃完饭以后，洛翰葛林说："今天我好开心，我们何不一起去幽默沙龙呢？"

但是我必须彩排，因此洛翰葛林带着我们的一位年轻朋友一起去，我则和孩子们与保姆回到纳利。在剧场门口，我对保姆说："你能不能和孩子们一起来等我？"

但是她说："不，夫人，我想我们最好回去。孩子们需要休息。"

然后我吻了他们，我说："我很快就回去。"临别的时候，黛尔蒂将嘴唇贴在玻璃窗上，我俯身隔着玻璃亲了她的嘴唇。冰冷的玻璃让我觉得浑身不自在。

我走进我的大排练厅。排演的时间还没到，我想先休息一会儿，便上楼到我的小房间，躺在沙发上。房间里有一些别人送我的花和糖果。我拿了一颗糖果，懒洋洋地吃着，一边想着："毕竟我还是快乐的——或许我是世界上最快乐的女人。我拥有艺术、功名、爱情，尤其是拥有美丽的孩子。"

我继续想着："洛翰葛林已经回来了，一切都会好的。"就在这个时候，我突然听到一声奇怪又凄惨的哭喊。

我转过头去，看见洛翰葛林摇摇晃晃，像个酒醉的人。他双腿发软，在我面前倒了下来，慢慢说出这些话：

"孩子们——孩子们——死了！"

我顿时觉得天旋地转，我的喉咙好像着了火一样发热，仿佛我吞了一些烧红的木炭一般。但是我不明白这是怎么一回事。我十分温柔地对他说话，试着安抚他，我告诉他那不可能是真的。

其他人也来了，但是我不能想象发生了什么事。然后一个黑胡子的男人走进来，据说是位医生。"那不是真的，"他说，"我会救活他们的。"

我相信他。我想和他一起去看孩子，但是人们拦住了我。我现在明白，他们拦住我是不想让我知道，的确是没希望救活孩子了。他们担心我受不了这个打击，但是我当时却没有哀伤的感觉。我看着周围的人啜泣，但是我没有哭。相反的，我有一种强烈的欲望去安慰所有的人。回想起来，我现在也无法理解自己当时奇怪的心理状态。难道我真的能洞察一切，知道死亡不存在——知道这两个冰冷僵硬的躯体不是我的孩子，只是他们卸下来的外衣？难道我知道孩子们的灵魂虽然光芒短暂，但却会永垂不朽？

一个母亲一辈子只会失声痛哭两次，那便是孩子出生与死亡的时候。当我握着他们冰冷的小手，它们却再也不能回握我的手。我听到自己的哭喊，那种哭喊与我生下他们时的哭喊一模一样。既然一是极为喜悦的叫声，一是哀伤的哭声，为何这两种声音是一样的呢？我不懂为什么，但是我懂得二者就是同一个。说不定全宇宙只有一种伟大的哭喊声，那种声音包含哀伤、快乐、狂喜、痛苦——也就是母亲创造生命时的哭喊声。

我们早晨出门办事，却碰巧遇见黑色的送葬队伍时，常会为之战栗，想着我们爱的人。我们不希望有一天，我们也必须走在黑色的送葬队伍中，哀悼逝去的亲友。

从小时候起，我就非常反感教堂以及与教堂的教条有关的一切。阅读英格索尔与达尔文的学说以及非基督教之哲学思想更加深我对教堂的反感。我反对现代的婚姻制约，而且认为现代丧葬的做法非常可怕，简直到了野蛮的地步。由于我敢于反对结婚，拒绝让我的孩子受洗，现在我当然也拒绝为他们举行基督教葬礼的那种可笑仪式。我希望将这场可怕的意外转变成一种美。这种不幸是太大了，已经无法用泪珠表达。我哭不出来。许多朋友哭着来看我，大批观众站在花园里和街上哭泣，但是我不哭，我只强烈希望将这些穿着黑色丧服表达同情的人们，转变成美丽的画面。我没穿丧服。为什么要换服装呢？我总认为穿丧服是荒唐的、没有必要的。奥古斯丁、伊丽莎白与雷蒙了解我的心意，他们在工作室摆满了花。在我神志清醒时，首先听到的是科洛纳管弦乐团演奏格鲁克的美丽悼歌《奥菲斯》[①]。

但是，想在一天之内改变所有陋习并创造美感，是多么困难啊。如果按照我的意愿，就不会出现戴着黑帽看起来很不吉利的男士、灵车，也没有那些无用、丑陋又可笑的仪式，将死亡弄得恐怖又令人毛骨悚然，而不是一种灵魂升华的喜悦。拜伦当时将雪莱的遗体放在海边的柴堆上放火焚烧，这一举动多么了不起！但是，我在我们的文明里只看到另一种丑陋的做法，那就是在火葬场火化遗体。

与我的孩子们以及他们甜美的保姆告别时，我真希望能看见他们最后的笑脸，看见他们潇洒地离开尘世。世上有智慧的人们会和我的想法一样，终将群起反抗这些丑陋的仪式，并且创造及参与美丽的告别式。与土葬这种将遗体丢到土里的可怕仪式相比，火葬已经算是一大进步。一定有许多人与我所见略同。不过，我公开表达这种观念，引起了宗教人士的抨击和厌恶。我希望在和谐、生动、明亮与美丽之中，送别我的亲人，我将他们火化而不

---

① 奥菲斯，在希腊神话中以去地狱找死去的妻子而著称。格鲁克于1767年将此题材谱为歌剧。

是将他们埋在土里，任虫啃噬。教会人士却因此批评我是个没心肝的坏女人。人类什么时候才能开始理性面对生命、爱以及死亡？

我到了火葬场阴暗的地下室，眼前摆着棺木，躺在里面的是金色的小头，是曾经搂抱我的花朵一般的小手，是来回奔跑的小脚。我挚爱的这一切将被火焰吞噬，从此只剩下一把灰烬。

我回到纳利的工作室。我已计划好了此残生。失去孩子，我要如何继续活下去？可是，我的学校里那些小女孩围在我的身边，她们对我说："伊莎多拉，为我们活下去吧。我们不也是你的孩子吗？"她们的话唤醒了我：这些孩子因为黛尔蒂与帕特里克的死而伤心哭泣，我有责任安慰她们，而不是独自伤心。

如果早年生活里面临这种悲痛，或许我能克服；如果晚一点发生这种事，我也许不会这么害怕；但是事情却发生在我的生命正值巅峰的时候，我的力量彻底被粉碎。假如当初爱情能围绕着我并把我带走，那么一切会好过些——但是洛翰葛林却不理睬我。

雷蒙与他的太太潘娜洛贝准备去阿尔巴尼亚为难民服务，他劝我一起去。我与伊丽莎白和奥古斯丁动身到了科孚岛①。我们抵达米兰，在那儿过夜的时候，饭店给我的房间刚好是四年前我内心极为矛盾时所住的那个房间，我当时在房内嘀咕着该不该生下小帕特里克；然后他出生，他的脸正是我在圣马可教堂梦见的那张天使的脸，而现在又一去不复返了。

我再度凝视着画中那位仕女的邪恶双眼，她似乎说："我的预言不是应验了吗？一切都以死亡作结。"我毛骨悚然，冲向走廊，求奥古斯丁带我到另一家饭店。

我们在布林迪希港上船。几天后，在一个美丽的早晨，我们抵达科孚岛。大自然明媚秀丽，但是我却不为所动，依然郁郁寡欢。

---

① 希腊的一座岛屿。

在这些日子陪着我的人后来告诉我，我当时一连好些日子只是呆呆地坐着，凝视着前方。时间对我已经没有意义，我进入一个阴郁的灰色世界，根本不存在什么生活和活动的愿望。深受悲痛打击的人没有表情也没有动作，就像尼俄柏因哀伤过度而变成石头，坐在那儿渴望着在死亡中消灭掉。

当时洛翰葛林在伦敦。我心里想假如他能来看我的话，或许我可以逃离这种生不如死的状态。假如有一双温暖充满爱意的手拥抱着我，也许我就可以苏醒过来。

有一天，我要求大家别打扰我，我将房间里的窗帘拉上，然后平躺在床上，双手交叉在胸前。我已经到了绝望的最后边缘，一再重复我想传给洛翰葛林的讯息：

"来看我吧，我需要你，我即将死去。如果你不来，我将随着孩子们去了。"

我重复这些话，好像念祈祷文一样，一再念着。

我起来的时候已是半夜。之后，我辗转反侧，不能安眠。

第二天一早，奥古斯丁唤醒我，手上还拿着一封电报，他说：

"务请将伊莎多拉的近况告知。将即刻起身前往科孚岛。洛翰葛林。"

接下来几天，我在黑暗中第一次怀抱着一线光明等待着。

某一天早晨，洛翰葛林抵达，他脸色苍白，神情激动。

"我以为你死了。"他说。

然后他告诉我，当我给他去电报的那天下午，他依稀看见我站在他的床前，说的话正是我脑波发送出去的讯息，他听见我一再重复——"来看我吧——来看我吧——我需要你——假如你不来，我将会死。"

如此证实我俩的心电感应之后，我希望自动的爱的表示能够抚平伤心往事，而我能再度感受澎湃的情爱；我也希望孩子们能回到世上安慰我。但是事与愿违。洛翰葛林无法忍受我极度的渴望和哀伤，某个早晨，他突然不告而别。轮船渐渐驶离科孚岛，我知道他在船上。眼望着轮船航行在蔚蓝的海上，渐渐驶远，而我又是孤零零一个人。

然后我对自己说："我要么马上结束自己的生命，要么不管日夜吞噬我的极度痛苦，找出方法，继续活着。"每一晚，不管是睡着或醒着，我一直想起那个可怕的早晨，听见黛尔蒂说："你猜我们今天要去哪儿？"听见保姆说："夫人，他们今天不要出门为好。"听见我发疯似的回答她："你说得对。让他们待在家里，好好看着，今天别让他们出门。"

雷蒙从阿尔巴尼亚回来了，和平时一样，他充满助人的热忱。他说："整个阿尔巴尼亚都很穷困。村子都被毁了，小孩子在挨饿。你怎么能自私地活在悲伤之中？来帮忙救济孩子，安慰妇女吧。"

我被雷蒙说动，再度穿上图尼克和凉鞋，跟他一起到阿尔巴尼亚。他用最原始的方式搭起一个难民营救济难民。他去科孚岛的市集买了一些生羊毛，装到租来的小船上，带到难民出入的主要港口圣地科伦达。

"不过，雷蒙，"我问他，"你如何用这些生羊毛解决难民的饥饿呢？"

"以后你就知道了，"雷蒙说，"假如我买面包给他们，那么他们只能一天不饿肚子；但是我给他们羊毛，就可以解决以后的吃饭问题。"

我们在多岩的圣地科伦达上岸，雷蒙在那儿成立一个难民中心。门口写着："来织羊毛的人，一天可以领一块钱。"

牌子前面马上站了一排穷困、瘦弱、饥饿的妇女。有了钱，她们可以在港口买到希腊政府贩售的黄玉米。

然后雷蒙再度驾船到科孚岛。他请科孚岛的木匠为他做一些纺织机，回到圣地科伦达，他宣布："有没有人愿意将羊毛织成有花样的布料？我一天给他一块钱。"

许多饥饿的民众都来争取这份工作。雷蒙从古希腊的花瓶上面取得布料的花样。很快地，海边就有了一支纺织女工队伍，雷蒙还教她们边织边唱歌。这些图案织完后，那些布料就变成美丽的沙发布罩。雷蒙把它们送到伦敦去卖，可以嫌 50% 的利润。他利用这些赚来的钱开了一家面包店，以 5 毛钱的价格出售白面包，比希腊政府卖的黄玉米便宜一半。他因此开始建立自己的村子。

我们住在海边的帐篷里，每天日出时到海里游泳。有时雷蒙有剩下的面包与马铃薯，我们就翻山越岭到另一些村子里去，将它们发给挨饿的村民。

阿尔巴尼亚是个奇怪又凄惨的国家。这里有第一座雷神宙斯的圣坛。他们称宙斯为雷神，是因为这个国家一年四季都下着大雷雨。我们穿着图尼克与凉鞋在雷雨中跋涉，我觉得被大雨洗涤比穿着雨衣在雨中行走更惬意。

我看见许多悲惨的画面。有个母亲坐在树下，手上抱着她的小宝宝，身旁还有三四个孩子拉着她。他们饿着肚子，而且无家可归；土耳其人烧了他们的房子，杀了他们的丈夫或父亲，偷了他们的牲畜，毁了他们的庄稼。于是那个可怜的妇女和孩子们就坐在那儿，对这么悲惨的人，雷蒙会给他们许多马铃薯。

我们回到营地的时候已经筋疲力尽，但是一种奇怪的快乐感觉却悄悄在我心底升起。我的孩子们走了，但是还有其他的孩子——他们饿着肚子、受着苦难。难道我不应该为这些人活着吗？

圣地科伦达没有理发师，所以我第一次自己把头发剪掉扔在海里。

我变得健康有力气之后，便无法继续与难民一起生活。艺术家的生命与圣徒的生命绝对有很大差别。我体内那个属于艺术家的生命死灰复燃。我觉得以我有限的方法，实在无法阻止阿尔巴尼亚难民那样的悲惨狂潮。

# 第二十六章

终于有一天，我觉得我必须离开这个多山、多岩、多暴风雨的国家。我对潘娜洛贝说：

"我觉得我不能再目睹这一切悲惨的景象了。我渴望坐在清真寺里，双脚踩着波斯地毯，旁边有一盏孤灯静静地陪着我。我已经厌倦这里的一切。你愿不愿意陪我去君士坦丁堡？"

潘娜洛贝欣然答应。我们换下图尼克，穿上轻装便服，搭船前往君士坦丁堡。白天我待在甲板上的船舱里；到了晚上，当其他旅客都进入梦乡时，我在头上罩了面纱，走出房间来到月光下。我看见有个人倚在船侧，也在赏月。他穿着一身白，还戴着白色小羊皮手套。那是一个年轻男士的身影，他手中捧着一本黑色小书，不时地看上两眼，然后念念有词，好像在祈祷；他的脸色苍白憔悴，一双黑色的大眼睛炯炯有神，头发乌黑发亮。

我走向他的时候，他对我说：

"我冒昧地跟您讲话，"他说，"因为我很哀伤，就像你一样。我正要回君士坦丁堡安慰我的母亲，她正受着折磨。一个月前她得知我大哥自杀了；两星期后，又是另一出悲剧——我二哥也自杀了。现在我是她仅有的儿子。可是我怎样才能安慰她呢？我自己也在绝望的深渊，不如跟我哥一死了之。"

我们开始闲聊，他告诉我他是演员，而他手中的书是《哈姆雷特》，他正在揣摩如何扮演这个角色。

第二天晚上，我们在甲板上重逢。我们两人像是两缕幽魂，深深沉浸在自己的哀伤之中，但对方的陪伴又是一种慰藉，我们一直逗留到天明。

当我们抵达君士坦丁堡时，一位高挑美丽的女士来接他，她拥抱了他，神情悲凄。

我与潘娜洛贝下榻在裴拉大饭店。头两天周游了君士坦丁堡，穿梭在古城的小街上。到了第三天，有个人突然来拜访我。她是我在船上遇见的那位哀伤的朋友的母亲，也就是去港口接他的那位女士。她来时显得万分痛苦。她让我看她死去的两个俊美的儿子的照片，对我说："他们走了，我无法让他们死而复活，但是我来求你帮我救救我最后一个儿子——罗尔。我觉得他正在走他哥哥们的老路。"

"我能做些什么？"我对她说，"还有，他会有什么危险？"

"他已经离开君士坦丁堡，独自住在圣史蒂凡诺这个小村庄的一栋小房子里。他离开的时候，表情绝望透了，我感到凶多吉少。你给他很深刻的印象，所以我想，也许你能阻止他做傻事，使他能同情我这个母亲，重新振作。"

"为何他会如此绝望呢？"

"我不知道，也不知道他的两个哥哥何以要自杀。他们正值青春年华，俊美而幸福，为什么他们只想寻死？"

这位母亲的忠告深深打动了我，于是答应她去一趟圣史蒂凡诺村，尽我所能，让罗尔恢复理智。门房告诉我那儿的路颠簸难行，坐汽车几乎不可能，因此我到港口租了一艘小拖船。那天有风，博斯普鲁斯海峡波浪起伏，不过，我们依然安抵村子。根据罗尔的母亲给我的指示，我找到他住的房子。房子是白色的，孤零零地矗立在靠近古墓园的一个花园里。没有门铃，我敲了门，但是没有人来应门。我推门试试，发现门没锁，于是走进房子里。一楼是空的，我走了几阶楼梯，打开另一扇门，发现罗尔正在一个白色的小房间里，白色的墙，白色的地面，白色的门。他躺在有白色罩布的沙发上，一身打扮与我上次在船上遇见他时一模一样，白色西装，洁白的手套。沙发旁边有个小茶几，茶几上有个花瓶，里面插了一朵白色百合花，旁边放着一把左轮手枪。

我相信他已经两三天没有进食了。他神志不清，几乎听不到我说话的声音。我尽力把他摇醒，对他说他母亲的事，让他知道他哥哥们的过世让她心都碎了。最后我费了九牛二虎之力将他拉到正在等候我的那艘小船上——小心地把他那把手枪留在房间里。

一路上他不停地哭，而且拒绝回到他妈妈住的房子，因此我劝说他来我在裴拉饭店的房间。我在房里试着让他忘却令他如此哀伤的真正原因，因为他哥哥的死似乎不是他伤心欲绝的主因。最后他终于说了：

"你说对了，不是因为我两个哥哥的死，而是西尔维欧。"

"西尔维欧是谁？她在哪儿？"我问他。

"西尔维欧是世上最美丽的人，"他回答我，"他与母亲就在君士坦丁堡。"

一听到西尔维欧是个男生，我惊愕不已。不过，由于我喜爱柏拉图的学说，而且也的确认为他的《费德罗》①是有史以来写得最好的情诗，因此我不像一般人那样震惊。我相信最高层次的爱情纯粹是心灵相通的激情，它并不有赖于性的关系。

但是我决心要拯救罗尔的性命，因此，我直截了当地问他："西尔维欧的电话号码是多少？"

不久之后，我在电话上听到西尔维欧的声音。他的声音甜美，好像是发自一个甜美的灵魂。"你必须立刻到这里来。"我对他说。

不一会儿他就来了。他是个可爱的年轻人，大约18岁。那位让全能的宙斯动心的贾诺米德②，想必就是这个样子。

---

① 柏拉图在《费德罗》中，假托苏格拉底和青年男子费德罗的对话，其中一部分谈论的是抽象的恋爱。

② 希腊神话中，为众神司酒的美少年。

当这种感情继续下去，而宙斯在体操运动或其他集会时靠近贾诺米德并拥抱他时，宙斯爱上他的那股欲望狂潮淹没了这个情人，进入他的灵魂，多得溢了出来；就像微风或是回音从平滑的岩石上碰回转来一样，美丽的爱情也流过灵魂之窗——眼睛，然后再回到情人身上；此时爱情有了双翼，并且加快速度，滋养着这对情人，让爱意增长，让情人的灵魂也充满爱。他就这样爱着，但不知其究竟；他不明白也说不清楚自己的爱恋痴癫；他似乎感染了情人的盲目；情人是他的镜子，他在情人身上看见自己，但是他却毫无所觉。

——乔伊特[1]

我们一起吃饭并度过夜晚的时光。之后，我在阳台上俯瞰博斯普鲁斯海峡，很开心地看着罗尔与西尔维欧温柔亲切地密谈，我终于松了口气，因为罗尔暂时不会有轻生的念头了。

我打电话给他的母亲，那位可怜的女士高兴得几乎说不出感激我的话。

那个晚上，当我对这两位朋友道晚安时，觉得自己做了一件好事，救了这个俊美男孩的生命，但是几天后那位六神无主的母亲又来找我。

"罗尔又回圣史蒂凡诺的小屋了。你必须再救他一次。"

我觉得这给我很大的负担，却又无法拒绝这位可怜的母亲的哀求。由于上次搭船的颠簸经验，这一次我决定冒险开车。我打电话给西尔维欧，告诉他必须和我一起去。

"这次他又发什么疯了？"我问他。

"喔，是这么回事，"西尔维欧说，"我真的很爱罗尔，但

① 乔伊特（1817—1893），英国著名古典学者，以翻译柏拉图的《理想国》等著作而知名。

是我无法像他爱我的程度那样爱他，所以他说他宁愿不活了。"

我们在日落时出发，一路颠簸，终于到了罗尔的住处。我们直闯进去，再次将哀伤的罗尔带回饭店。我和潘娜洛贝在饭店里讨论了一整晚，商量该如何治愈这种深深影响罗尔的奇怪病症。

第二天，我与潘娜洛贝在君士坦丁堡的老街上闲逛，在一条狭窄阴暗的小巷，潘娜洛贝指着一块招牌，上面是亚美尼亚文，她翻译出上面的文字，意思是这里有个算命师。

"我们也去算算命吧。"潘娜洛贝对我说。

我们走进一间老房子，登上弯弯曲曲的楼梯，走过肮脏的回廊，在后面的房间里找到一位老妇人，她蹲坐在一口发出奇怪的气味的大锅子旁。她是亚美尼亚人，不过她懂一点希腊文，所以潘娜洛贝懂得她说的话。她告诉我们土耳其在此地进行最后一次屠杀时，她在这个房间里亲眼看见所有子孙惨遭杀害，连年纪最小的婴儿都难幸免。从那时起，她能洞悉一切，并且预见未来。

通过潘娜洛贝的翻译，我问她："我的未来会如何？"

那位老妇人瞧了瞧大锅发出的烟雾，说出几句话，潘娜洛贝为我翻译。

"你是太阳神的女儿。你被派到人间，散播欢乐给所有人类。未来将会有一种信仰，建立在你带来的欢乐之上。你四处游历，在你的晚年，你将在全世界建立殿堂。最终你将回到这座城市，你也会在此建立一座殿堂。所有这些殿堂都将献给美与喜悦，因为你是太阳神之女。"

当时我正处于哀伤又失望的情绪中，因此她的预言让我好生奇怪。

然后潘娜洛贝问她："那我的未来又是如何呢？"

她对潘娜洛贝说着话，我注意到潘娜洛贝脸色惨白，似乎被吓呆了。

"她跟你讲些什么？"我问她。

"她说的话让我很不安。"潘娜洛贝回答我。

"她说我有一只小羊——意思是指我的儿子米那卡斯。她说：'你想要得到另一只小羊'——那一定是指我一直希望生的女儿。但是她说这个愿望永远无法实现。还说我很快就会收到一封电报，上面写的是我深爱的一个人生了重病，而我深爱的另一个人即将死去。然后，"潘娜洛贝继续说着，"她还说我的命不长了，但是我将在一个高高的地方俯瞰这个世界，做最后一次沉思，然后离开尘世。"

潘娜洛贝完全心烦意乱了。她付了一些钱给那位老妇人，与她道别，然后拉着我的手，跑过那些回廊，冲下楼梯，跑向那条狭窄的街道，招了计程车回到饭店。

刚进饭店，门房拿了一封电报给我们。潘娜洛贝靠在我身上，几乎要晕厥了。我搀扶她回到她的房间，立即打开电报，上面写着："米那卡斯病重；雷蒙病重。立刻回来。"

可怜的潘娜洛贝简直发狂了。我们急忙将东西丢进车厢，我问门房什么时候有船开往圣地科伦达，门房说日落时有一班。不过，尽管匆匆忙忙，我并没有忘记罗尔的母亲。我捎了一封信给她，说："如果你想救你儿子的性命，务必让他马上离开君士坦丁堡。别问我原因。可能的话，请你今天带他来船上见我。船将在下午5点起航。"

我没有收到回音，直到开船的时候，罗尔手提着行李，半死不活地匆匆踩着梯板上船。我问他是否买了票或订了房间，但是他根本没想到这些事。幸好，船上的这些东方船员好说话。由于没有多余的舱房，我便与船长商量，让罗尔睡在我套房里的起居室，因为我视他为自己的孩子，像母亲似的为他担心。

抵达圣地科伦达的时候，我们发现雷蒙与米那卡斯发着高烧。我劝雷蒙与潘娜洛贝离开阿尔巴尼亚这个令人沮丧的国家，和我一起回欧洲。我还带了船医来，希望他运用医生的影响力说服雷蒙，但是雷蒙死活不离开他的难民们或是他的村子，而潘娜洛贝当然也不愿抛下他自行离开。

因此我不得不将他们留在那个凄凉的国家，让他们继续住在那个外面还刮着暴风雨的帐篷里。

轮船开向的里雅斯特，我和罗尔都非常不愉快，他一直流着泪。我拍了电报让人把车子开到的里雅斯特等我，因为我不想搭火车与其他乘客打交道。我们驱车北上，翻山越岭，直奔瑞士。

我们在日内瓦湖稍作停留。我们俩都很古怪，各自沉浸在自己的悲伤之中，或许正因如此，我们都很高兴有彼此陪伴。我们在湖上泛舟玩了几天。最后，罗尔终于答应我，为了他的母亲，他绝不再轻言自杀。

因此，某一天早晨，他离开瑞士，搭火车回到他的舞台。从此以后，我再也没见过他。不过后来我听说他一帆风顺，他饰演的哈姆雷特的角色大受欢迎，这是我很能理解的，因为可怜的罗尔对"生存还是死亡"①这句台词有深刻的体验。然而，他还很年轻，我希望他从此能找到真正的幸福。

我独自一人留在瑞士，陷入烦闷忧郁之中，我无法再待在同一个地方太久。由于深感烦躁不安，静不下来，我开着车走遍瑞士。最后，凭着一种抑制不住的冲动，又回到了巴黎。

我完全孤身一人，因为我无法与任何人相处。我哥哥奥古斯丁来过瑞士陪我，不过即使是他，也无法让我消除愁苦。最后我到了听到人的声音都觉得可憎的地步，而且当人们走到我的房间时，也好像离我很远，不像是真实的。就这样，某一晚我抵达巴黎，回到我位于纳利的房子。那栋房子已经无人居住，只有一位老先生负责照料花园。

我踏进我宽敞的工作室，一见到我的蓝色布幕，我就马上想

---

① 沙剧《哈姆雷特》第三幕第一场中哈姆雷特的独白。

起我的艺术与我的工作，我决定试着重拾我的艺术工作。因此，我请我的朋友亨利·史凯利来为我演奏。但是熟悉的音乐一响起，我就忍不住伤心落泪。的确，我第一次哭了。这里的一切都勾起我往日快乐的回忆。没多久，我甚至有了幻觉，听到孩子们在花园里玩耍的声音；而且，当我某一天走进孩子们以前住的那个小房间，看见他们的衣服和玩具到处乱放着，我完全崩溃了，我知道自己已经无法继续住在纳利。不过我依然试着振作，请了一些朋友来陪我。

但是我晚上总是无法入眠，我也知道这里离河太近，太危险。但我已无法忍受这一切，于是有一天坐上车前往南部，唯有以七八十公里的时速驱车奔驰，我才能脱离那种难以名状的日夜折磨。

我开车经过阿尔卑斯山，到了意大利，继续我的漫游，有时在威尼斯的运河上泛舟，让船夫整夜划船；有时在古城林米尼徘徊。我在佛罗伦萨待了一晚，我知道"克"也在佛罗伦萨，我很想见他，但是一想到他已经结了婚，去见他会使他徒增困扰，便克制住了。

有一天，在海边的一个小城，我收到一封电报，上面写着："伊莎多拉，我知道你在意大利散心，我恳求你到我这里来，我会尽我所能安慰你。"电报上的署名是埃莉诺拉·杜丝。

我到现在依然不明白，她当时到底是如何发现我的行踪的，还发电报给我，但是当我一看到那个具有魔力的名字，便觉得埃莉诺拉·杜丝是我唯一想见的人。电报是从维亚雷焦发来的，就在我所处海岬的对岸。我回电致谢，并说我马上就到，然后马上启程。

我抵达维亚雷焦的那天晚上，当地正遭到暴风雨侵袭。杜丝住在一所偏远的别墅里，不过她在饭店留了条子让我到她那儿去。

# 第二十七章

第二天，我乘车去拜访杜丝，她住在葡萄园后面的一栋玫瑰色的别墅里。她走过葡萄藤覆盖的小径来迎接我，样子像个神采奕奕的天使。她一把搂住我，美丽的双眼闪烁着爱与温柔，我想但丁在《天国》里遇见圣洁的贝亚特丽斯时，一定也是这种心情。

以后我便住在维亚雷焦，因为我从杜丝闪亮的眼中得到了鼓舞。她常常抱着我，抚慰我的伤痛；而且不只抚慰我，她似乎还将我的悲伤转到她的胸膛。于是我意识到我无法忍受他人陪伴，那是因为他们都故作笑脸，假装一切都没发生，想让我开心。然而杜丝却会单刀直入地说："跟我说说有关黛尔蒂与帕特里克的事。"她要我一再重复他们说过的话和他们的一些习惯，还要我给她看他们的照片，她吻着照片，流下了眼泪。她从没说过"别再难过了"，而是陪我一起难过。从孩子们过世之后，我还是第一次感到有人为我分担悲哀。因为埃莉诺拉·杜丝是个不凡的人，她有伟大的心胸，能包容世间的不幸，她的精神光芒万丈，照耀着世界上的黑暗悲伤。当我与她在海边漫步时，我常常觉得她的头仿佛像天上的星星那么崇高，她的手可以直达高山之巅。

有一次，她看着山丘对我说：

"你看克罗斯山丘旁的吉拉顿山丘树林密布，山坡上满是阳光普照的葡萄藤与繁花盛开的可爱的树；相比之下，克罗斯山丘看起来却似乎非常阴森可怕。但是，如果你看着崎岖灰暗的克罗斯山丘，将会看到白色大理石在发射光辉，等待着雕刻家的巧手让它们永恒不朽。吉拉顿山丘只生产凡夫俗子的需求，而这一面的克罗斯山丘生产的却是人类的梦想。这就是艺术家的生命——灰暗、忧愁、悲惨，但是却提供能激发人类远大抱负的白色大理石。"

杜丝喜爱雪莱，9月末常有暴风雨，有时闪电划破天空，掠过深暗的波浪之际，她会指着大海说：

"看啊——雪莱的骨灰——他就在那儿，漫步在海浪上。"

我很不喜欢陌生人在饭店里烦我，因此我决定住在别墅。但是为什么我会选择这么一个地方呢？一个红砖砌成的大房子，深深隐藏于一片偏远的忧郁松树林之中，周围院墙高耸。如果房子外的风景可以称为悲伤的话，那么房子内部就是无法形容的凄凉。根据村子里的传说，这里曾住过一位女士，有人说是法兰兹·乔瑟夫本人，苦苦爱恋奥地利宫廷里的某位显贵，她过着不幸福的生活，之后更亲眼看着他们两人生的儿子发疯。

在别墅顶楼有个小房间，窗户外加了铁栏杆，墙壁上画着稀奇古怪的图案，门上还有一个小方孔。当那位年轻的疯子变得危险有攻击性时，仆人就经由这个小方孔将食物送给他。在屋顶上有个开放式的大阳台，一边可以眺望大海，另一边可以观山。

这个阴沉的房子里至少有60个房间，我当时会租下它真是一时冲动。我想，吸引我的可能是房子周围浓密的松树林，还有从阳台上可以欣赏到的美丽景致吧。

我问杜丝是否愿意与我同住那栋别墅，但是她婉言谢绝了。她搬出夏日别墅，住进附近一栋白色小房子。

杜丝的通信习惯很怪。假如我住在另一个国家，她可能三年才发一封长电报。但是，现在我们住得近，她却几乎每天都会送一封贴心的短信，有时一天还送两三封，然后我们会相约见面，一同到海边散步。她边走边说："悲伤的舞蹈女神与悲伤的缪斯女神一起散步。"

有一天，我与杜丝在海边散步时，她突然转过身来，落日的

邓肯自传

余晖在她头部映成火红的光环。她凝视着我许久，表情奇怪难以理解。"伊莎多拉，"她声音哽咽地说，"别再去追求什么幸福了，你的眉头深锁，你已是世界上最不快乐的人；你所遭遇的不幸只是序幕而已，别再试探命运之神了。"

啊！埃莉诺拉，要是我接受你的警告就好了！但是希望是一棵固执的植物，你杀不死它。不管你摧毁它多少枝干，它总会再长出新芽。

杜丝当时是个了不起的人物，正当盛年，散发着智慧的光芒。当她独自在海滩漫步时，高视阔步，走路的样子不同于我见过的任何女性。她不穿紧身胸衣，身材高大丰满。她的打扮或许会让注意时尚的人望而却步，不过她散发出一种高贵的不凡气质。她的一切能让你感受到她伟大受苦的灵魂。她时常为我朗诵希腊悲剧或莎士比亚戏剧的台词，当我听着她念《安提戈涅》<sup>①</sup>中的某些台词时，心里想：这样美妙的表演居然不为世人所知，真是可惜。有些人认为杜丝在艺术生涯的巅峰时期突然退出舞台是因为她情场失意，或者是其他的感情因素。这些说法是无稽之谈。真正的原因是，她无法获得帮助或是经济资助，让她能按自己的意愿实现她的艺术理念——这个事实是简单又可耻的。

宣称"热爱艺术"的这个世界，竟然让这位世界上最伟大的女演员 15 年来活在孤独与穷困之中。当莫里斯·杰斯特终于准备实现她的梦想，为她在美国安排一次巡回表演时，已经太迟，因为她在那最后一次的巡回表演中过世了，当时她正可悲地到处筹钱进行她的工作，她为了这个梦想已经等待了许多年。

我租了一架大大的钢琴放在别墅里，然后我打电报给我忠实的朋友史凯利。他立刻就来了。杜丝非常热爱音乐，每晚他为她演奏贝多芬、肖邦、舒曼与舒伯特的音乐。有时她会以低沉悦耳

---

① 古希腊喜剧家索福克勒斯的著名悲剧。

的歌声唱着她最爱的歌曲《让我在黑暗的坟墓里哭泣》①，唱到最后几句"负心人——负心人"的时候，她的声调哀凄，表情沉重，不由得使人流泪。

一天傍晚，我突然要求史凯利为我演奏，我为她跳贝多芬第八钢琴奏鸣曲《悲怆》②的慢板。那是我自从 4 月 19 日之后第一次跳舞，杜丝很感谢我，将我抱在怀里亲吻着我。

"伊莎多拉，"她说，"你在这儿做什么？你应当回到你的艺术中去。那才是你唯一的救赎。"

杜丝知道有人几天前请我签一纸合约，要我去南美巡回表演。

"接下这份合约吧，"她怂恿我，"生命短暂，但是无趣的日子却如此漫长。摆脱悲伤和无趣吧，走吧！"

"走吧，走吧！"她用法语说，但是我的心情如此沉重。在杜丝面前，我能强颜欢笑；而要我在观众面前表演，我似乎做不到。我整个身心都受到了摧残，每一次的心跳都是我大声呼喊着孩子们的声音。只要与杜丝在一起，我便有了慰藉。但是夜里剩下我一个人，睡在这栋孤零零的别墅里，听着空荡阴森的房间传来的回声时，只能独自熬到天明。天一亮，我便起身到海里游泳。我以为我会游得很远，远到无法回到岸上，但是我的身体总是会自己往陆地的方向游回来——这正是青春生命的活力所致。

在一个阴郁的秋日午后，我独自在沙滩上漫步。突然，我看见黛尔蒂与帕特里克手牵着手，站在我前面。我呼喊着他们的名字，但是他们只是笑着，随即跑得无影无踪。我在他们后面追着，不断呼喊他们，他们突然消失在浪花之中。一阵恐惧袭上我的心头，我竟然看见我的孩子们，难道我已经疯了？有一段时间，我很清楚我正踩在疯狂与理性的界线上。我眼前出

---

① 贝多芬于 1807 年所作的曲子，由卡帕尼（1752—1825）填词。

② C 小调钢琴奏鸣曲，作品第 13 号。

现精神病院——那种一成不变的沉闷生活——我感到痛苦绝望，扑倒在地，痛哭失声。

我不知在那儿躺了多久，直到一双怜悯的手抚摸着我的头。我向上一看，看见了一张宛如西斯廷教堂壁画上的人物的俊美脸庞。他刚下船，站在那儿对我说：

"为什么你一直哭泣呢？我能不能为你做些什么，让你觉得好过一点？"

我抬头望着他。

"是的，您救救我，"我回答，"拯救我，不只拯救我的生命，还有我的理智。给我一个孩子。"

那一晚，我们两人一起站在我别墅的屋顶。太阳即将西下，明月从大理石的那一面山坡缓缓升起。当我感受他强壮年轻的双臂拥抱着我，双唇贴着我的嘴唇时、当他将所有的意大利热情都倾注到我身上时，我觉得他将我从哀伤与死亡的边缘救了回来，我被带回到光明的乐土，再度体验爱情。

第二天早晨，我告诉杜丝这一切，不过她似乎一点也不惊讶。艺术家原本就住在传奇和幻想的世界，因此对她而言，这位米开朗琪罗创造的年轻男子漂洋过海来安慰我，似乎是再自然不过的事。而且，尽管她不乐意会见陌生人，但她还是欣然同意我向她介绍我的年轻的米开朗琪罗，我们去他的工作室拜访他，他是个雕刻家。

"你真的认为他是天才吗？"她看过他的作品之后问我。

"毫无疑问，"我回答，"而且，或许他能成为米开朗琪罗第二。"

青年人是灵活多变的，而且相信一切；而年轻的我几乎相信新的爱情能让我不再悲伤。当时我对于不时折磨我的苦痛已经感到无可奈何，我常常朗诵雨果的一首诗，最后我终于说服自己，"是的，他们将会回来，他们正等着回到我身边。"但是，唉，这个幻梦并没有持续多久。

我的情人似乎来自一个家规极严的意大利家庭，并且他当时已经与一个意大利女孩定了亲，她的家庭也同样古板。他事先并未提过这件事，只是有一天他寄了一封信给我，向我解释并与我道别。我一点也不生气，我觉得他拯救了我的理智，从那以后，我知道我并不孤单；并且，我的思绪进入一个极为神秘的境界。我觉得我的孩子们的灵魂就在我身边徘徊，我觉得他们将会回到世上抚慰我。

秋天快要到了，杜丝搬回她位于佛罗伦萨的别墅，我也离开那栋死气沉沉的别墅。我先去佛罗伦萨，然后又去罗马。我依然哀伤不已，不过我安慰自己："不管怎样我还没进坟墓或被送去精神病院。我还在这儿。"我忠诚的朋友史凯利与我同行。他从不质问我或对我持怀疑的态度，只是不断付出他的友谊，崇拜我，还为我演奏。

对一个忧伤的心灵而言，罗马是个奇妙的城市。雅典的耀眼光芒与尽善尽美可能只会加剧我的痛苦；而罗马有许多伟大的古迹和历史遗址，目睹世代更迭，生死交替，这正是我的止痛良药。我尤其喜欢在拂晓之际到亚品路悠游漫步。两排长长的坟墓之间的路上，酒车从弗拉斯卡提缓缓驶过，半梦半醒的车夫仿佛是斜倚在酒桶旁的疲累牧羊神。此时我觉得时间好像停止了。我像个在亚品路上游走千年的灵魂，在坎潘亚的旷野、拉斐尔[①]所绘的天际天空中遨游。有时我高举双臂，伸向这片天空，然后就像一个在累累坟墓丛中游荡的悲惨幽灵似的翩然起舞。

到了晚上，史凯利与我外出游玩，我们常常在喷泉前面驻足流连，这些喷泉发源于山间，长流不息。我喜欢坐在喷泉旁，听着水声潺潺，时常坐在那儿静静饮泣，我温柔的同伴则怜悯地握着我的手。

---

① 拉斐尔（1483—1520），意大利文艺复兴时期画家。

有一天，洛翰葛林发来的一封长电报唤醒了在悲伤中徘徊的我，他以艺术的名义，恳请我回到巴黎。这封电报深深地影响了我，于是我决定搭火车前往巴黎。途中，我们经过维亚雷焦，我看见松树林里那栋红砖别墅的屋顶，想起在那儿度过的充满绝望与希望的日子，也想到我即将离开的那位高贵的朋友埃莉诺拉·杜丝。

洛翰葛林为我在克丽珑饭店准备了一间豪华套房，里面摆满了鲜花，从房间可以俯瞰协和广场。当我告诉他我在维亚雷焦梦见孩子们复活回到世上的那个神秘体验时，他双手捂住脸，似乎经过一段挣扎之后，对我说："1908 年时，我首次来到你身边帮助你，然而我们的爱情造成了悲剧。现在让我们携手，依你的想法创建你的学校，并且在这个伤心的世界，为其他人创造一些美丽的事物。"

然后，他告诉我他已经买下贝尔维的一间大饭店，从饭店的庭园可以俯瞰巴黎全景，饭店的花园倾斜到河畔，饭店里的房间可以容纳 1000 个孩子。现在只要我一句话，这座学校就能永远存在。"只要你愿意将个人的情感搁在一旁，目前只为这个理想而活。"他说。

尽管生活不断给我带来悲伤与灾难，然而这一路走来，我的理想却永远光辉闪耀，于是我同意了。

第二天早晨，我们参观贝尔维。从此，装潢师与家具商在我的指挥下忙着工作，将这个颇为平庸的饭店改造成为"未来之舞殿堂"。

我们在巴黎市中心举行了一次选拔考试，从中挑选出 50 位新生，此处，还有我们第一所学校原有的学生和女管家。

我在饭店的餐厅挂上蓝色布幕，将原本的餐厅改成练舞室。我在这个长形的房间中央搭了一个舞台，有梯子可供上下，创作舞蹈者可以在舞台上试演他们的作品。我认为普通学校的生活之所以枯燥乏味，部分原因是学校的地板都建在一个平面上。因此，我在这些房间之间建造了上下彼此相连的小通道。餐厅的摆设布置与位于伦敦的英国下议院相仿，两旁一排一排的座位分层排列，年纪大一点的学生与教师坐在层次较高的座位，孩子们则坐在前面比较低的座位。

在这种热气腾腾的生活之中，我重拾勇气，再次教导学生，学生们的学习速度也相当惊人。开学不过三个月，她们就进步神速，让那些来学校欣赏他们表演的艺术家们都赞叹不已。每个星期六是艺术家日。上午11点至下午1点有一场艺术家们的公开课，然后，洛翰葛林像往常一样准备了丰盛的午宴，款待艺术家和孩子。如果天气好，我们就在花园里设宴。午餐结束后还举办音乐演奏、诗歌朗诵以及舞蹈表演等活动。

罗丹的家就在对面马敦的山丘上。他常来作客。他习惯坐在练舞室，边看着年轻女孩与孩子们跳舞，边画着素描。有一次他对我说："假如我年轻时有这些模特儿，那该有多好！假如我有这些能依据自然与和谐而舞动的模特儿，那该有多好！没错，我以前也画过美丽的模特儿，但是我不曾有过像你的学生一样懂得运动科学的模特儿。"

我为孩子们买了许多五光十色的披风，当她们离开学校，到森林散步时；当她们跑步和跳舞的时候，就像是一群美丽的鸟儿。我当时相信这所位于贝尔维的学校会永远存在，也相信我应该在那儿干一辈子，将我舞蹈工作的一切成果都留在那儿。

6月，我们在特罗卡德罗剧院举办一场狂欢节。我坐在包厢，看着我的学生们跳舞。节目进行到某些精彩时刻的时候，观众们会兴奋地站起来热烈欢呼。表演结束时，他们一直鼓掌，久久不肯离去。尽管这些孩子并不是受过专门训练的舞者或艺术家，但是我坚信观众对于孩子们的热情正是他们对于我已预见的一种人类新兴运动的期许，这正好表达出尼采的理想与远见。

"舞者查拉图斯特拉，轻盈的查拉图斯特拉，他拍着羽翼向所有鸟儿示意，他振翼欲飞，他充满喜悦，心情轻松。"

她们是跳着贝多芬《第九交响曲》的未来舞者。

# 第二十八章

　　贝尔维的生活从早晨起就是一片欢腾，你会听到小脚丫子啪啪啦啦在走廊上跑着，还有孩子们一起歌唱的声音。待我下去，她们已在练舞室，一看见我就齐声大喊："伊莎多拉，早安。"在这种欢乐的气氛之中，谁还会愁眉不展？虽然我常常在她们之中找寻那两张不复存在的脸庞，然后回到房间暗自哭泣，但是我每天依然有教导她们的勇气，她们跳舞的可爱优雅模样也鼓励我继续活下去。

　　公元 100 年时，在罗马的郊外山丘上有一座学校，名叫"罗马教会舞蹈学校"。这所学校的学生乃是从罗马最高贵胄中挑选而来，不只如此，学生们还必须有数百年的贵族世袭血统，其间不容许有一点儿不纯。他们必须学习所有艺术与哲学，但是舞蹈才是主要的科目。他们必须在每个季节到剧场表演一次舞蹈。举办这些表演时，他们便从山丘走下，来到罗马。他们在罗马参加一些仪式，然后为大众跳舞，净化这些观众的灵魂。这些男孩的舞蹈既热情又纯净，他们的舞蹈影响与提升观众的心灵，就像药物医治病人一样。当我第一次创办学校的时候，我的梦想正是这种圣洁的舞蹈表现；我也相信，贝尔维对于巴黎以及这里的艺术家同样具有重大意义。

　　每个星期都有一群艺术家带着素描簿到贝尔维，因为这所学校让艺术家们灵思泉涌，今日仍然存在的数百幅素描以及跳舞模样的模特儿塑像就是出自这些灵思泉涌。我梦想借着这所学校，在艺术家与模特儿之间建立起一种崭新的理想关系；我的学生们随着贝多芬与弗兰克①的音乐起舞，扮演希腊悲剧的合唱队，或是朗诵莎士比亚的戏剧。他们的形象不同于我们在艺术家工作室里常见的那样干涩呆板，而是一种最能表现出生命的活泼与生动的形象。

为了充实这些理想，洛翰葛林现在计划在贝尔维的山丘上建立那座当初不幸被中断兴建的剧院。他想将它建成一座狂欢节日剧场，让巴黎人在重要的庆典节日时来这里欣赏节目，还要给剧院配备一个交响管弦乐团。

他再度招来建筑师路易斯·苏，早已束之高阁的剧院模型也再度在图书馆里建立起来，地基也标定了。在这座剧院里，我希望再度实现我的梦想，将最纯粹的音乐、悲剧与舞蹈等艺术组合起来。莫奈—苏利、埃莉诺拉·杜丝或是德丝普蕾将在这座剧院上演《俄狄浦斯》《安提戈涅》或《厄勒克特拉》②，我的学生们则饰演剧中的合唱队。我也计划在这座剧院以贝多芬的《第九交响曲》以及我的1000个学生的舞蹈，庆祝贝多芬诞辰一百周年。我在心里描绘着，想象有一天孩子们将会步下山丘，就像古时的雅典人一样，泛舟河上，在印维里德上岸，继续她们的神圣之旅，向先贤祠前进，并且在那儿跳着舞纪念伟大的政治家或英雄。

我每天花好几个小时教导我的学生，当我累得无法站立时，就靠在长沙发上，用我的双手与手臂的动作教导她们。我的教学能力看来确实有点神奇，我只需将双手伸向孩子们，她们就能开始跳舞。我甚至不像在教她们如何跳舞，而是开启了一条道路，让她们浸淫在"舞蹈精神"之中。

我们计划上演欧里庇德斯的《酒神女祭司》，哥哥奥古斯丁将饰演狄俄尼索斯一角，他对这部剧相当熟悉，每晚为我们朗诵

---

① 弗兰克（1822—1890），比利时裔法籍作曲家、管风琴师与教师。

② 厄勒克特拉是希腊神话中阿伽门农与克吕泰涅斯特拉之女，后来与其弟共弑其母，为父亲复仇。

台词，有时他给我们演莎剧或者拜伦的《曼弗雷德》的片段。邓南遮对这所学校很热心，常来与我们一同用餐。

从第一所学校来的那一小群学生，现在已经长得亭亭玉立，她们帮助我教导小同学，看着她们的成长与蜕变以及她们传授我的教诲时，信心百倍，让我相当感动。

但是到了1914年7月，一种奇怪的压迫感笼罩世界。我和孩子们都感受到了这股压迫。当我们从大阳台上俯瞰巴黎时，孩子们常常沉默不语。天空乌云密布，一种可怕的沉闷笼罩大地。我感觉到这股凝重的气氛，我肚子里的胎儿似乎也变得较为虚弱，不像过去两个孩子那样有劲。

我想我太过努力克制哀伤，以便开始新生活，因此觉得非常疲惫。7月中旬时，洛翰葛林提议将学生们送到英格兰德文郡他的宅邸度假。因此有一天早晨，学生们两个两个过来与我道别。她们8月时将在海边度假，9月回巴黎。她们走后，房子变得空荡荡的。我尽管强打精神，却仍然为一种深沉的抑郁所折磨。我觉得好累，常常好几个小时坐在阳台上俯瞰巴黎，越来越感到有某种危险正从东方渐渐逼近。

然后，某天早晨传来卡尔梅特①被谋杀的噩耗，整个巴黎陷入惊慌恐惧之中。这真是个悲惨的事件，但这只是开端，接下来还有更悲惨的事。卡尔梅特一直很支持我的艺术以及我的学校，因此听到这个消息后，我大为震惊和悲恸。

我坐卧不安，恐惧不已。现在孩子们已经离开，贝尔维这个地方变得好空旷、好安静，偌大的练舞室似乎更显凄凉。尽管我告诉自己，孩子就要生了，学生们也会回来，贝尔维将再度充满活力与欢乐。但是，我仍然度日如年，直到有一天早上，当时常来我家做客的一个朋友——布森医生突然脸色苍白地来找我，

————————
① 卡尔梅特（1858—1914），法国《费加罗报》编辑，反对法国总理凯洛的非洲政策，并威胁出版凯洛与情妇的情书，后遭这名情妇枪杀身亡。

他手上拿着一份报纸。我从报上看到大公爵被谋杀的头条新闻，接着谣言蜂起，说不久之后一定会爆发战争。果真大事即将发生之前，会先出现预兆。现在我终于明白，上个月我感受到的那股笼罩贝尔维的黑色阴影就是战争。哪里会知道，当我忙着筹划复兴剧场艺术以及举办让人类欢欣鼓舞的庆典活动时，却有人忙着计划战争、死亡、灾难。啊！我小小的力量如何能抵得过这股狂潮？

8月1日，我开始感觉到生产的剧痛。窗户下面的街道上，大家正喊着动员的消息。那天天气很热，因此我打开窗户，鼓声与大家的喊叫声伴着我的哭喊、痛苦呻吟与挣扎呼唤。

我的朋友玛丽在房里摆了一个摇篮，上面挂满白色棉布。我盯着摇篮，深信黛尔蒂或帕特里克即将再度回到我身边。外面的鼓声响个不停，但是孩子一定得出世，而生产过程非常痛苦。一位陌生的医生代替我的朋友布森医生来帮我接生，因为布森医生已被征召入伍。那位医生一直说："夫人，坚持住。"为什么要一个被剧痛折磨的可怜人"坚持"呢？要是他对我说："忘记你是个女人，忘记你必须坚忍痛苦这种蠢话，抛开一切，尽情大喊大叫——"或许还让我舒坦些；或者，假如他能体贴地给我一些香槟，那就更好了。但是这位医生的想法与我相差甚远，他只会说："夫人，坚持住。"护士则烦躁不安，一直用法语说："夫人，战争爆发了，战争爆发了。"我心里想着："一定是个男孩，但是他还太小，不必上战场。"

最后，我终于听到宝宝的哭声——他大哭——他活着哩。在那悲惨的一年里，我一直担惊受怕，现在这些情绪一扫而空，随之而来的是极度的喜悦。哀悼、悲伤与眼泪，长久的盼望与痛苦，全在这喜悦的一刻得到补偿。当然，如果有上帝的话，那么他真是一位伟大的舞台导演。当我手上抱着这个美丽的男孩时，漫长的悲伤和疑虑顿时化作了欢乐。

但是鼓声继续响着，"动员——战争——战争。"

"战争爆发了吗？"我心里想着，"我才不在乎。我的宝宝安全地躺在我的臂弯里，让他们去发动战争吧。关我什么事。"

人类的喜悦真是自私。我的窗外门外陆续传来叫声，女人的哭泣声、呼喊声，还有大家讨论动员的声音。但是再度抱着我自己的孩子，让我觉得喜悦无比，简直像是上了天堂一般。

夜幕降临，我的房间挤满了人，他们庆祝我的宝宝诞生。"现在你又快乐了。"他们说。

然后，他们一个接着一个离开了，只有我和孩子在一起。我轻声道："你是谁，黛尔蒂或是帕特里克？你已经回到我身边了。"突然之间，小宝宝盯着我，憋住了呼吸，他好像噎着了，吸不到空气，他冰冷的唇间吐出长长的叹息声。我叫护士来，她检查之后，惊恐地将宝宝抱走，我听到她在另一个房间喊着要氧气、要热水……

经过一个小时的痛苦等待之后，奥古斯丁走进房间，对我说："苦命的伊莎多拉——你的宝宝——已经死了——"

我现在相信，那时我所受的痛苦达到了人间痛苦的顶峰，因为这次宝宝的死亡，就像那两个孩子又死了一次。就像是重复第一次的苦痛，还加上新生的折磨。

我的朋友玛丽来看我，她哭着将摇篮拿走。我听到在隔壁房间榔头敲碎摇篮的声音，那是我可怜的宝宝唯一的摇篮。榔头敲出了极端绝望的最后音符，就像打在我的心上。我躺在那儿，整个人像被撕碎了一样，无依无靠。我泪流满面，乳汁不断溢出，还有生产完后的出血。

一个朋友来看我，他对我说："你个人的痛苦算什么？战争已经夺去成百上千人的生命——伤兵从前线被送回来。"因此我只好让出贝尔维，让他们设临时医院。

在战争年代里，人人都同样热情高涨。坚持不妥协的信念与高尚的激昂情绪，只是让连绵千里的土地被蹂躏践踏，让无数人牺牲生命。是非功过又有谁说得准呢？当然以目前的观点来看，战争似乎有害无益，但是我们如何能判断得失？罗曼·罗兰则安全地坐在瑞士观望战争，摇晃着他苍白的头，沉思着战争，对于加入战争的不同国家，各有谴责与祝福。

不管怎样，从那时候起，我们都很慷慨激昂，连艺术家都说："艺术算什么？孩子们牺牲生命，士兵牺牲生命。艺术有什么用？"假如我当时有足够的智慧的话，我应该这么回答："艺术比生命更伟大。"我应该待在我的工作室，继续创作艺术。但是我却没有主见，跟随其他的人说："把我这些床拿去吧，这栋为艺术而设的房子让你们使用，在这里设立医院，医治伤兵。"

有一天，两位抬担架的人进到我的房间，问我想不想去看看我的医院。当时我不能走路，他们用担架抬着我走过一个个房间。在每个房间，我看见我的酒神女祭司、舞动牧羊神、仙女与森林之神的浅浮雕，都从墙上被拿下来了；还有我的帐幔与布幕也被拆掉了，代之以从一家天主教商店买来的廉价耶稣受难像。在战争期间，这些商店大批卖这类耶稣像。我想如果这些可怜的伤兵第一次醒来的时候，能看到房间原来的布置，那该有多高兴。为什么要让他们看着这位在金色十字架上张开双臂的可怜耶稣呢？这是多么令人忧伤的景象。

在我美丽的练舞室里，蓝色布幕已经被取下来，取而代之的是无数排等着伤兵的床铺。架上原本摆着适合初学者阅读的诗集的图书室，现在已成为等待着殉道者的手术场所。当时我的身体衰弱不堪，深深受这些景象影响。我觉得酒神已完全被击败。这是基督在十字架上受难后的统治时期。

不久之后，我听到第一批担架兵脚步沉重地抬着伤兵进来。

贝尔维！我的艺术卫城，原本此地应该是启发灵感的泉源，一座为这些爱哲学、诗歌与伟大音乐启迪的高贵灵魂而设的艺术院。从这一天起，艺术与和谐消失，四壁之内，我听到自己的哭声、受伤的母亲的哭声以及宝宝受到战鼓惊吓的哭声。我的艺术殿堂变成了殉难者牺牲的场所，最终变成死伤遍地的藏骸所。我曾经向往天国音乐的地方，现在却只听到刺耳的痛苦号叫。

萧伯纳[①]说过，只要人们继续屠宰动物并且吃它们的肉，我们就避免不了战争。我想所有意志清醒、有思考能力的人一定同意他的看法。我的学校里的孩子们都吃素，她们只吃蔬菜与水果，却都长得健康又美丽。在战争期间，当我听到伤者的哀号声时，我想到在屠宰场里的动物发出的哀号声；我觉得正因为我们杀害这些不能反抗的可怜动物，神明就要惩罚我们。到底谁喜欢这种我们称之为"战争"的恐怖之事？大概是那些杀生的肉食者杀惯了，他们杀害飞禽走兽，猎杀温和的鹿、狐狸，甚至还要杀人。

屠夫围着沾满鲜血的围裙，激起屠杀的情绪。怎能不是这样呢？割开小牛的喉咙与划开我们人类同胞的喉咙只有一步之差。当我们腹中是这些被谋杀的动物的尸体时，我们又怎能期待世界达到理想的境界？

等我能够走动之后，我与玛丽出发去海边。我们沿途经过战区，在我报出我的名字时，我受到极大的礼遇。当值勤的哨兵说"这位是伊莎多拉·邓肯，让她通行"时，我觉得这是我一生中从未享受过的最高荣誉。

我们去杜维，住在诺曼底饭店。我很累，又有病，很高兴能找到这个适合休息的好地方。但是几个星期过去了，我依然无精打采，甚至无法下床到海边呼吸新鲜的空气。最后，我觉得病情相当严重，就去请医院的大夫。

令我惊讶的是，医生竟然没来，他只用托词敷衍我。没人可以照料我，我只得继续留在诺曼底饭店。我病得连将来怎么办都

---

[①] 萧伯纳（1856—1950），英国剧作家、批评家、文学家。

不去考虑了。

当时，那间饭店是许多巴黎著名人士的避难所。住在我们隔壁的是柏拉蒂女伯爵，她有一位诗人宾客孟德斯鸠伯爵。晚饭以后，我们常常听着他用假音朗诵他的诗作，在不断的战争与屠杀的消息之间，能听到他热情颂赞美丽，真是一件乐事。

吉特里[①]当时也住在诺曼底饭店，他每晚在大厅讲述好多趣闻逸事，大家都大为开心。

不过，一旦信使从前方送来前线的悲剧性新闻，我们就又回到悲惨的现实。

我不久就厌烦这种生活了，由于病得无法到处游走，于是我租了一栋附带家具的别墅。这栋别墅名为"黑与白"，别墅里的所有小地毯、窗帘与家具都是由黑白两色组成。我租下的时候，还觉得很别致。但当我住进这栋房子后，才发现里面的气氛很阴郁。

我从贝尔维搬迁至此，带着我对我的学校、艺术与未来新生活的期望，来到位于海滨的这栋黑白色的小房子。我孤孤单单，生着重病，而且寂寞凄凉。不过，最坏的还是我的病。我几乎没有力气走那一小段路到海边。秋天到了，9月的暴风雨开始肆虐。洛翰葛林写信告诉我，他们已经将学生们带到纽约，希望能在那儿找到战时避难所。

有一天，我觉得比平常更为孤寂，于是我去医院找那位当时不愿意来看我的医师。他是一个留着黑胡子的矮个子，不知是我的想象，还是他真的一看见我就飞也似的拔腿就跑？我走向前对他说：

"医生，为什么你不愿意给我看病呢？否则为何我差人请你来为我看病时，你不愿意来呢？你难道不知道我病情严重，真的需要你吗？"

他结结巴巴说着一些借口，眼神依旧充满恐惧，不过他答应

---

① 吉特里（1885—1957），法国演员、剧作家兼导演。

第二天来看我。

第二天早晨，秋天的暴风雨开始肆虐，海浪卷得好高，外面还下着倾盆大雨。在这种天气状况下，医生来到"黑与白"别墅。

我坐在壁炉前，想点燃木柴生个小火，但是烟囱不通，开始冒烟。医生为我把脉，问了我一些平常的问题。我告诉他发生在贝尔维的那件令我哀伤的事——也就是宝宝过世的悲剧。他继续以那种失魂落魄的眼神盯着我。

突然之间，他将我抱在怀里爱抚着我。

"你没有生病，"他说，"你只是心病了，因为没有爱情而病。唯有爱情才能治愈你的病。爱情，更多的爱情。"

我当时孤单、疲惫又悲伤，因此我很感激他自然又热情地流露感情。我在他的眼中找到爱情，我以我受伤的灵魂与身体之哀伤力量，回报他的爱。

每一天，他结束医院的工作之后就来我的别墅。他告诉我当天的可怕经验，伤员们如何受罪以及那些常常是徒劳无功的手术——可怕战争带来的恐怖。

有时我陪他值夜班，此时位于原本的卡西诺剧院的偌大医院，里面所有的人都睡了，只有中央的一盏夜灯还亮着。到处都有虚弱不堪、不能入眠的伤员，一面翻身一面呻吟，他会过去看他们，说一些安慰的话，给他们倒杯水喝，或者想办法哄他们入睡。

就在这样艰辛的白昼和可悲的黑夜之后，这个奇怪的男人需要爱情与热情，他惹人同情又感情澎湃。在这些激烈的拥抱与使人癫狂的纵情欢乐之中，我的身体复原了，又能够到海边漫步了。

有一晚，我问这位奇怪的医生，为什么他当初拒绝来为我看病。他并没有回答我的问题，但是他眼中流露出极为痛苦与哀伤的神情，使我不敢追问下去。但是我愈发好奇，觉得这其中一定有个谜。我深感我的过去与他拒绝回答这件事之间似乎有某种奇怪的关系。

11月1日是纪念殉难者日，我站在别墅的窗边，此时我注意到花园那一小块土地上铺着黑色与白色的石子，很像两座坟墓。看到花园的墓地让我陷入一种神志不清的状态，不由自主地浑身发抖。的确，我似乎被困在苦难与死亡的网子里，整天独自一人待在别墅，或是徘徊在寂寥的海滩上。一列又一列的火车抵达杜维，运来一车又一车的伤者或是垂死的士兵。曾经时髦一时的卡西诺剧院，上个旺季还到处都是爵士音乐和欢笑之声，现在却变成一座充满苦痛的大旅店。我越来越哀伤，而安德烈的热情每晚更加强烈。他像个被回忆萦绕的可怜人，当我问及他抑郁绝望的原因时，他就对我说："当你知道一切的时候，也就是我们该分手的时候。你别再问我了。"

有一晚，我醒来时发现他正倾身端详睡梦中的我。他的眼神如此绝望，已经到了我无法忍受的地步。

"告诉我是怎么回事，"我求他，"我无法再忍受这种不祥的神秘。"

他退后了几步，低头注视着我——他身材不高，脸形四方，蓄着胡子。

"你不认识我了？"他问我。

我一直看着他，疑云渐渐消去，我放声大哭起来。我当然记得他，还有那个可怕的日子。就是这个医生给我希望，他就是当时试着拯救我的两个孩子的那位医生。

"现在你知道，"他说，"我受着什么样的折磨了。当你睡着的时候，你的模样和那个躺在床上的小女孩一模一样。我尽力想救她，好几个小时，我试着从我的口中送气息给她——我的生命通过她的小嘴——给她我的生命——"

这些话引起我的心头剧痛，我整晚无助地哭着，他的痛苦不亚于我。

从那一晚起，我意识到对他的爱强烈得出乎我的意料，但是当我们两人对彼此的爱与欲望增加时，他的幻想更加严重，直到有一晚，我醒来发现这双恐怖的哀伤之眼再度望着我，于是我知道，一直纠缠着他的痛苦回忆终究会使我们俩都发疯。

第二天，我在沙滩上散步，走得越来越远，心里藏着一个可怕的念头，不想再回到这栋抑郁的"黑与白"别墅，也不想回到那包围着我的像死亡一般的爱情。我走得很远，直到黄昏时分，然后天色完全暗了下来，这时候我才发觉，我必须往回走。涨潮的速度很快。我在这些打上来的海浪之中走着。虽然天气很冷，但是我很想面对浪涛，一直走进海里，永远结束那无法忍受的忧伤。艺术、新生命的诞生或是爱情，都无法让我从这深沉的哀伤之中解脱。我试了各种方式想挣脱，但是我只发现毁灭、痛苦与死亡。

半路上，我遇到安德烈。他变得焦躁不安，因为他发现我无意中掉在海边的帽子，他以为我已经在海浪中结束我的苦痛。当他走了几英里，看见我还活着朝他走来时，不由得像孩子似的欢呼起来。我们走回别墅，试着安慰彼此，但是，我们意识到，如果我们不想发疯的话，我们势必得分手，因为我们的爱情夹杂着可怕的偏执，只能导致死亡或是进疯人院。

此时又发生另一件事，让我更加哀伤悲恸。我派人从贝尔维寄一箱冬衣过来。有一天，他们将箱子送到别墅，可是搞错了箱子，当我打开箱子的时候，发现箱子里装的是黛尔蒂与帕特里克的衣服。这些衣服重现于眼前——他们生前最后一次穿的衣服——小外套、小鞋与小帽，我又一次失声痛哭，就像当时我看见他们死了，静静躺着时失声痛哭一样。奇怪的、长长的、哀号的声音，连我自己都听不出那是我自己的声音。我的喉咙发出的声音仿佛是有人残忍地伤害动物时，动物所发出的死亡之声。

安德烈回来时发现我失去意识，躺在打开的箱子旁，手上还紧紧抓着这些小衣服。他将我抱进另一个房间，把箱子弄走，从此以后，我再也没看过那个箱子。

# 第二十九章

当英国参战的时候，洛翰葛林让出他位于德文郡的城堡，以便改建成医院。为了保护我学校里的各个国籍的孩子们，他将她们全送往美国。奥古斯丁与伊丽莎白当时与学生们一起待在纽约，他们不断来电报要我到他们那里去。因此，最后我决定去美国。

安德烈带我到利物浦，送我搭上一艘开往纽约的轮船。

我不胜悲哀劳累，因此一路上一直待在船舱里，只在半夜才到甲板去，此时所有乘客都已进入梦乡。当奥古斯丁与伊丽莎白在纽约接我的时候，他们看到我的改变以及我的病容都吓坏了。

我的学生被安置在一栋别墅里——这是一群快活的难民。我在第四大道与第二十三街路口租了一间大工作室，我在工作室四周挂上我的蓝色布幕，我们重新开始工作。

我刚从浴血奋战的法国回到美国，因此很看不惯美国对战争漠不关心的态度。一天晚上，我在大都会歌剧院演出完毕后，围上红披巾，即席演出《马赛曲》。我以此呼吁美国的年轻男孩起来保护我们这个时代最重要的文明——那个通过法国传到全世界的文化。第二天早晨，各家报纸都热心加以报道。其中一份报道写着：

> 伊莎多拉·邓肯小姐以一场慷慨激昂的《马赛曲》表演，受到异常热烈的欢迎，他们站起身为她欢呼了好几分钟……她高贵的姿态宛如巴黎凯旋门上面的古典人物。她的肩膀是赤裸的，而且当她扮演著名的凯旋拱门

上（由吕德①所作的）那些美丽雕像时，她的半边身子直到腰部，也是赤裸的，让观众为之疯狂。观众发出欢呼声，赞赏着这种真正的高尚艺术表演。

不久之后，我的工作室成为很多诗人与艺术家的聚会场所。从此，我重新抖擞精神。我发现新建的世纪剧院无人使用，于是我租用一季，开始在那儿创作我的《酒神之舞》。

但是这座剧院原本的设计让我厌恶不已。为了将它改造成希腊剧场，我把乐队席位挪走，然后在上面铺上蓝色地毯，以便让合唱队绕着唱歌。我以蓝色大布幕盖住丑陋的包厢，剧团总共有35位演员，80位乐师，100位歌手，大家共同合作演出《俄狄浦斯王》，由我哥哥奥古斯丁领衔主演，我和我的学生们则担任合唱队的演出。

我的观众大部分是从东区来的，顺便说一句，东区人是美国人中真正热爱艺术的人，他们欣赏艺术的态度让我深受感动，于是我带着全班人马在"犹太剧院"作了一场免费表演。假如我经济无虞的话，我当时一定会为这些懂得欣赏音乐与诗歌的人留下来。但是遗憾得很，我这次伟大的试验花费太大，让我完全破产。我试着求助于纽约的一些百万富翁，只得到一个回答："你为什么要表演希腊悲剧呢？"

当时爵士舞风靡整个纽约，上流社会的男女老少全聚在巴尔的摩那种饭店的大舞厅，随着黑人乐团发出的野蛮嘶吼声与喊叫声，跳着狐步舞。当时我曾经几次受邀参加这种舞会，看着美国人继续狂欢作乐，我抑制不住愤慨，因为此时法国的士兵正淌着血，法国急需美国的帮助。事实上，我相当厌恶整个1915年的气氛，因此我决定带着我的学生们回到欧洲。

---

① 吕德（1784-1855），法国著名雕塑家。

但是，我当时没钱给大家买船票。我已经订了"但丁亚历奇利号"回程的铺位，但是没有钱给学生们买票。距离船起航的时间只剩下3小时，但是我依然没有这笔钱。这时候，一位穿着得体的年轻美国女士来到我的工作室，她问我那天是否要前往欧洲。

　　"你瞧，"我对她说，同时指着整装待发的孩子们，"我们都准备好了，但是我们尚未筹到钱支付船票。"

　　"你需要多少钱？"她问我。

　　"大约2 000元。"我回答她，这位不凡的年轻女士一听我这么说，马上拿出钱包，抽出两张千元大钞放在桌上说：

　　"很高兴能帮你这个小忙。"

　　我惊讶地看着这位陌生人，她甚至没要求我必须有任何回报，就给了我这一大笔钱。我只能假想她是隐姓埋名的大富翁。但是，后来发现并非如此。为了把这笔钱赠给我，她前一天卖掉了所有的股票与公债。

　　她与其他许多人到港口来为我们送行。她的名字叫路得，就像《圣经》里的路得说过的那样："你的国就是我的国，你往哪里去，我也往哪里去。"从此以后，她始终如一这样对待我。

　　官方禁止我们在纽约继续表演《马赛曲》，于是我们站在甲板上，每个孩子的衣袖里都藏着法国国旗，我事先嘱咐过她们，当汽笛响起，轮船离了岸，我们大家就挥动手中的旗子，高唱《马赛曲》。我们玩得不亦乐乎，不过站在码头上的官员则是脸色铁青。

　　我的朋友玛丽也来为我送行，她在船即将开走的最后一刻，舍不得与我分离，于是在没带行李也没办护照的情形之下，跳上甲板，和我们一起唱着，她说："我要跟你一起走。"

　　就这样，我们唱着《马赛曲》，离开1915年富裕而耽于享乐的美国。我带着这些四处飘荡的学生们，驶向意大利。我们抵达那不勒斯的那一天，当地的气氛相当热烈。意大利决定参战。我们回到这里来真是高兴，在乡间举办了一场庆祝会，我还记得我对一群围着我们瞧的农夫与工人发表演说："感谢上帝给你们这么美丽的国家，不用羡慕美国。在这块美丽的国土上，你们拥有湛蓝的天空、葡萄藤与橄榄树，你们比任何美国富翁都更为富有。"

在那不勒斯，我们讨论接下来要前往何处。我很想去希腊，在克帕诺山丘露营，维持到战争结束。但是这个想法让年纪比较大的学生们非常恐惧，因为她们拿的是德国护照，因此我决定到瑞士找栖身之处，或许我能在瑞士举办一系列的演出。

我们前往苏黎世。当时有个著名的美国富翁的千金住在列克饭店。我以为这是个让她对我的学校感兴趣的大好机会，于是有一天下午，我安排孩子们在草坪上为她跳舞。孩子们跳得好极了，因此我以为她一定会大受感动；但是当我走向她，提到请她援助我的学校的话题时，她回答道："是的，她们或许很可爱，但是我对她们没兴趣。我只对分析我的灵魂有兴趣。"她多年来一直跟在荣格[1]身边学习，荣格是大名鼎鼎的弗洛伊德的徒弟。这位女士每天都会记下前一晚的梦。

那一年夏天，为了跟我的学生们在一起，我决定住在奥奇的"美丽海岸"饭店。我的房间很漂亮，还可以在阳台上欣赏湖景。我租下曾经充作餐厅的大房间，周围挂上总是能激发我灵感的蓝色布幕，我将这个大房间改装成教学殿堂，每天从下午到晚上在里面教孩子们跳舞。

有一天，我们开心地接待了魏因加特纳[2]与他的夫人，整个下午到晚上一直为他们跳着格鲁克、莫扎特、贝多芬、舒伯特的作品。

每天早晨，我能从阳台上部看见在另一个可以观赏到湖景的大阳台上，聚集了一群穿着发光的缎子晨衣的美丽小男孩。他们

---

① 荣格（1875—1961），瑞士精神科医师，以研究潜意识与神学闻名。
② 魏因加特纳（1863—1942），奥地利作曲家、乐团指挥。

总是会从他们的阳台上对我微笑，有一晚他们还邀请我与他们共进晚餐。我觉得他们都是很聪明、漂亮的难民。

另一晚，他们带我坐汽船，同游浪漫的莱芒湖，大家快乐地在船上啜饮香槟酒。我们通常于清晨4点钟抵达蒙特勒，那儿住着一位神秘的意大利公爵，他会为我们备妥清晨4点钟的晚餐。这位漂亮却极严厉的公爵脸色苍白，他白天睡觉，只在晚上活动。他常常从口袋里拿出小小的银针头注射器，当他在苍白瘦弱的手臂上为自己打上一针时，大家都假装没看见。打完针之后，他变得精神抖擞，而且兴高采烈。不过，听说他白天过得非常痛苦。

和这些迷人的年轻人在一起，多少减轻了我的愁闷和孤独，但是他们很明显忽略了我的女性魅力，这让我觉得很没面子。我决定试一试自己的力量，结果大为成功。有一天晚上，我在这一群年轻人的领袖，也就是一位年轻的美国朋友的陪伴之下，搭豪华宾士车出游。那真是一个奇妙之夜。我们沿着莱芒湖边驰骋，飞快地经过蒙特勒。我喊着："继续往前开，继续往前开。"黎明时分，我们已经到了维基，我还是喊着："继续往前开，继续往前开。"我们经过了雪地，通过圣哥达隧道。

我的朋友的那一群迷人俊美的年轻伙伴，早上起床时发现他们的领袖已经与一个可恶的女人私奔，该多么吃惊。一想到这个情景，我忍不住笑了。我竭尽诱惑的能力，不久我们便抵达意大利。我们继续往前开，一直跑到罗马，然后又从罗马开向那不勒斯。当我凝视着大海时，我很渴望能再回到雅典。

我们租了一艘意大利汽船。有一天早晨，我又登上通往神殿的白色大理石阶梯，向着神圣与充满智慧的雅典娜神殿前进。我记得很清楚最后一次待在神殿里的情形。我想到这些年来多么可怕地背离了智慧与和谐，而且，啊！我为了令我陶醉的激情，付出了多大的痛苦代价，想到这一切，我不由得感觉很惭愧。

雅典这个现代城市一片骚动。我们抵达雅典的第二天，就听到韦尼泽洛斯<sup>①</sup>下台的消息，民众认为希腊皇室会站在德皇一边。晚上，我办了一场出色的晚宴，宾客众多，其中还包括国王的大臣米拉斯先生。我在餐桌中央摆满了玫瑰花，花朵下藏了一台小留声机。在同一间房里有从柏林来的高官，突然之间，我们听到他们那一桌传来"德皇万岁"的声音。一听到这句话，我推开玫瑰花，打开留声机，播放《马赛曲》，同时，举杯祝酒："法国万岁！"

国王的大臣露出惊讶的表情，其实他是很高兴的，因为他忠诚拥护协约国。

此时，一大群民众聚集在我们敞开的窗户前面的广场。我高举韦尼泽洛斯的照片，同时要我的年轻美国朋友拿着留声机跟着我，我们勇敢地播放《马赛曲》，走到广场中央。随着小小留声机发出的音乐声以及群众热烈合唱的歌声，我开始跳《礼赞法国》。之后，我向观众发表演说：

"你们现在有第二位佩里克莱斯<sup>②</sup>，那就是伟大的韦尼泽洛斯——你们怎能允许他受到扰乱呢？你们为何不追随他？只有他才能带领希腊迈向伟大的境界。"

然后，我们组织了一次游行，走到韦尼泽洛斯的官邸。我们站在他的窗下，一再唱着希腊颂歌与《马赛曲》，直到士兵很不客气地拿刺枪将我们一群人驱离。

这段插曲真使我高兴。之后，我们便搭船回到那不勒斯，又踏上回奥奇的旅程。

从那以后直到战争结束，我想尽办法让我的学校能继续下去，我一心想着战争将会结束，我们回到了贝尔维。可是战争继续打下去，我不得不去借利息高达50%的高利贷，支付学生们在瑞士

---

① 韦尼泽洛斯（1864—1936），希腊首相，因扩大了希腊的版图，而被许多人认为是现代希腊最伟大的政治家。

② 古希腊时期，雅典的一位伟大政治家。

的开销。

为了这个目的，1916年时我签下一份到南美表演的合约，动身前往布宜诺斯艾利斯。

这个回忆录越往下写，我越意识到，写下一个人的一生根本是不可能的事——或者应该说，一路走来，"我"是多面的，"我"并不是同一个人。那些我觉得会持续一辈子的事件，只要写几页就够了；我度过那些对我而言仿佛是千年的折磨与苦痛的日子，为了保护自己，也为了继续活着，我完全变为另一个人，不过在这本书里却看不到这个人。我扪心自问："我所写出的只算是骨架而已，读者将如何为之赋予血肉呢？"我努力写出真实，但是事实从我身边逃跑，躲在远远的地方。怎样才能找出事实呢？假如我是个已经写过20本著作的作家的话，那么我写的内容可能比较接近事实。在写过这些小说之后，我就能着手写出"我"这位艺术家的生平，当然这部传记与其他小说截然不同，因为我的艺术家生活与对艺术的想法已经自成一格，就像是一个独立存在的有机体，独立于我的"意志"之外。

我现在仍然在努力写我经历过的一切真实事情。我真担心会弄巧成拙。但是，我已经开始这项不可能的任务，试着记录我的一生，我一定要把它坚持到底。然而，我已经料到世界上所谓的好女人会怎么批评这本书："这真是最不光荣的历史。"或是，"她所遭遇的不幸根本只是她犯了原罪的报应。"但是，我不认为自己有罪。尼采说："女人是一面镜子。"我只是对这些生命中所遇见的人与事，做出反映及反应，而且，就像奥维德[①]所写的《变形记》故事中的女主人公一样，按照不朽神明的谕旨而改变自己的形体与性格。

船在纽约靠岸。奥古斯丁不放心我在战时独自一人搭船到那

---

① 奥维德（约公元前43—公元前17），古罗马诗人，著有爱情诗与悲歌。

么远的地方，因此决定与我同行，他来做伴对我是极大的安慰。同船的旅客之中还有一些年轻的拳击手，他们一团人由泰德·路易斯带领，路易斯习惯每天早上 6 点钟起床开始训练，然后在船上的海水游泳池里游泳。我早上与他们一起训练，晚上则为他们表演舞蹈，因此旅途非常愉快，根本不觉得路途遥远。此行为我伴奏的是钢琴家莫利斯·杜莫斯尼尔 [①]。

布兰卡港 [②] 是我一生中第一次造访的亚热带城市，气候温和，绿意盎然，而且有些潮湿，常常下雨。不过那些穿着棉布衣服走在街上的妇女，尽管浑身湿透，而且衣服都已经贴在身上，倒是毫不在意。这也是我毕生第一次看见大家对于黑白种族混合共存的现象毫不奇怪。

有一次，我们在一家餐厅吃午饭，有个桌子旁坐着一个黑人男士与一个白人女孩，另一个桌子旁则是一个白人男士与一个黑人女孩。在小小的教堂里，妇女抱着光屁股的黑白混血婴儿等着受洗。

木槿在每个花园盛开着，整个布兰卡到处可见黑白种族的人在谈情说爱。在城里的风化区，黑人、白人与黄种人妓女懒洋洋地倚在窗边，她们看起来似乎没有那些大城市妓女那么憔悴或鬼鬼祟祟。

我们抵达布宜诺斯艾利斯几天之后，有一天晚上我们去了一家学生夜总会。那家夜总会与一般的夜总会差不多，照例是天花板很低、房间很长、烟味很重，里面挤满了跳探戈舞的年轻黑人和浅黑色皮肤的女孩子，我从来没跳过探戈，不过我们的年轻的阿根廷青年导游，一直极力怂恿我一试。我刚怯生生地跳了几步，就觉得我的脉搏呼应着这种性感舞蹈的诱人与慵懒的旋律，有如长长的爱抚那般甜美，有如南方天空下的爱情那般令人陶醉，有

①　杜莫斯尼尔（1886—1974），法裔美国钢琴家。

②　位于阿根廷东部的海港。

如热带森林的诱惑那般残忍与危险。当这位有着黑色眼眸的青年紧紧搂着我带舞，还不时大胆地望着我的眼睛时，我心里的感受即是如此。

突然有学生认出我，他们围在我的身边，告诉我那天晚上他们正在庆祝阿根廷获得自由，于是邀请我用舞蹈表演他们的国歌。由于我很喜欢让学生们开心，于是就答应了。我听完翻译的国歌内容之后，用阿根廷国旗包裹着身体，试着为他们表演以前受奴役的殖民时期，阿根廷所受到的苦难以及推翻暴君获得自由的欢乐。我的表演相当成功。那些学生们以前从来没看过这种舞蹈，他们要求我一再重复舞蹈，他们则唱歌歌颂阿根廷。

我得意地回到饭店，对布宜诺斯艾利斯相当满意。但是，哎呀！我高兴得太早了。第二天我的舞台经理看到报上刊登的我的演出的煽情报道时大为震怒，他通知我，根据法律，他认为我已经违约。布宜诺斯艾利斯的所有上流家庭纷纷取消订票，一致抵制我的演出。因此，前一晚让我如此开心的舞蹈表演，却毁了我在布宜诺斯艾利斯的巡回表演。

生命中的混乱和不和谐，艺术都赋之以和谐形式。一部好的小说铺陈得宜，故事一直进展到高潮，而且没有令人扫兴的结尾。艺术中的爱情与伊索尔达的故事一样，有凄美的结局，但是生命当中却充满令人扫兴的结尾，就像在一段乐曲之中出现不协调的嘈杂刺耳声。而且，真实生活中的风流韵事一旦达到高潮之后，往往只能在财务纠纷与法庭诉讼之中悲惨收场。

我当初踏上这趟巡回表演旅程，乃是希望能在战争期间为我的学校赚取足够的资金，因此，读者应该可以想象，当我收到瑞士来的电报，由于战争禁令，我寄去的钱已全数被没收时，我是多么错愕。我当时将孩子们留在一间寄宿学校，但是学校的女校长在没有收到费用的情形之下，无法继续收留这些学生，因此，她们有被撵出去的危险。我就像平常一样冲动，坚持奥古斯丁一定得立刻前往日内瓦，带着必需的钱去接济我的学生们——但是我却没想到，这样一来我就没钱付饭店的房租了。而且，那位气冲冲的舞台经理已经带着喜剧歌剧团前往智利演出，因此我与钢琴师杜莫斯尼尔就被困在布宜诺斯艾利斯。

布宜诺斯艾利斯的观众冷淡又沉闷，没有欣赏力。事实上，我在布宜诺斯艾利斯唯一一场成功的表演，就是那一晚在夜总会跳着礼赞自由的舞蹈的那场表演。我们不得不将行李留在饭店，继续前往蒙得维的亚①表演。值得庆幸的是，我的舞衣对饭店老板没有什么价值！

在蒙得维的亚的时候，我们发现这里的观众与阿根廷观众完全相反——他们疯狂又热情——因此，我们得以继续前往里约热内卢表演。我们抵达里约热内卢时身无分文，也没有行李，然而市立剧院的总监非常友善，立即为演出售票。而且，我发现这里的观众相当有艺术鉴赏力，反应很快，能与台上共鸣，这种态度能让在他们面前表演的所有艺术家呈现出最好的一面。

我在里约热内卢遇见诗人里欧，他深受里约热内卢年轻人的喜爱，因为这里的每一位青年都是诗人。当我们走在一起时，身后总是跟着这些年轻人，高喊着："里欧万岁！伊莎多拉万岁！"

杜莫斯尼尔在里约热内卢大受欢迎，因此他决定留在那里，我则回到纽约。这一趟旅程我觉得既伤心又孤单，因为我为学校发愁。上次同船的拳击手又坐上这艘船，成为船上的服务人员，因为他们此行的表演失败，没有赚到一毛钱。

同船的乘客之中有一位美国人，他整日喝得醉醺醺的，每天吃晚餐时都对侍者说："将这瓶 1911 年的好酒送到伊莎多拉·邓肯的餐桌上。"大家听了都大为惊讶。

当我们抵达纽约的时候，因为战时无法传送我的越洋电报，

--------

① 乌拉圭首都。

所以没有人来码头接我。我偶然打电话给一位伟大的朋友阿诺·杰瑟。他不仅是一个天才，还是一位魔术般的人物。他舍绘画从摄影，但是他的摄影风格古怪得很。他的确将相机对准人，拍下他们的照片，照片印出来后却并非被照者本人，而是他想象的这些人被催眠的样子。他为我拍了许多照片，但是这些照片并非呈现出我的身体，而是我的心灵状态的写照，其中一张照片的确呈现出我真实的灵魂。

他一直是我的好友，因此当我发现自己孤零零在码头时，我决定打电话给他。令我吃惊的是，电话那头传来熟悉的声音，不过，接电话的人并不是阿诺而是洛翰葛林。巧得很，他那天早晨碰巧去拜访杰瑟。当我告诉他我独自一人在码头，既无钱又无友时，他立刻表示赶来接我。

几分钟后他就来了。当我再度看见他高大威严的身躯时，我产生一种又信任又安全的奇怪感觉，我很高兴见到他，他看见我也相当开心。

附带说一句，读者或许能从这本自传看出，我对每个情人都相当忠诚。而且事实上，假如他们也对我一样忠诚的话，我或许绝对不会离开任何一人。因为只要我爱过他们，我将会一直爱着他们，直到永远。如果说我与这么多位情人先后分手，那只能怪男人的见异思迁以及命运的残酷无情。

因此，在这些悲惨的旅程之后，我很开心我的洛翰葛林再度拯救了我。他以一贯的威严气派，很快就帮我从海关领回行李，然后我们前往杰瑟的工作室。我们三个人一起到河滨大道上的餐馆吃午饭，那个地方正好可以俯瞰葛兰特墓园。

我们很开心能再次相聚，每个人都喝了许多香槟，我觉得回到纽约是好兆头。洛翰葛林当时的心情很好，而且极为慷慨大方。饭后，他马上赶去订下大都会歌剧院，而且从下午到晚上忙着送出邀请函给每一位艺术家，请他们来欣赏一场免费的表演。这场表演是我一生中最美好的经历之一。纽约很多的艺术家、演员与音乐家都出席了这场盛会，而我很高兴能够在完全没有票房压力的情况下尽情舞蹈。当然，按照我在战时的表演惯例，在接近尾声时，我以《马赛曲》作结，结果观众热烈地为法国与协约国鼓掌喝彩。

我告诉洛翰葛林我已经让奥古斯丁前往日内瓦，还告诉他我很担心学生们的情形。他当然非常慷慨大方，马上电汇一笔钱，让学生们能够来纽约。可惜晚了，这笔钱来得太迟了，所有年纪比较小的学生已经被家长领回家了。我多年辛苦努力建立的学校就这样被拆散，真叫我痛心。不过，当奥古斯丁不久后带着 6 位年纪比较大的孩子们抵达纽约时，我多少得到点安慰。

洛翰葛林一如既往地慷慨大方，他让孩子们和我享受最好的环境。他在麦迪逊花园广场边租了一间大工作室，我们每天下午就在那儿练舞。每天早晨，他会开车载我们沿着哈得逊河欣赏风景。他给我们每一个人都送了礼物。就当时的情形而言，金钱的魔力果真让生命变得多彩多姿。

但是纽约的寒冬到了，我的健康每况愈下，于是洛翰葛林建议我去古巴旅行，由他的秘书陪同。

我对古巴有许多愉快的回忆。洛翰葛林的秘书是个年轻的苏格兰诗人。我的健康状况不佳，无法作任何表演。于是，我们便在哈瓦那开车到海岸兜风，欣赏如诗如画的美景，一共玩了三个星期。我记得我们在那儿遇到了一件啼笑皆非的事。

离哈瓦那大约 2 公里远的地方有一间古老的麻风病院，病院周围筑有高墙。不过其实围墙并不算太高，因此有时还可以看见可怕的面孔从墙上往外窥视。古巴政府明白这个地方与旁边的冬季度假胜地格格不入，因此决定将麻风病院迁至别处。但是麻风病人拒绝搬迁，他们紧抓着门或墙壁不放，有些人还爬上屋顶，不肯下来；甚至有人谣传，有些麻风病人已经逃到哈瓦那藏匿。

麻风病院的搬迁一事，总是让我联想到梅特林克[①]所写的诡异又神秘的戏剧作品。

我还去参观了另一栋房子，住在那栋房子的女士是以前很喜欢猴子与猩猩的一些古老家族中一个家族的后裔。那栋老房子的庭院里摆满了笼子，里面装着这位女士的这些宝贝。她的房子吸引许多人前来参观，她总是肩上坐着一只猴子，手里牵着一只猩猩，热情地招待客人。这些在她身边的动物最为听话，不过有些动物并不那么温驯。因此，当我们经过它们的笼子时，它们会摇撼着笼子的铁栏杆，发出号叫，还做鬼脸。我问她这些动物是否有危险性，她漫不经心地回答，除了偶尔跑出笼子杀死园丁之外，它们其实还算蛮安全的。她的话让我提心吊胆，因此得知我们可以离开的时候，我很高兴地松了一口气。

这个故事奇怪的部分在于，这位女士非常美丽，双眼明亮有神，她饱读诗书，聪慧异常，而且她家里摆满了文学与艺术世界最优秀的作品。那么，她对猩猩的热爱又是怎么一回事呢？她告诉我，她在遗嘱里写着，要把所有的猴子捐给巴斯德研究中心，让研究人员进行与癌症及肺结核相关的解剖实验，这真是一种表现遗爱的罕见方式。

我在哈瓦那还有另一次奇遇。在某一个节庆之夜，所有的夜总会与咖啡馆都挤满了人，我们像往常一样，先开车绕着海滩兜风，经过南美洲彭巴草原，然后来到一家典型的哈瓦那咖啡馆，当时大约是凌晨3点。我们在咖啡馆看见形形色色吸食吗啡、可卡因及鸦片的人，还有酒鬼以及其他一些生活渣滓。这间昏暗的低矮房间里乌烟瘴气，我们选了一张小桌子坐着，我注意到一位脸色苍白，看起来精神有些恍惚的人，他的双颊凹陷，目露凶光。他修长的手指弹着钢琴，让我惊讶的是，他竟然开始弹起肖邦的

---

[①] 梅特林克（1862—1947），比利时剧作家，也写散文及诗。

前奏曲，他的演奏真是出神入化。我聆听了一会儿，走到他跟前，但是他只能说着断断续续的几个字。我的动作吸引了咖啡馆里所有人的注意，我意识到这儿没人能认出我，于是我突然很想为这群奇怪的观众跳舞。我将披肩包裹在身上，指挥着钢琴家，并随着前奏曲的音乐跳着舞。渐渐地，在小咖啡馆里的饮客们鸦雀无声；而且，当我的舞蹈引起了他们的注意时，许多人还开始低声啜泣。钢琴师也从吸食吗啡的恍惚状态醒了过来，好像灵感大发似的继续弹奏下去。

我一直跳到天明。当我准备离开咖啡馆的时候，他们都过来拥抱我。这场表演比在任何剧院的表演更令我觉得骄傲，因为这次表演没有任何剧院经理的帮助或是表演前的宣传，这更证明了我的才气。

此后不久，我和我的诗人朋友搭船前往佛罗里达，在棕榈湾上岸。我在那儿传了一封电报给洛翰葛林，于是他来饭店与我们会合。

人遭受极大痛苦的时候并不是在悲剧刚开始的时候。起先哀恸让人震惊不已，令人到了几乎麻痹的地步。很久之后，人们会说："啊，她已经撑过来了。"或者会说："她现在很好，已经度过了难关。"但或许在大家都极为欢乐的晚宴时刻，悲痛冰冷的手却可能抓住我的心，或是以另一只灼热的爪子紧抓着我的喉咙。冰与火，地狱与绝望压倒一切。然后，我举起一杯香槟，试着以遗忘克服这种悲惨——不管可能还是不可能。

这就是我当时的心境。我所有的朋友都说："她已经遗忘，她活过来了。"但是，一看见别人的小孩突然走进房间叫"妈妈"，我便心如刀割，整个身心都在绞痛，我的思绪只能呼喊着，让我掉入地狱的遗忘河，不管以什么方式，让我忘却这一切吧。我忍受着这种煎熬，很渴望能创造新的生活、新的艺术。啊！我真羡慕那些看破红尘的修女，她们双唇苍白，在陌生人的棺木前整晚念念有词。她们毫无所求，让艺术家好生羡慕，这些艺术家只会反抗地喊着："我要爱，要爱；我要创造欢乐，欢乐。"人间究竟是怎么一回事？

洛翰葛林带了美国诗人麦凯与他一同前来棕榈湾。有一天，我们一起坐在庭院，洛翰葛林开始规划一所照着我的理念而建的学校，并说他已经买下麦迪逊花园广场作为建校用地。

虽然大体上我对这个计划也很热衷，但是我并不想在战时就开始进行这么大的计划。洛翰葛林气坏了，甚至在我们回纽约之时就将麦迪逊花园广场卖了，就像他当初买下那块地一样冲动。

在那之前的一年，麦凯在此地见过孩子们跳舞的情景之后，作了一首诗。

> 炸弹击中圣母院，
> 德国人焚烧了另一座比利时城，
> 俄国人败局已定，英国忧虑不安，
> 我闭目冥思，放下报纸。
> 黯淡的蓝色大海边，
> 有着灰色岩石与黯淡的光；
> 孩子宛如精灵发出悦耳笑声，
> 甜美有如蜜蜂嗡嗡，
> 在寂寥的海岸快乐歌唱。
> 这些小家伙穿着，
> 与大海中的岩石一样的蓝灰罩衫。
> 在黑暗的银色边缘舞着——
> 他们手舞足蹈，闪耀光芒，
> 向着即将西沉的落日，
> 欢乐祈祷，

她们是谁？

看啊！现在她们停止舞动，

好像倦鸟归巢，

她们既优雅又天真无邪，

簇拥在她们的女主人身旁，

准备对她道晚安。

"晚安！晚安！

晚安！晚安！晚安！"

这些来自五湖四海的孩子，

成为这个神圣艺术家庭的一分子。

她们是谁？

她们是基督与柏拉图曾经有过的梦想。

她们快乐的身影分开，可爱无比！

亲爱的上帝！这一切多么美妙，

直到我眼前再度

出现残忍屠杀，

一万名敌军。

然后是笑声！从古老大海传来的笑声，

在波浪中歌唱：雅典！加利利！

灯光熄灭，小淘气喊着：

"晚安！晚安！

晚安！晚安！晚安！"

# 第三十章

1917年春，我在大都会歌剧院表演。当时我就像其他许多人一样，相信世界对自由、复兴与文明的希望，必须仰赖联军打胜仗，因此每次演出的最后我都表演《马赛曲》，所有观众都会肃立。我也照样表演用瓦格纳的音乐伴奏的舞蹈，而且我认为所有能理性思考的人都会同意，在战时联合抵制德国的艺术家，是不公正和愚蠢的。

俄罗斯革命的消息传来的那一天，所有爱好自由的人士都充满希望，快乐无比。那一晚，我以当初法国人创作《马赛曲》时的那种革命精神跳了《马赛曲》，之后又即兴表演了《斯拉夫进行曲》。《斯拉夫进行曲》原本是颂赞沙皇的乐章，但是我却想用这段音乐舞出皮鞭抽打下被压迫奴隶的形象。这种违反乐曲原意的姿态，让有些观众大为不满。

说来奇怪，在我的艺术生涯中，最吸引我的一直是这些绝望与反叛的运动。我穿着红色的图尼克，不断地表现革命，并且呼吁那些被压迫的人民站起来反抗。

在俄国革命期间的某一个晚上，我内心充满激动，快乐地跳着舞。一想到受苦难的人们，甚至为人道精神而牺牲的人得到解放，我就热血沸腾。难怪几乎每晚都在包厢欣赏我的演出的洛翰葛林最后变得有点不安。他可能会自问，这所他赞助的美丽又优雅的学校，是否会成为危险的团体，甚至会让他和他的财富一起毁灭？但是我的艺术冲动太过强烈，哪怕我所爱的人不高兴，我也无法压抑这股冲动。

　　洛翰葛林为我在雪莉餐厅举办了一场宴会。宴会以晚餐开场，然后跳舞，最后是精致的消夜。他借这个机会送我一条钻石项链。我从来都不喜欢珠宝，也从不戴这些玩意，但是我依然让他为我戴上项链，这似乎让他非常开心。将近天亮，宾客喝了好几加仑的香槟，我自己也陶醉在快乐的气氛里，再加上酒精的作用，头脑多少有些飘飘然。我突然自作聪明，想教一个当时在场的年轻俊美的男孩跳阿帕契探戈——就是我在布宜诺斯艾利斯时看人跳过的那种。突然有人牢牢抓住我的手，我抬头一看，发现洛翰葛林已经气得快要发狂。

　　这是我唯一一次戴上这串不吉利的项链，因为发生这件事不久之后，洛翰葛林又一次大发雷霆，然后就不知去向，只留下我一人。我必须支付庞大的饭店账款，还负担着学校的巨大开支。我试着向他求助，但是无效，于是我将那串有名的钻石项链拿去典当。从此以后，我再也没见过那串项链。

　　于是我流落纽约，身无分文，这个表演季即将结束，根本不可能再举办任何表演来赚钱。幸而我还有一件貂皮大衣以及洛翰葛林向一位在蒙特卡洛输光所有钱的印度王子买来的一块贵重的祖母绿。据说这块绿宝石是从一尊有名的神像头上取下来的。我将貂皮大衣卖给一位著名的女高音，将绿宝石卖给另一位知名女高音，然后在长堤租了一栋别墅，我将我的学生们也安置在别墅里。我等待秋天快点来临，那时又可以通过演出挣钱了。

　　我就像以往一样浪费，有了钱便拿去租房子、买车子、支付我们的日常开销，完全没有考虑到未来。由于我当时是名副其实的穷光蛋，毫无疑问，比较聪明的做法应该是，将貂皮大衣与珠宝所卖得的钱拿去投资股票与公债。不过我当然想不到这一点，于是我们在长堤快乐地度过了一个夏天，像往常一样，招待了许多艺术界知名人士。有些宾客与我们度过了好几个星期，其中一位是小提琴家伊沙耶，他从早到晚演奏着小提琴，美丽的琴声让我们的小别墅洋溢着欢乐的气氛。我们没有工作室，就在海滩上跳着舞，我们为伊沙耶举办一次特别的庆祝活动，他高兴得跟小孩似的。

但是，读者或许已经想到，快乐的夏季过去后，当我们回到纽约时，又身无分文了。度过经济拮据的两个月之后，我签下到加州表演的合约。

在这次巡回表演期间，我离家乡很近。刚一到达，就在报上看到报道罗丹逝世的消息。一想到永远无法再见到这位伟大的朋友，我哭得很伤心，但是我不想让那些在奥克兰月台上准备采访我的记者们看到我肿胀的双眼，于是我在脸上罩上黑纱，第二天他们在报上报道说我故意装出神秘的模样。

距离来到当初离开旧金山，踏上冒险的旅程已经过了20个寒暑，读者可以想象我回到家乡时的心情。1906年的大地震及大火使旧金山全然改观，因此对我而言，这里的一切都是新的，我几乎认不出这个城市。

虽然来到哥伦比亚剧院的观众非常友善和不平常，很欣赏我的表演，评论界也对我赞誉有加，但是我并不满足，因为我想为广大的观众跳舞。但是，当我要求到希腊剧院表演时，却遭到拒绝。我一直不知道这是什么缘故，到底是因为我的经理缺乏技巧，还是出于某种我无法了解的敌意呢？

我在旧金山与母亲重逢，我已经好几年没见到她了，当时她有无法解释的思乡病，因此拒绝住在欧洲。她看起来苍老又憔悴。有一次，我们在克利夫餐厅吃午饭，我在镜子里看见我们两个人，我面带愁容，母亲形容枯槁，让我不由得将现在的我们与22年前充满冒险精神，满怀希望出发去寻找名和利的那两个人作了对比。现在名和利都得到过——但是，为什么结局如此悲惨？或许因为那是这个不称心的世界之中生命的自然过程，而这个世界总是与人作对。在我的生命中，我遇到过许多伟大的艺术家、有才智的人以及所谓的成功人士，但是没有一个人称得上幸福，尽管有些人可能宣称他们很快乐。但是在面具之后，他们与其他人一样不安、痛苦。或许在这个世界中所谓的快乐并不存在，如果有也是瞬间即逝。

当我在旧金山遇见我的音乐知音——钢琴家哈罗德·鲍尔[①]时，我体验到暂时的幸福。他说我是个舞蹈家，更是个音乐家，还说他原本不了解巴赫、肖邦与贝多芬的作品的意义，是我的艺术让他得以略窥一二。听他这么说，我真是又惊讶又高兴。在奇迹般的几个星期之内，我们体验了一种在艺术上水乳交融浑然一体的快乐，因为，正如同他所说的，我带领他发掘艺术的秘密，而他让我发现以前没想过的舞蹈艺术的某些寓意。

哈罗德的生活超凡脱俗。他同其他音乐家不同，他的眼界并不局限于音乐，他欣赏热爱各种形式的艺术，而且对于诗歌与最深奥的哲学也有精辟独到的见解。当两个热爱同一种理想的艺术之士相遇时，他们就像是喝醉了一样。尽管我们滴酒未沾，却好几天都处于微醺的状态。每一条神经的颤动都给予我们新的希望，当我们的眼神因明了这种希望而相遇时，我们体验到的这股热烈的喜悦让我们像是受着极大苦痛般地喊着："你以前是否曾如此感受过肖邦的音乐呢？""是的，就像那样，甚至还不止于此。我将为你把这音乐用动作表现出来。""啊，多么好的体现！现在我将为你演奏。""啊，真令人高兴。这真是最极致的喜悦！"

我们就是这样不断对话，深入探讨我们两人都很欣赏的音乐。

我们在旧金山的哥伦比亚剧院举办一场表演，我认为那是我的艺术生涯里最愉快的一件事。与哈罗德·鲍尔的相遇再次让我置身于光明与喜悦的美好气氛之中，而这只有与这样智慧的人合作才能得到。我当时希望这种情形能够持续，也希望我们能够一

---

① 鲍尔（1873—1951），英国钢琴家。

起发掘一种诠释音乐的全新领域。但可惜得很，我没有仔细考虑环境因素。后来我们不得不结束合作关系。

当我在旧金山时，我与一位杰出的作家与乐评家雷德芬·麦森成为好友。在一次鲍尔的音乐会之后，我们三人一起去吃饭，麦森说他想让我在旧金山开心，问我他是否能帮得上忙。我的回答是，要他保证，不惜一切必须答应我一个请求。他答应了。我拿出一支铅笔，模仿莎士比亚的十四行诗，写了一首诗颂赞鲍尔的音乐会：

> 当你在那幸福的琴键上轻轻拂动
> 演奏着我的音乐，
> 而琴键的动作与你可爱的手指呼应……
> 我真羡慕这些轻巧跳跃的琴键
> 得以亲吻你温柔的手……

结尾则是：

> 既然这些活泼的琴键在那儿那么欢腾，
> 就让它们亲吻你的手指，
> 让我来亲吻你的双唇。

雷德芬看了诗后非常尴尬，但是他必须守约。当第二天这首诗用他的名字发表的时候，他所有的同事都毫不留情地揶揄他对鲍尔突发的热情。我这位仁慈的朋友坚毅地忍受他们的揶揄，后来鲍尔离开旧金山之后，他成为我最好的朋友和安慰者。

尽管这些来到哥伦比亚剧院的上流观众对我的表演十分捧场，但是我家乡的人对于我在未来建立一所学校的理想缺乏支持，这让我相当沮丧。旧金山已经有一群人开始模仿我的舞蹈，也有几所学校模仿我的学校，大家对此已经满足了。他们甚至认为，我的艺术之中较为严肃的部分或许会造成一些负面影响。我的模仿者做出一些取悦大众的通俗表演，广为宣传我的舞蹈之中他们称之为"和谐与美丽"的部分。但是，事实上他们却把具有真正意义的东西一笔勾销了。

惠特曼热爱美国的未来，他说："我听见美国正在歌唱。"从波涛奔腾的太平洋，到广阔的平原，到处响起男女老幼合唱的"民主"的歌声，我能想象得到惠特曼听到的雄壮歌声。

当我读着惠特曼的这首诗时，我也预见了未来的远景——我看见美国在跳舞，那支舞蹈将能贴切地表现出惠特曼听到的那种歌声。这音乐的伟大旋律将如落基山脉那般令人振奋。这种音乐不会有爵士音乐的轻浮淫荡，它将如美国灵魂的律动，一直努力往上攀升，达到和谐的生命境界。我预见的这种舞蹈不像狐步舞或是查尔斯顿舞；相反的，它好似儿童活泼生动的跳跃，跳向未来的成就，跳向足以表现美国精神的一种崭新的生命伟大远景。

这种想法有时让我也有点啼笑皆非，可颇具讽刺意味的是，人们一直称我的舞蹈为希腊舞蹈。但是我个人觉得这种舞蹈的起源，应该是来自于我的爱尔兰祖母常常给我讲的故事。她述说当初她与祖父在 1849 年时驾着篷车横越大平原——那时她 18 岁，祖父 21 岁——以及她的孩子如何在他们与印第安人的一场著名战斗中，在这样的篷车里出生的故事；还有当他们终于打败印第安人时，我的祖父探头看看篷车里的状况，欢迎他的新生儿来到世上，而他手上的枪支还冒着烟的情景。

当他们抵达旧金山时，我的祖父建了第一栋木头房子。我还记得，小时候曾经去过这栋房子看望他们，当时我的祖母非常怀念爱尔兰，她常常唱着爱尔兰民歌，跳着爱尔兰的吉格舞，我想拓荒者的英勇精神以及与印第安人战斗的历史，已经融入这些爱尔兰吉格舞中，或许其中还混杂了印第安人的一些舞姿。然后，祖父汤玛士·葛雷上校昂首阔步从内战战场光荣返乡，此时又响起独立战争时士兵哼唱的流行歌曲。这一切都展现在祖母所跳的吉格舞中，而我就是从她那里学来的，我在这种精神之中加入了我自己的"年轻美国"的抱负，最后，又从惠特曼的诗句中吸取了伟大的生活精神。这就是我广泛传播于世的所谓希腊式舞蹈之起源。

那是我的舞蹈的根源。不过，来到欧洲之后，我遇见三位大师，他们是本世纪伟大的舞蹈先驱：贝多芬、尼采与瓦格纳。贝多芬创造出宏伟的舞蹈旋律；瓦格纳开创了舞蹈形式；尼采创造的则是精神上的舞蹈，他是第一位舞蹈哲学家。

我时常琢磨，未来美国是否会出现一位作曲家，他能够听见惠特曼的美国的歌声，这个人将为美国舞蹈谱出不带爵士节奏的真正音乐，没有扭摆屁股的节奏，而是来自发光的胸膛中灵魂的栖身之所。它飞扬在表现广阔天空的星条旗上，从太平洋越过大平原，越过内华达山脉，越过落基山脉，直到大西洋。这位年轻的美国作曲家，我向你祈求，为这种能表现惠特曼的美国理想与林肯的美国理想的舞蹈创作音乐吧。

有人认为爵士旋律能表达美国精神，我觉得这真是荒谬至极。爵士旋律表现的是原始野人，不是美国音乐。至今为止，依然没有作曲家抓住这种美国旋律的精髓，大多数人认为这种音乐过于雄伟宏大。但是，有一天，这种音乐将会从广阔的大地涌出，从广阔无垠的天空降下，我们将以这种巨大无比的音乐表现美国精神，这种音乐将能够化混乱为和谐；容光焕发的年轻男女将会随着这种音乐起舞，不是查尔斯顿舞那种蹒跚、像猩猩一样的乱摆乱动，而是一种引人注目的、令人向上的优美动作，飞升直至超出金字塔巅，超越希腊的巴台农神殿，那是古今文明前所未见的力与美的表现。

这种舞蹈不会有任何芭蕾舞愚蠢的风骚，或者是黑人充满情欲的抖动，它是纯净的。我看见美国的舞动，她一只脚踩在落基山脉的山巅，一只手触及大西洋，另一只手则伸向太平洋，她美丽的头直指霄汉，头上有百万星星闪耀，宛如皇冠。

有人在美国提倡瑞典体育以及芭蕾这些所谓的身体文化，这是何等荒唐。真正的美国舞者不可能是芭蕾舞者。我们的双腿太长，身体太丰满柔软，精神太过自由，无法适应这种装模作样的优雅与用脚尖走路的舞蹈学派。所有伟大的芭蕾舞者都是骨架小的矮个子女人，这是不争的事实。一个高大丰满的女性绝对无法跳芭蕾舞。即使是极富想象力，我们也无法想象自由女神跳着芭蕾舞的模样。那么，为什么美国人要接受芭蕾舞学派呢？

亨利·福特曾经说过，他希望福特城里所有的孩子都能够跳舞。他并不赞同现代舞；相反的，他说，让他们跳古老的华尔兹、玛祖卡舞以及小步舞。但是传统的华尔兹与玛祖卡舞表现的是一种病态的多愁善感与浪漫情愁，并不适合我们的青年；小步舞表现的则是路易十四与莲蓬裙当道的宫廷时期的大献殷勤的奴才相。这些舞蹈与美国的自由青年有何干系？难道福特先生不清楚，舞蹈与文字一样，是富于表现力的吗？

为什么要让我们的孩子弯着膝盖，跳这种过分挑剔与屈从的小步舞，或是让他们快速旋转，跳着多愁善感的华尔兹？倒不如让他们迈开步伐，大跳大蹦，昂首阔步，张开双臂，舞出我们拓荒者的语言，舞出我们历史英雄的坚忍，舞出我们政治家的大公无私、仁慈与纯洁，舞出我们母亲的爱与柔情。当美国的孩子们以这种方式跳舞时，他们将会变得美丽，无愧于最民主国家的公民。

那才是正在舞动的美国。

# 第三十一章

我的生命中有些时期就像是镶满宝石的金色童话，像是铺满花瓣的绚烂原野，像是充满爱与幸福的光辉黎明。在这些时刻，我找不到语言来表达我心醉神迷享受生活的乐趣；在这些时刻，我创办学校的构想似乎散发着天才的光芒；在这些时刻，尽管还不明确，但是我真的相信我的学校大为成功；在这些时刻，我的艺术是一种复兴。当然生命中也有不尽完美的时候，在这些时刻，我回顾既往，却深深觉得厌恶与空虚。我的过去似乎只是一系列的大灾难，而我的未来也必然充满不幸，好像是痴人说梦。

生命的真谛是什么，谁能找出它？上帝自己可能也会迷惑。在苦恼与欣喜之间，在肮脏与光辉的混杂之间，在血肉之躯充满地狱之火却也闪耀着英勇精神与真美之间，何处是真谛？上帝知道，或者恶魔知道。但是，我猜他们两者也瞠目不知所对。

因此，在这些充满自由想象的日子里，我的思绪像是彩绘的窗户，透过它我看见令人惊叹的美丽与神奇的美景；然后，在其他平凡无奇的日子里，我只能看着无趣的灰玻璃窗户，看见无趣的灰色垃圾堆，那便是我们称之为生命的东西。

假如我们能像潜水员从海里取出珍珠一样，潜入自己的心灵深处，挖掘出我们的内心想法，那该有多好！

我长久挣扎努力，不想让学校关闭，结果学生们流落四处，我只身一人，这使我灰心丧志。我只希望能回到巴黎，或许能在那儿把我的财产变卖一些钱。那时，玛丽从欧洲回到美国，她从比尔特摩打电话给我。我告诉她我的困境，她说："我的好朋友塞尔弗里奇将于明天启程。要是我求他一下，他一定愿意帮你买一张船票。"

当时美国一行真的让我整个人心力交瘁，于是很高兴接受这个提议，第二天早晨我便从纽约乘船出发。当我抵达伦敦时，我没有钱能前往巴黎，于是我在公爵街租了房子，然后发电报给住在巴黎的一些朋友求援。但是，或许是战争的缘故吧，没有任何回音。我住在那间令人沮丧的屋子里，度过好几个星期黯淡又忧郁的日子，一筹莫展。我孤身一人，贫病交加，我的学校已经没了，而战争似乎永远不会结束。于是我常常半夜坐在窗边看着空袭，希望炸弹掉在头上，结束这一切。我好想自杀。我一生常常有自杀的念头，但是总有某种力量将我拉回现实。假如自杀药丸像预防药那么容易购得的话，我想世界各国的知识分子在极度苦恼之际，会在一夜之间离开人世。

我在极度绝望的情形之下发了电报给洛翰葛林，但是没有回音。一位舞台经理为我的学生们安排了一些表演，她们想在美国打开路子。之后，她们以"伊莎多拉·邓肯舞团"的名义到处表演，但是我却没有收到一分钱，此时我几乎陷入绝境。后来，我无意中遇见法国大使馆的一个好人，他伸出援手，带我到巴黎。我在巴黎的奥塞饭店租了一个房间，并且向放债公司借钱应付开支。

每天早晨 5 点，我们被隆隆炮声吵醒，在这些不幸的日子里，前线时有可怕的消息传来，因此清晨的炮声正是战时一天的开场。无时无刻都有死亡、流血、屠杀。夜晚则全是凄厉的空袭警报声。

这个时期有唯一一个让人比较快乐的回忆。一天晚上，我在朋友家中遇见有名的"空军英雄"加罗斯，他弹肖邦的曲子，我跳着舞，然后他陪我一起走回饭店。当时刚好发生空袭，我们就瞧着。在轰炸之中，我在协和广场为他跳舞——他坐在喷泉旁边为我鼓掌，他忧郁的黑眸被离我们很近的炸弹的火光照得闪亮。那一晚，他告诉我，他只想寻死。不久之后，天使便带他离开了这个他不爱的世界。

日子单调得可怕。我很乐意当护士，但是我发现，申请当护士的人已经排成长龙，多了我一个人也徒劳无益。因此我决定再度回到我的艺术，尽管我的心情极为沉重，又不敢肯定我的双脚是否能承受沉重的悲伤。

我很喜爱瓦格纳的歌曲《天使》，歌曲的内容说的是一个精灵无限愁苦凄凉地坐着，这时天使来到他身边。在这些灰暗的日子里，当一位朋友带钢琴师鲁曼尔来见我时，我的生命中就出现了这样一个天使。

当他进来时，我以为是年轻时候的李斯特①走出画框了——他身材修长，额头很高，头发闪着光芒，双眼明亮清澈有如清泉。他为我演奏，我把他叫作大天使。雷亚内很大方地让我使用剧院的前厅，我与鲁曼尔便在前厅工作。在隆隆的炮声中，在大家传着战争消息时，他为我演奏李斯特的《上帝在荒原沉思》与《鸟前的圣者亚希塞》。他的演奏启发了我的灵感，我创造出新的舞蹈，这些舞蹈表现着祈愿、甜美与光明。我重新振作精神，他碰触着琴键，弹唱出天籁般的旋律，让我不禁返回了现实生活。这开启了我生命中最神圣、最永恒的一段爱情。

没有人能像我的大天使那样演奏李斯特的音乐，因为他有梦想与远见。他能超越乐谱，把握住狂想引起的真正幻觉以及体会与天使交谈时的那种狂热。

他和善、温柔又热情，但他的行为却有狂放之气。他的精神消磨着他，而他的灵魂反叛着他。他从不以青春的一时冲动向激情让步；相反的，他对热情既无法抵抗又厌恶至极。他宛如站在炭火通红的火盆上跳舞的圣人。爱上这样的男人既危险又困难，因为他对爱情的厌恶之情，很容易变成对爱人的仇恨之心。

---

① 李斯特（1811—1886），匈牙利作曲家，其女即是瓦格纳之妻科希玛女士。

经由血肉之躯的外壳去接近一个人的灵魂；或者说经由血肉之躯的外壳去发现愉悦、感觉与幻想，这真是既奇怪又可怕。啊！尤其是人称之为快乐的幻想——经由血肉之躯的外壳，通过外表，经由幻觉，发现人所谓的爱情。

读者一定记得，这些是发生在许多年间的记忆，而且，每当新的爱人来到我的身边的时候，不管他像个恶魔或天使或只是个平凡人，我都相信，我长久等待的人就是他；我也相信，这次的爱情将会是我生命中最后一次重生，也许爱情总是给人以这样的自信。我生命中的每段爱情都能写成小说，但是结局都很不好。我一直期待一段能有圆满结局的爱情，一段直到永远的爱情，就像是喜剧电影的结局一样！

爱情的玄妙就在于其主旋律与音调多变，能以任何方式弹奏。对一个男人的爱与对另一个男人的爱是完全不同的，就像贝多芬的音乐与普契尼的音乐是不同的一样，而回应这些演奏者的乐器正是女人。我想，如果一个女人一生中只有一个情人，那就像是一生中只听过一位作曲家的音乐一样。

夏日的脚步近了，我们到南方避暑。我们住在菲洛角的圣约翰港附近的一家几乎荒废了的旅社，将旅社的车库当作我们的工作室。从早到晚，他弹着天籁之音，我跳着舞。

这段时光让我非常幸福，我的大天使让我很开心，我们的四周都是海，完全生活在音乐的世界。那种生活仿佛是天主教徒死后上天堂一样幸福。生命真像是钟摆，苦痛越深，欢乐越甚。每一次更深的哀伤之后，幸福的程度就会愈高。

有时候我们会离开旅馆，为不幸或受伤的人举办音乐会，但是，多半是我们单独在一起。透过音乐与爱情，透过爱情与音乐，我的灵魂栖息在幸福的高处。

有一位德高望重的牧师与他的妹妹葛洛蒂女士住在附近的一栋别墅里，牧师以前在非洲当过传教士。他们是我们唯一的朋友，我常常为他们跳着用李斯特的神圣音乐伴奏的舞蹈。夏季将尽时，我们在尼斯找到一间工作室。然后，在宣布停战的时候，我们又回到巴黎。

战争结束了。我们看着胜利的军队走过凯旋门，我们高呼："世界得救了。"在那个时刻，我们都是诗人，但是，不幸！诗人也必须起床为情人找食物；世界醒来后也得让经济开始运转。

我的大天使拉着我的手，一起回到贝尔维，我们发现房子变成一片废墟。我们想，为什么不重建这栋房子呢？然后我们用了几个月到处谋求资金，以实现重建学校的计划，但都徒劳无功。

最后，我们终于相信这是不可能实现的了，于是同意让法国政府以合理的价格收购学校。他们计划在明年将这栋大房子改装成毒气工厂。我先看着我的酒神殿堂被改装成伤兵医院，现在又注定得舍弃这栋房子，让它成为制造战争器具的工厂。失去贝尔维真是可惜，那里的景色真美。

卖房成交，钱也汇到我的银行户头。之后，我在庞波路上买了一栋房子。它过去是贝多芬展览馆，我把它当成我的工作室。

我的大天使充满怜悯之心。他似乎能感受到让我心情沉重和时常失眠、半夜伤心落泪的所有哀伤。在我伤心难过的时候，他会以明亮的双眸同情地凝视着我，使我的心情得到安慰。

在工作室里，我们两人的艺术融合为一，在他的音乐影响之下，我的舞蹈变得飘逸轻灵。他让我第一次体会到李斯特作品的超凡精神，我们用李斯特的音乐，编出一整套演出节目。在贝多芬展览馆静谧的音乐室里，我开始研究一些伟大壁画的人物动作与光线的运用，我希望在歌剧《帕西法尔》中把它们表现出来。

我们在工作室度过神圣的时光，一股神秘的力量支配着我们，两个人的心灵结合在一起。常常我跳舞他弹奏，我举起双臂，灵魂从躯体内往上升，乘着圣杯的银色曲调冲入云霄，仿佛我们在躯体之外创造了一种灵性统一体；而当乐音与舞姿往上飘至浩瀚无垠的境界时，从天外传来回音。

我相信，音乐瞬间所产生的心灵力量，使我们两人的灵魂在爱情的神圣能量之中协和无间，我们此时已经触及另一个世界的边缘。我们的观众感受到这股联合力量的强大，剧院里常常会弥漫着一股前所未有的奇特气氛。假如我与我的大天使更进一步研究，我相信我们或许能达到一个境界，能够自然地创造出充满精神力量的动作，给予人类一种新的启发。可惜这种对于最高的美的追求，竟因世俗的热情而画上句点。因为，就如传说所讲，人心永远无法满足，总是会开启大门让魔鬼进来制造各种灾难；我也一样，因为不满足于追求我已经找到的幸福，又燃起重建学校的希望，为了这个目标，我发了电报给当时住在美国的学生。

学生们来了以后，我请来一些忠心的朋友，对他们说："我们一起到雅典去瞻仰卫城吧，或许我们能在希腊建立一所学校。"

我的动机多么容易被扭曲。一位记者在《纽约人》上将这次的希腊之行写成："她真是挥霍无度。她在豪宅办了几天几夜的宴会，然后从威尼斯出发，继续一路奢华到雅典。"

我的天啊！我的学生们到了，她们既年轻漂亮又颇有成就。我的大天使看着她们，并且与其中的一个坠入爱河。

我该怎样描写这一趟终结爱情的旅程？我第一次发现他们的恋情是在里度的一间饭店里，我们在那间饭店待了几个星期。搭船前往希腊时，这件事情已经确实无疑。这件事对我造成极大的打击，即使是月光下的卫城美景，对我也已毫无意义了。

我们抵达雅典，建校的计划进行得似乎相当顺利。由于韦泽尼洛斯先生的好心安排，我可以使用萨匹恩体育馆[①]。我们在这儿有了工作室。每天早晨，我与学生们在工作室工作，试着教导她们跳出能荣耀卫城的舞蹈。我的计划是，训练出1000名儿童，

---

① 第一届现代奥运会举办之地。

让他们在雅典竞技场欢庆伟大的酒神节。

每一天我们都到卫城去。我记得1904年第一次到卫城的情景，现在目睹我的学生们以她们年轻的舞姿，部分地实现了我16年前的梦想，这是多么激动人心的场面啊。而且，目前战争已经结束，我应该能够在雅典建立一所学校，实现多年追寻的梦想。

我的学生们从美国带来喜欢装模作样、矫揉造作的不良习性，我非常不喜欢。然而，在雅典灿烂的天空之下，受到山峦与大海的壮观景色和伟大艺术的启发，她们把这些习性改掉了。

摄影师斯泰肯[①]是我们此行的同伴，他在卫城和酒神剧场拍了许多照片，多少表现了我渴望在希腊创造的壮观远景。

我们发现克帕诺已是一片废墟，现在只有牧羊人与他们的山羊群住在那儿，不过我没有气馁，决定要清理这片地，再次建起房子。我们马上开始工作。堆积多年的垃圾被清除，请来一名年轻的建筑师负责搭建门窗和屋顶。我们在客厅铺上跳舞地毯，然后又请人运上来一架大钢琴。每天下午，从房子里可以看见夕阳沉落到卫城之下，紫红色的晚霞辉映在海上，此时我的大天使为我们弹奏壮阔的音乐，包括巴赫、贝多芬、瓦格纳与李斯特的作品。在凉爽的夜晚，我们头戴从雅典男孩那儿买来的可爱的白色茉莉花冠，然后悠闲地散步到法乐农的海边吃晚饭。

我的大天使站在这群戴着花冠的少女之中，就像是帕西法尔站在康德丽的花园里一样。不过，我注意到他有一种新的眼神，并非超俗的——他变成一个世俗之人。我太过相信我们的爱情充满智性与精神追求，永远不会变质，直到现在我才醒悟，他闪亮的双翼已经转变为一双热情的手臂，能够让他拥抱精灵的身躯了。我以前所有的经验对我毫无助益，这一切对我真是一个大打击。从那个时候开始，尽管我惴惴不安又痛苦不堪，但我却不由自主

---

① 斯泰肯（1879—1973），美国摄影师。

地偷偷观察他们恋情的进展，我的忌妒越来越深，有时候甚至燃起一股杀人的邪恶念头，这种念头让我不寒而栗。

一天傍晚，我的大天使——他越来越像个凡人——刚刚弹奏完《天堂曙光》，最后的几个音符还飘荡在空中，似乎要溶化在紫霞之中，又从希穆特斯山反射回来，并且照亮海面。此时我突然看见他们在眉目传情，两人眼中的热情与火红的日落相映。

看见这幕情景，我气得浑身发抖，我也害怕自己的这种激烈的反应。于是我转身离开，那一晚我在希穆特斯附近的山丘徘徊，绝望的情绪挥之不去。我早已明白，忌妒这只恶兽的毒牙能让人生不如死，但是我从来没有达到现在这样可怕的程度。我爱他们两个人，同时也恨他们，这种痛苦的经验让我同情也谅解那些受忌妒啃噬着内心而杀了情人的可怜人。

为了避免发生这样的灾害性事件，我带了其中一小群学生以及我的朋友斯泰肯，沿着通往古代的底比斯城的山路，来到哈尔基斯城[①]。我在那里看见金色的沙滩，想象在伊菲革尼亚不幸的婚礼上，一群少女在这片金色的沙滩上跳舞的场面。

但是目前，所有希腊的辉煌也无法驱走我内心的恶魔，我脑中一直出现留在雅典那两个人的画面，忌妒啃啮着我，像硫酸一样销蚀我的头脑。我们回去以后，我看见他们两人依偎在卧室窗前的阳台上，青春年少，打得火热，更让我痛苦不堪。

现在回想起这件往事，我真是无法理解自己何以那样想不开。但是，当时我深陷其中无处可逃，就像是中了猩红热或是天花一样。尽管如此，我每天依旧教导学生，也继续进行在雅典建校的计划。看来一切都很顺利，韦泽尼洛斯的政府部门非常配合与支持我的计划，雅典市民对此也很热心。

有一天，我们所有人受邀到竞技场参加一项祝贺韦泽尼洛斯

---

① 位于希腊东南部的古城。

与年轻国王的庆祝大会。50000人参与了这次盛会，希腊教会也全员到齐，当年轻的国王与韦泽尼洛斯走进竞技场时，观众热情欢呼。主教们穿着锦缎长袍，上面还绣了金丝线，在阳光下金光闪闪，令人目眩。

我穿着柔软有褶裥的细腰窄裙，后面跟着一群活像是唐拉格那小雕像的学生们，康士坦丁·米拉斯神情愉快地站到台上，为我戴上桂冠，说："你，伊莎多拉，再度将菲底亚斯不朽之美与希腊最伟大的时代带到我们面前。"我回答道："啊，请您帮助我创造1000名优秀的舞者，在这座竞技场舞出辉煌的舞蹈，全世界的人都到这儿来，充满惊叹与喜悦地欣赏他们的舞姿。"

当我说完这些话时，我注意到大天使痴迷地握着他的情人的手，此时我终于释然。我想，与我的伟大理想相比，这些世俗的热情何其渺小！这么一想之后，我充满爱意地看着他们，决定原谅他们。但是那一晚，当我在月光下看见他们依偎在一起，紧贴着脸时，我再度受着世俗感情的折磨，脑子里乱哄哄的，于是独自在野外狂奔，甚至想从巴台农神殿的岩石上纵身跳下去，就像萨福一样。

我当时深受这股狂乱的情绪折磨，苦不堪言。周围柔和美丽的环境只能加深我的不幸，这一切似乎没有出路。世俗的热情能让我们弃绝不朽的伟大音乐合作计划吗？我也不能把这名学生打发走，毕竟她是在学校里长大的；但是，要我每天看着他们相亲相爱，还要克制住懊恼的情绪，我又做不到。这真是走投无路。我当然能试着超脱这一切，升华到世俗之上的精神境界。尽管我很不幸，我依旧不断练舞，到山丘上跋涉，每天到海里游泳，不过这些活动更让我无法抑制一种剧增的世俗激情。

就这样，我继续试着教导我的学生美丽、沉着、哲学与和谐，但我的内心却受着致命的煎熬。这种情况最后会发展到何等地步，我真的不知道。

我只能假装很高兴。每晚大家在海边吃饭时，我喝着希腊烈酒，试着灌醉内心的痛。或许会有比较高尚的方式，但是当时我真的做不到。不管如何，这些事都是我悲惨的尘世体验，现在尽力把它写在这本书里。不管这些回忆是否值得一读，至少对别人能起到指导作用，将它视为"不该做的事"。不过，或许每个人只能以自己有限的方式试着避开他们自己的灾难与折磨。

这个令人无法忍受的状况，最后由命运之神的奇怪一击而宣告结束。一只可恶的小猴子咬伤人这种小事结束了这一切；它咬伤年轻的国王，竟送了国王的性命。

国王在死亡关前挣扎了好几天，然后传来国王驾崩的噩耗，这造成严重的政治混乱，甚至还引发革命。后来韦泽尼洛斯与他的政党倒台，当然我们也被迫离开，因为我们是作为他的宾客受邀到希腊的。在这种情况下，我们也成为政治受害者。因此我花在重建克帕诺与准备工作室的钱财也都白扔了，我们被迫放弃在雅典建立学校的梦想，搭船经过罗马回到巴黎。

1920 年是我最后一次拜访雅典，回到巴黎之后，再度陷入极度痛苦之中，最后与我的大天使分手，那个学生也永远离开了我。这些回忆真是奇怪又迂回曲折。虽然我觉得我是这些事件的牺牲者，但是她的想法正好相反，甚至刻薄地指责我对他的感情，还怪我为何不早早斩断情丝。

终于只剩我独自住在庞波路的那栋房子里，里面的贝多芬厅已经改装完成，等待我的大天使在那儿演奏音乐，我的绝望真是无以言表。我以前曾在这栋房子里度过许多快乐时光，现在却物是人非。我无法继续住在这里，我真想飞离这个地方，飞离这个世界，因为当时我相信世界与爱情都已经结束了。一个人一生中会有几次作出这样的结论！反过来说，假如我们能将眼光放远，望向更远处的山丘，那里是一派万紫千红、喜气洋洋的景象。我尤其排斥许多女人的结论，她们认为女人年过四十之后，就应该过着庄严清静的日子，不该谈恋爱了。啊！这种想法真是谬误！

人在世上走过奇异旅程，感受身体的变化，这种感觉真是不可思议。最初是年轻女孩的羞怯，尚未发育完全的身体；然后是健壮如亚马孙女人；最后则像是头戴葡萄藤蔓的酒神女祭司们，沉浸在醇酒里，无法抗拒情欲，在森林之神的爱抚下毫无抵抗地倒在地上。我住在这副躯体里，就像是精灵住在云上——那是燃烧着火焰的云彩，反映着情欲。

只歌颂爱情与春天，未免太过无趣。秋天的颜色更是绚丽多变，秋天的喜悦更加强烈美丽。我多么怜悯那些谨守呆板狭隘教条的妇女，她们享受不到爱情的秋天慷慨的赠予。我可怜的母亲就是这样的妇女，由于这种荒谬的偏见，她在最应该享受身体灿烂光芒的时候，却已经衰老多病，而她过人的脑力也开始衰退。我曾是爱情害羞的猎物，后来我变成奔放的酒神女祭司，但是现在我将我的爱人完全包围，就像大海包围勇敢的泳者一样，在如云似火的波涛中，将他完全圈住，让他旋转，并且围绕着他。

1921 年春天，我收到来自苏联政府的一封电报："唯有苏联政府懂得欣赏你的艺术。欢迎速来，我们愿意助你建立你的学校。"

这封电报从哪儿来的？来自地狱？不是，不过离那儿也不远。对欧洲而言，哪个地方最能代表地狱？当然是莫斯科的苏维埃政府。我环视着空空如也的房子，我的大天使已经离开，没有希望，没有爱情。于是我回电表示："是的，我将前往苏联，愿意教导苏联的孩子；不过有一个条件，那就是贵国政府必须为我安排一间工作室以及工作经费。"

他们的回复是"没有问题"。于是，有一天，我在泰晤士河上搭船离开伦敦前往雷维尔，最后抵达莫斯科。

离开伦敦之前，我去算了下命，算命师说："你即将出门远行。你将会有许多新奇的经历，你会遇上麻烦，你将会结婚。"

但是一听到"结婚"这个字眼，我便打断她的话。我这个向来反对婚姻的人怎么可能结婚呢？我决不结婚。那位算命师回答："等着瞧吧。"

在去苏联的途中，我觉得我的灵魂好像是人死后脱离躯体一样，径自往另一个空间飞去。我想我已经将所有欧洲生活的习性永远抛在身后。其实我真的相信柏拉图、马克思与列宁等人曾经梦想过的理想国，现在这个理想国已经奇迹般地在世界上创造出来了。我很失望在欧洲为了实现我的艺术理想所投注的心力完全白费，现在我准备进入共产主义的世界，以全部精力实现我的艺术理想。

此行我并没带任何服装，我想象自己的余生将与其他同志一样，穿着红色法兰绒上衣，衣着朴素，彼此友爱。

轮船呜呜往北方行进，我带着蔑视与同情的态度，回头眺望我即将丢弃的中产阶级欧洲的旧制度、旧习俗。从此以后，我将是同志们中的一员，与其他同志们一起实现宏伟计划，为这一代人的福祉贡献心力。那么，再见吧，旧世界的不平等、不公与残暴，因为这些因素，使我的学校无法建成。

当船抵达目的地时，我的心雀跃地跳动着。迎接我的是崭新的世界！是共产党同志们的世界！那是释迦牟尼所梦之仙境、耶稣所述之天堂，那是所有伟大艺术家最终向往的美梦，列宁以他巨大的魔力变为现实的梦想。现在我即将进入这个理想世界，我的工作与生命即将变成这个理想世界辉煌灿烂前景的一部分。

旧世界，永别了！我为新世界欢呼喝彩。

邓肯与叶赛宁之恋

伊莎多拉·邓肯的自传《我的一生》，其实并不是她一生的全部。在最后一章的末尾，她写道："1921 年春，我收到苏联政府发来的一封电报……"苏联教育人民委员会主席卢那察尔斯基邀请她去莫斯科的舞蹈学校教孩子们跳舞，她充满欣喜地接受了，并高呼："旧世界，别了！我为新世界欢呼喝彩！"至此，自传戛然而止。我们不禁要问，邓肯生命的最后 6 年发生了什么事？为何她的自传没有提及？

　　事实上，这 6 年间发生的一件大事与她的舞蹈一样为人瞩目，那就是她与俄罗斯田园派诗人、小她 17 岁的叶赛宁相恋结婚后闪分，并在叶赛宁自杀两年后结束了自己的生命。这段文化背景不同、甚至连语言都不相通的姐弟恋或许从一开始就注定是一场悲剧，然而它就是这样真实地发生了……

　　1921 年 7 月 12 日，一切准备停当后，邓肯搭乘"巴尔坦尼克"号航轮从伦敦起航，尽管她于 1905、1908 和 1913 年曾在俄国做过三次成功的巡回演出，但是这一次她仍然是满怀热情与期待地踏上了莫斯科这片神奇的土地。不过，事情进展得并不像她想象的那么顺利。经过不懈努力，直到 10 月中旬，也就是在从伦敦起程三个月后，邓肯才终于在普列特奇斯坚卡 20 号向渴望学舞的孩子们敞开了大门。

来到俄国后，热情开放的邓肯很快就融入到了拥有许多狂放不羁的艺术家们的聚会，如鱼得水。11 月初的一天，她受戏剧家雅库洛夫的邀请，参加他在自己的工作室举行的一次晚会。当晚，邓肯穿上了最喜爱的鲜红色礼服，端庄耀眼。进门后，她先环顾了一下房间，一眼就瞥见了一个有着孩子般的面容、金色头发和略带忧郁的蓝色双眸的男人，她凝视了许久，并对他微微一笑。然后，她走过去，斜倚在沙发上。这时，这个男人走到她身边坐了下来。邓肯毫无拘束与羞涩，她用手抚摸着他金色的卷发，然后，不能自抑地开始吻他的脸和唇，用还很生涩的俄语唤他："小鬼，多聪明的脑瓜！"然后，她就小鸟依人般依偎在他的怀里。

这个让邓肯一下就着了魔的男人就是叶赛宁。

叶赛宁全名谢尔盖·亚历山德罗维奇·叶赛宁，1895 年 10 月 13 日出生于梁赞省康斯坦丁诺沃村一个农民家庭。他个子高高，漂亮而早慧，由于一直寄居在外祖父家，所以深受迷人的田园生活熏陶。1909 年，他以"全优"的成绩毕业于教会中学；1912 年后，他来往于彼得堡、莫斯科，开始以小流氓和衰败的农村为题材混迹于诗坛，他的诗歌风格怪诞，震惊了听众；1914 年，他发表了抒情诗《白桦》；1915 年，他结识了勃洛克、高尔基和马雅可夫斯基等人，并出版了第一部诗集《亡灵节》。他被认为是"十月革命"后作家群中最有才华的诗人之一。

其实，在此之前，叶赛宁就渴望邂逅邓肯了。这位西方女子有着俄国女子所没有的独特魅力，她身上透逸出来的独特艺术家气质以及崭新的艺术风格深深吸引着叶赛宁。当时的小说家马里恩戈夫曾对叶赛宁说："你希望我给你引荐伊莎多拉·邓肯吗？"叶赛宁一下从座位上跃起，并连呼："她在哪儿？在哪儿？立刻带我去见她！"

初次邂逅的当天午夜，邓肯与叶赛宁便抛开众人，相拥着离开了①。

其实，邓肯与叶赛宁是有着一些相似之处的，他们都是不幸家庭的孩子。在邓肯还在襁褓之中的时候，她的父母就离了婚。而叶赛宁的父母在他童年时就分居了，他常年寄居在外祖父家里，常常觉得自己是个孤儿。此外，他们都不受拘束。邓肯热爱跳舞，无拘无束的生活养成了她放荡不羁的性格。她在自传中提到，她曾和许多男人谈过恋爱——罗密欧、索德、克雷格、洛翰葛林……但每次的结局都不好。而毫无约束的田园生活也深深影响了叶赛宁，他是个多情种，在15岁左右就爱上了一位朋友的妹妹——安娜，甚至梦想长大后与她结婚，但很快又与一个乡村姑娘玛丽娅·巴尔扎莫娃有过一段恋情。18岁时，他在莫斯科一家印刷厂结识了年轻姑娘安娜·伊兹里亚德洛娃，并很快与之同居，20岁便当了父亲。但几个月后，他就离开了这个女人和他的儿子，到了彼得堡。1917年秋天，在他有了些名气后，与当时只是一个打字秘书但后来成为著名演员的吉娜依达·拉依赫结了婚。不过他们的婚姻仅维持了4年，留下了一双儿女。叶赛宁十分多情，尽管有三次婚姻（包括与邓肯的一次），他也到处留情，但在他的创作中，很少有情诗，他对女人的态度令人捉摸不透。

然而，这一次，邓肯疯狂地爱上了叶赛宁。几天后的一个晚上，邓肯正在跳舞，叶赛宁和一群意象主义诗人闯进邓肯的工作室。如果是在以前，她一定会把他们赶出去，但这次却没有，她

---

① 另一说是，1921年11月7日，苏联为纪念"十月革命"四周年，在莫斯科大剧院举行了盛大的演出。邓肯被邀表演舞蹈，叶赛宁就在观众席中。叶赛宁完全被邓肯的舞蹈所征服。演出结束后，他们被介绍认识。初次相识，二人就对对方产生了强烈的好感。叶赛宁为邓肯朗诵了自己的诗篇，邓肯对翻译说："我一句也听不懂，但我觉得很美，因为那是音乐，真正的音乐。"并用不熟练的俄语称赞叶赛宁为"天使"。

还对叶赛宁说："我要专为你跳支舞！"但是，叶赛宁看后，却用粗鲁的话说，他跳得都比她好。12月的一个晚上，叶赛宁和马里恩戈夫又来到邓肯的房间，叶赛宁对邓肯说："为我们跳舞！"就像国王在命令舞姬跳舞一样。邓肯穿上叶赛宁的外衣，戴上他的帽子，扮演起巴黎的流氓；叶赛宁见状，也脱掉鞋，光着脚在地板上又蹦又跳；邓肯则用充满柔情的眼神看着他，不停地说："多有俄国味儿！"

1922年初，叶赛宁住进了邓肯位于普列特奇斯坚卡20号的公寓，他们开始了同居生活。

邓肯一刻也离不开叶赛宁。她曾说："哪怕叶赛宁头上一根金色头发受到损害我都受不了！"这位风韵犹存的女人常挽着叶赛宁的手，徜徉于莫斯科的大街，或去酒吧听音乐、看戏。然而激情过后，叶赛宁渐渐对这个大自己17岁的女人失去了兴趣，甚至是厌恶。他觉得她不懂自己用俄语写的诗，他开始用肮脏的语言辱骂她是"臭婊子""癫母狗"，经常对她拳脚相加，把她打得鼻青脸肿。叶赛宁像个执拗任性的小孩子，而邓肯却像爱着他的母亲一样，包容和原谅了他粗俗的咒骂和暴戾的毒打。

日子一天天过去，4月的一天，邓肯收到了母亲离世的消息，这让她在莫斯科有些待不下去了。恰巧这时学校的资金又出了问题，为了能筹到足够的资金，她决定去做世界巡回演出。但是，按照当时的法律规定，她和叶赛宁必须结婚。为了此次演出能够顺利进行，1922年5月2日，邓肯与叶赛宁在莫斯科履行了登记结婚手续，她在官方证书上把自己的名字改为了伊莎多拉·叶赛宁－邓肯，并且有意把自己的年龄缩小了8岁。这正应了她在来莫斯科之前算命人对她说的话——"你会结婚"。

新婚之夜，叶赛宁仍旧喝得酩酊大醉。从此之后，他的忧郁症便越发严重。让叶赛宁摆脱这种精神状态的困扰，也是邓肯决定带他离开俄国的原因之一。当然，这也是叶赛宁所希望的。其实，此次出国，叶赛宁除了想将自己的诗集印制出版外，还有一个没公开讲出来的目的，那就是想亲眼看见西方世界，用自己的诗歌征服世界。

为了这次值得纪念的蜜月旅行，尽管票价贵得惊人，邓肯还是决定乘飞机去。她的朋友提醒她，在登飞机开始这次冒险旅行前，最好写个遗嘱。邓肯拿起桌子上一本廉价的笔记本，想都没想，写下了这样一段文字：

> 这是我最后的遗言。如果我去世，我把我的全部财产和所有遗物留给我的丈夫谢尔盖·叶赛宁。如果我们同时去世，那么，此项财产遗赠给我的兄弟奥古斯丁·邓肯。
>
> 书此遗书时神志完全清醒。
>
> 伊莎多拉·叶赛宁－邓肯
> 见证人：施奈德
> 艾尔玛·邓肯
> 1922 年 5 月 9 日于莫斯科

第二天，也就是 5 月 10 日，邓肯与叶赛宁便动身飞往德国。起初，西方社会对于这个来自"红色世界"的游子与著名舞蹈家邓肯的传奇结合带有强烈的好奇心，对他们表现出了友好。但是西方资本主义社会的本质是金钱至上，贫富悬殊，追求享乐，轻视艺术。很快，叶赛宁感到了不安。在柏林，这位"流氓诗人"兴致勃勃地跳上舞台，大声朗诵他的诗。然而，台下的人反应却十分冷淡，不仅没有掌声，反而换来嘲笑。在比利时，在意大利，在法国……这个自信的诗人都受到这种冷遇，叶赛宁开始明白——这些西方国家根本接受不了他。

叶赛宁心里的压抑感越积越深。倦怠失望之后，是放肆狂乱、借酒浇愁。他把怨气都撒在邓肯身上，不断地折磨她。一天，当叶赛宁回到柏林的旅馆时，碰巧看见邓肯正捧着她已亡故的孩子黛尔蒂和帕特里克的照片痛哭。他想都没想，粗暴地一把抢过相册，扔进火里，带着醉意怒吼："你用太多时间想这些孩子了！"并阻止她捡拾尚未烧尽的照片。即便如此，邓肯始终容忍了这个"野孩子"的所作所为。

在欧洲遭遇种种不快之后，1922 年 10 月，邓肯决定带叶赛宁去美国。回到家乡，邓肯一时间成了风云人物，每一次露面、每一场演出，她都被记者跟踪、被众人簇拥；而不懂外语的叶赛宁显然成了陪衬。这更加重了他内心的不平衡，他开始胡作非为，不可理喻。

而邓肯，由于被一些人扣上了"布尔什维克的宣传员"的帽子，再加上她同俄国诗人结了婚，也渐渐引起了一些人的怨恨，人们对她失去了热情，她甚至被取消了美国国籍。在没有演出合同、身无分文的窘况下，多亏邓肯旧情人洛翰葛林的资助，邓肯与叶赛宁才得以乘船返回巴黎。

回到巴黎后，叶赛宁仍然愤恨难平，他恨不得立即将对美国的全部记忆都淹没在酒中。一天晚上，他像疯子一样冲进所住的克里永旅馆的房间，打碎了所有的镜子，并损坏了房间内的木器。警察好不容易将他制服，并送到附近的警察局。美国驻巴黎的报纸很快抓住了这一难得的消息。但是，邓肯忠诚地站出来保护了她的丈夫。不过，克里永旅馆已经不再接纳邓肯了。于是，邓肯和她的朋友佩克夫人又搬到了莱茵旅馆。在那里，靠几位有影响的朋友们的帮助，她们才从警察的手里接回了这个狂暴的诗人。

经过这件事，他们在法国也待不下去了，于是，在邓肯那些有影响力的朋友的帮助下，他们从法国进入德国。然而，叶赛宁的坏脾气并没有收敛。1923 年 5 月 27 日，邓肯在特罗卡德罗剧场举行了首场演出后，接待了几位挚友——一批艺术家和诗人。

叶赛宁发现这些客人不合他的心意，便上楼回自己的房间去了。后来，当有人弹奏贝多芬的奏鸣曲时，他怒容满面、满头金发蓬乱着从楼上奔了下来，他用俄语咆哮道："一帮得意忘形的家伙，行尸走肉，一群懒汉邋遢鬼，你们把我吵醒了！"他抓起一个蜡烛台，朝一面镜子砸去。顿时，碎玻璃落了一地。有人试图阻止这个拳打脚踢、难以驾驭的俄国佬，一个仆人给附近的警察局打了电话，4名警察很快骑车赶到，把叶赛宁带走了。第二天早上，在朋友们的劝告下，邓肯设法把叶赛宁从警察局转送到了疗养院。尽管疗养院的收费高得令人咋舌，但邓肯一直克服种种困难，表现出忠诚、克制和博大的爱。

1923 年 8 月 5 日，在经历了 15 个月的奔波劳顿后，邓肯与叶赛宁回到了莫斯科。走下火车时，邓肯已变得困顿不堪，不过让她欣喜的是：她终于如愿以偿地将她的丈夫送回了他魂牵梦绕的故乡。邓肯曾说："我把叶赛宁带离俄罗斯，是因为那里的生活还很艰苦。我愿为这个世界保护好他。现在，为了保持理智，他要返回俄罗斯了，因为没有俄罗斯，他无法生活。"的确，只有故乡的土地才能滋养他，给他灵感。叶赛宁踉踉跄跄地走下车梯。很快，伏特加酒的香气让他变得极度兴奋，欣喜若狂的情绪驱使他砸碎了车厢里所有的玻璃窗。

回到普列特奇斯坚卡 20 号的公寓后，叶赛宁便一头栽倒在躺椅上，慢慢醒他的酒。而邓肯则以她一贯优雅优伦的风度、无穷的睿智为朋友们讲述旅途的见闻。午饭后，邓肯建议到乡下看看孩子们，分离了一段时间后，她很想念他们。但是，待了没多久，叶赛宁就觉得烦闷，邓肯只得陪他回去了。

谁知，有一天，叶赛宁竟与邓肯不告而别了。

每天清晨，邓肯都喃喃自语道："他一定遇到了什么事。他受伤了，出事了，得病了。"白天，她在焦躁不安的等待和急切的盼望中度过。到了傍晚，她又喃喃自语："不能总是这样，该

邓肯与叶赛宁之恋

结束了！"经过三天忐忑不安的等待，邓肯决定离开莫斯科。

在收拾行装时，她的朋友艾尔玛发现她的衣服少得可怜，邓肯说："我什么都没有。我在纽约和巴黎买的那些新衣服没过多久就不见了。开始我还以为是让娜干的，后来才偶尔发现几天前在豪华大街买的一件黑睡衣跑到了叶赛宁的一只新箱子里。这样，我的内衣就一件接一件地从五斗橱的抽屉里不翼而飞，钱就更甭提了……"艾尔玛说："在这种情况下只有一个可行的办法：打开叶赛宁所有的箱子，拿回你自己的东西！"邓肯连忙阻止，说道："我们不能这么办。他有一种怪癖，不准别人碰他的箱子。好几次他威胁说，如果我胆敢看他箱子里的东西，他就开枪打死我。"但邓肯的朋友们没有听从劝阻，还是决定打开箱子。他们找到一把钥匙打开了叶赛宁最大的一只箱子，然而尝试了各种工具也无法打开其他箱子和提包，正当他们想请锁匠来的时候，叶赛宁却一头闯了进来。

邓肯立刻张开双臂向房门冲了过去，喊道："谢尔盖！谢尔盖！你到哪儿去了？伊莎多拉难受，太难受了！"叶赛宁环顾四周，随即将邓肯推开，扑向了他的"宝贵财产"，并发疯似的大喊："我的箱子！谁摆弄我的箱子了？你们竟敢动我的箱子，我要杀了那个碰我箱子的家伙。我的箱子！噢，我的箱子！"大家急忙解释说是以为他不回来了，才准备将箱子搬出屋去。叶赛宁这才稍微平静了些。随即，他走向一只箱子，从衣袋里掏出一大串钥匙，他从中挑出一把打开了一只皮箱。当他正忙于拿出他所要的东西时，邓肯走过去，飞速地拿出一件自己的衣服，并说："看！这是伊莎多拉的裙子！"叶赛宁跳了起来，想抢回这件衣服，于是一场稚气可掬的拔河赛开始了。最后，叶赛宁松手了，邓肯将衣服扔给了艾尔玛。随即，她又以敏捷的动作奔向箱子，拿出另一件自己的衣服，他们又孩子般地抢来抢去。最后，叶赛宁松开了手，奔过去把箱子合上，不让邓肯再拿到任何东西。

叶赛宁整理了一下自己的东西，就准备离开。邓肯冲到他面前，以过去从未有过的冷峻目光注视着他，用不太熟练的俄语说，如果他又对所去的地点、时间只字不提就离开，那么他们之间就结束了，她不愿再为他等另一个焦虑不安的三天。无论如何，当晚她都要离开莫斯科。

叶赛宁带着怀疑的目光，什么也没说，而是大笑着走了出去。

不过，当晚叶赛宁出现在了车站的月台上。他没有喝酒，满面笑容。他是来与他的妻子道别的。

叶赛宁的到来，使邓肯深受感动，她劝他登车一同离去。

叶赛宁没有被说服，只是答应过一段时间在雅尔塔见面。

车轮转动起来，邓肯不停地挥动着围巾，直到叶赛宁的身影消失在她的视线里。但是，她没有看到的是，叶赛宁嘴里念叨的是："一切都结束了，伊莎多拉，再见！"

邓肯先是来到高加索的基斯洛沃茨克，随后又到了巴库、梯弗里斯和巴图姆，她为当地人演出，教热爱舞蹈的孩子们跳舞。不过，尽管十分忙碌，她的脑海里始终无法驱散对叶赛宁的思念。自从在车站分手后，她曾给他写了许多信，打了许多电报，但却未收到他的只言片语。

邓肯辞别了巴图姆，乘船前往位于克里米亚半岛的雅尔塔，因为叶赛宁在车站送别时曾约定在那见面。邓肯到达后，就给叶赛宁发去了电报。不久，一封回电到了，内容如下：

别再来信，来电报。叶赛宁同我在一起，不会再找你。别指望他再回到你身边。

加琳娜·宾尼斯拉夫斯卡娅 [1]

邓肯与叶赛宁之恋

---

① 另一说法，电文如下："我爱别人，已结婚，并快乐。"

后来邓肯才了解到，那个名叫宾尼斯拉夫斯卡娅的女子并没给她打电报，是叶赛宁出于只有他自己才清楚的原因，写了这份电文，并签上了她的名字。

事实上，早在邓肯之前，叶赛宁与宾尼斯拉夫斯卡娅就已是情人关系了。1916年，在宾尼斯拉夫斯卡娅19岁时，她第一次见到叶赛宁时就被他的气质与才华吸引了。渐渐地，她对叶赛宁崇拜到了狂热的程度。叶赛宁的公开诗朗诵会，她逢场必到。随着交往的加深，她成了叶赛宁的朋友和情人，度过了二十年代初期一段平静和谐的时光。但是，叶赛宁遇到邓肯后，就离开了她。这次，叶赛宁与邓肯分手，又回到了宾尼斯拉夫斯卡娅那里，善良的姑娘重新接受了他。令人遗憾的是，两人的再次结合并没有保持多久，多情的叶赛宁又投入了他人的怀抱。1925年3月，宾尼斯拉夫斯卡娅家里举行了一次晚会，到场的客人中有一位是列夫·托尔斯泰的孙女索菲娅·安德列夫娜。叶赛宁对她一见倾心。不久，叶赛宁与索菲娅结婚并搬进了索菲娅豪华的公寓。但令叶赛宁失望的是，婚后生活并不像他想象的那样美满，他觉得索菲娅缺乏同自己相匹配的艺术才识和见解，这让他变得更加抑郁。感情的接连失败让叶赛宁最后选择了自杀。1926年冬，在叶赛宁自杀后的一年，宾尼斯拉夫斯卡娅在叶赛宁的坟前举枪自杀。当然，这是后话。

话说回来，邓肯收到电文后十分悲伤。她想尽快赶回莫斯科，向叶赛宁问个清楚。然而，他的行踪不定，连他的朋友也对他的情况一无所知。这种情形一直持续到叶赛宁再次出现在普列特奇斯坚卡20号。

一天下午，邓肯正在自己的房间与来访者闲坐，叶赛宁醉醺醺地闯了进来，向邓肯索要科尼奥可夫给他做的木雕半身像。邓肯拒绝将雕像在他喝醉的情况下交给他，要他在神志清醒的时候再来搬走，但叶赛宁根本不听。他将一把椅子拖到屋角，颤颤巍巍地站了上去，双手抱住雕像。由于椅子承受不住他和雕像的重量，他连人带雕像一起摔下椅子，跌落在地上。他摇晃着站起，蹒跚地走出房间。这便是邓肯最后一次见到叶赛宁的情景。

经过一冬的休养心情后，自1924年初，邓肯开始在乌克兰、列宁格勒、莫斯科几处来回游走，寻找演出机会和筹措学校的资金，辛苦备尝，但所获却不多。9月份，一份合同要求她到德国演出。然而，这份合同的背后其实是一场骗局，合同的对方没有付款给她，这使她陷入了更加困难的窘境——她四处流浪，居无定所，时常要忍饥挨饿，没有人能够帮助她。更令她痛苦的是报纸和评论家对她的非议，各国都以她的"政治关系"为借口拒绝给她签证。这时候，她想到了与叶赛宁离婚，在12月中旬给艾尔玛的信件中，她说："在这里我无法从俄国大使馆领到护照，请想方设法为我搞到护照以及同谢尔盖·亚历山德罗维奇的离婚证书。愿上帝保佑他，但他不是个好丈夫。"

在这段艰苦的日子中，许多人对邓肯的求助表现得无动于衷。最后，还是她在美国的一位朋友凑了几百美元寄给了身处困境的她。她用这笔钱来到了布鲁塞尔，在塞西尔·索雷尔的帮助下，她拿到了签证，于1925年1月奔赴巴黎。3月份，邓肯随弟弟雷蒙·邓肯来到尼斯的工作室，她开始酝酿写一本回忆录。

1925年秋，邓肯从尼斯回到巴黎，她在闲坐中度日，等待转机的到来。她时常身无分文，三餐无保，日渐忧郁。就在这种情况下，在她的思想深处，还潜伏着建立学校、培养儿童的念头，她还想着创办一所可以接收1000名儿童的舞蹈学校。但是，由于资金原因，这个问题始终处于"被考虑"的阶段。

1925年年底，苏联传来了叶赛宁自杀的消息。12月28日（一说9月28日），就在列宁格勒安格特尔饭店5号房间——叶赛宁与邓肯度过了他们的第一夜的地方（一说是叶赛宁与前妻吉娜伊达度过初夜的地方），他结束了自己的生命（对他自杀的方式，有许多种说法，此外还有他杀的说法），并在临死前用自己的鲜血写了一首诗——《再见吧，我的朋友，再见》。

巴黎的各大报纸都报道了此事，并利用叶赛宁与邓肯在俄国和美国时的一些传闻大做文章，极度渲染。邓肯见后，向巴黎的新闻社去电，提出了严重抗议：

> 叶赛宁不幸的去世使我悲痛欲绝。他拥有青春、美貌和超人的天赋。然而他不满足于这些，他那富于冒险精神的心灵向往着无法达到的目标，他希望压倒那些市侩们。
>
> 他毁灭了自己年轻美丽的身体，然而他的灵魂将永远活在俄国人民以及所有热爱诗人的人们的心中。对于在巴黎出版的美国报纸上所刊登的一切无聊的不实之词，我提出强烈的抗议。我与叶赛宁之间从未发生过争吵或离异。我万分悲痛地哀悼他的去世。
>
> 伊莎多拉·邓肯

艾尔玛从莫斯科来信，将叶赛宁的去世和下葬的情况通知了邓肯。邓肯给她写了一封长长的回信，信中说：

> 谢尔盖的去世使我大为震惊，我痛苦了好几个小时。他似乎经历了人世间的一切痛苦，我自己也遭受了一系列的灾难，以致时常想到随他而去，不过我要走进大海而死。目前我不会这样做，因为我还有一个对未来的计划需要完成。

心情平复了一些后，邓肯请来了一位速记员，在其帮助下写下了她的自传的部分章节；她还为将孩子们从莫斯科接到巴黎几次前往苏联使馆。当她发现她的自传的撰写及将孩子们从莫斯科接到巴黎的工作都一筹莫展的时候，她决定返回尼斯的工作室。

1926 年 11 月 24 日，邓肯得知莫斯科法院鉴于她是叶赛宁的遗孀，确定由她来继承叶赛宁的财产（叶赛宁去世后，皇家贵族在全国出售他的诗作，赚到了一笔约 40 万法郎的财产）。不过，尽管邓肯身无分文，她还是在一份电报中声明她放弃了对叶赛宁全部遗产的继承权，并建议将其分赠给叶赛宁住在农村的母亲和他的妹妹，因为她们比她更需要这笔钱。

邓肯没有放弃自传的撰写工作，并开始意识到只有通过这一途径才能重新富裕起来。终于，她在纽约的朋友帮助下联系到一家公司，该公司驻巴黎的代理人起草了一份合同，表示该公司同意为她的自传预付 2000 美元，如果原稿在 1927 年 5 月底前完成，还可另加 500 美元奖金。

1927 年 3-5 月，邓肯一直忙碌于自传的写作，她决心要按合同规定如期完成这项工作。她坚持用布拉斯科·伊瓦涅斯建议的口授方法著书，并早已亲笔写出了描述早年生活的前几个章节。她还眼含热泪、默默地亲笔完成了描述帕特里克和黛尔蒂惨死的章节。因为她不忍将这不幸的情景讲给一个陌生人。

1927 年的夏天来临了，许多朋友来到邓肯的身边，其中包括自 1923 年以来从未见过的玛丽，艾尔玛也从莫斯科赶来看望邓肯，并向她汇报了学校在西伯利亚和中国举行巡回演出的情况。

8 月中旬，邓肯等来了出售自传连载版权的一笔收益：英国支付 300 英镑购买了连载权。不过，这笔钱换成法郎仅够支付尼斯工作室所租的旅馆房间的租金。

时光在平静中飞快地流逝，邓肯急切地盼望着美国出售自传连载版权的消息，然而却杳无音信。很快，她又陷入了生活的窘境。

为了筹到钱，邓肯的好友玛丽勇敢地前往帕里斯·辛格的别墅拜访他，尽管他已不是昔日的百万富翁，但他仍很念旧，同意资助邓肯这位他依然倾慕的艺术家。

9月12日，邓肯与玛丽愉快地赴由美国艺术家罗伯特·钱德勒和克莱门斯·伦道夫小姐主持的午宴。席间不乏挪揄和笑语。邓肯对一辆小巧玲珑的赛车以及它的英俊潇洒的意大利司机深感兴趣，这也成了人们打趣的一个内容。

9月13日，邓肯应邀到朋友兼经纪人奥托伊斯家中用餐。他们研究了在里维埃拉和法国其他地区举行冬季巡回演出的可能性。饭后，奥托伊斯夫妇将他们有一双明亮的眼睛的孩子带进屋里，介绍给邓肯。孩子脸上天真的微笑似一把利刃深深刺痛了邓肯心中的旧伤。她宛如被致命地刺伤一般惨叫了一声，冲出屋外。她的朋友马上追了出去，见到她在静谧的大街上跟跟跄跄地走着，身体随着一阵阵令人心碎的抽搐而痉挛着。

9月14日一清早，邓肯就来到了玛丽的房间。因为哭了一夜，她的眼睛红肿着。她说："玛丽，我不能这样下去了。14年来，我心里一直带着这种痛楚。我无法这样生活下去了，你必须帮我找到一种解脱的办法。在一个蓝眼金发的漂亮孩子随时可见的世上，我不能活下去了，我不能，我不能。"

当晚，邓肯与玛丽在一家位于英格兰大街附近的饭馆里静静地用餐。空气中有一种令人压抑的东西。玛丽对邓肯说，她预感到一件可怕的事情将要发生。邓肯说："今晚我只乘车出去转转，很快就回来。玛丽，你有些迷信了。抽支烟吧，心情会好些。"她们离开餐馆，回到了工作室。邓肯边等那位意大利司机和她中意的赛车，边打开唱机随着歌声跳舞。听到敲门声，肩披红色羊毛围巾的邓肯一把抓起色彩斑斓的真丝围巾，在脖颈上绕了两圈就出去了。当她站在门厅里准备出发时，玛丽注视着她单薄的衣着说："亲爱的，你最好穿上我的外套，不然你会着凉的。""不，不用。我戴着红围巾就挺暖和了，玛丽。"当她准备在司机身旁落座时，她突然转过身来向玛丽以及站在工作室门厅里的一位朋友挥手喊道："再见，我的朋友们，我就要踏上通向光明的道路了！"汽车启动时，人们见到邓肯将长围巾的流苏甩到了左肩上。汽车全速向前冲去，围巾似乎垂落在车轮旁边的地上。玛丽尖叫起来："你的围巾，伊莎多拉，捡起你的围巾！"汽车戛然而止。旁观者以为这是为了让邓肯提起拖在地面上的围巾的一角，但是当他们走上前去，才发现邓肯的头部已经向前倒了下去。

邓肯自1913年4月便多次呼唤过的死神出色地完成了他的使命——他只是用了一个突如其来的动作便迅速挤碎了她的喉部，折断了她的脖颈，压裂了她的颈动脉。

邓肯去世时，距叶赛宁自杀恰好两年（按叶赛宁9月28日自杀说）。就在邓肯遇难前不久，一位西方记者问她："在您的一生中，您认为哪一个时期最难忘、最幸福？"她不假思索地回答："俄罗斯！只有俄罗斯！在那里，我获得了存在的最大价值……"自始至终，邓肯看中的都是与叶赛宁之恋中美好幸福的一面，她始终带着欣赏的目光仰望她的诗人丈夫。

不过，当时一些亲身经历过邓肯与叶赛宁之恋的人曾发表了不同的看法，聊举一二，以飨读者：

在俄国著名作家马克西姆·高尔基的一本专门描写几位俄国作家的文集里，有一篇是关于叶赛宁的。高尔基描写了他与叶赛宁的会晤，并评论了他的作品。他认为叶赛宁是新一代最伟大的诗人，但他与蜚声世界艺坛的舞蹈家伊莎多拉·邓肯的结合并不明智。依他所见，邓肯纵使竭尽全力也不能理解一位杰出的斯拉夫天才的充满浓郁俄罗斯气息的诗作。并且，高尔基并不欣赏邓肯的艺术，也未能领略其艺术美的真谛。

而叶赛宁的朋友施奈德则在给叶赛宁的长信中对他的行为不检以及对邓肯的不公做出批评，他说：

在伊莎多拉的房间里，你高声谈论对另一个女人的爱情，以及你使其他两个女人怀孕的事，难道你不觉得这很粗俗吗？人们听了你的话会怎样想呢？伊莎多拉唯一的过错就是对你太好了。你的所作所为简直像个下流胚。你曾多次告诉我你是多么爱伊莎多拉，但你回到莫斯科后干的第一件事，就是发表一首献给另一个女人的爱情诗，来侮辱伊莎多拉……伊莎多拉像守护神一样随时随地保护着你，我曾读过不少她为你辩护的非常精彩的文章。正是因为你，她才失去了美国护照。你知道吗？为了带你去法国、意大利和美国，她做出了多么巨大的牺牲，经历了多少艰难和困苦！然而在你的祖国，你却以卑劣的行径来回报她。我十分清楚地见到了伊莎多拉为你所做的一切，却没有发现你所谓的"爱情"给她带来了什么。

另一位诗人弗朗斯在写二人的关系时，也曾这样写道：

当伊莎多拉为了向叶赛宁求婚，将他从俄国带到欧洲时，我坚信世界上没有任何一个女人能像她那样充满母爱地扮演引人向上的角色。这是一个崇高的举动，因为这意味着她将做出牺牲，并注定陷入悲伤。她从未对此抱有幻想，深知这段带有痛苦的幸福时光是短暂的，她会陷入一种富于戏剧性的不平衡的心理状态中；这个她希望培养长大的粗犷的男孩子迟早会振奋起来，甩掉她情不自禁地赋予他的多情的保护，他的方法也许会是残酷的。伊莎多拉热烈地爱着诗人叶赛宁。我发现这种爱即使在开始时也已埋下了绝望的种子……这两个存在物，各不相同，不可能不带悲剧性地分离。

苏联作家、诗人兼翻译家帕斯捷尔纳克（1890—1960）分析认为：

叶赛宁对待自己的生命如同对待一个童话，他像王子伊万骑着灰狼漂洋过海，一把抓住了伊莎多拉；而邓肯，如同抓住了火鸟的尾巴。他的诗也是用童话的手法写成的，忽而像玩牌似的摆开文字阵，忽而用心中的血把它记录下来。他诗中最珍贵的东西是家乡的风光，那是俄罗斯中部地带——梁赞省，处处是森林，他像儿时那样，用使人眩晕的清新把它描绘了出来。叶赛宁是最纯粹的俄罗斯诗人，除了与邓肯出游的那两年，他一直固守俄罗斯土地，他与现代文明格格不入，这是"叶赛宁气质"的本质，这与富有创新意识的、开放的、外向的邓肯有着根本的区别。

然而，邓肯与叶赛宁之恋过去已近一个世纪，评论他们之间孰是孰非或许已没有太大意义。毋庸置疑，他们，一个是伟大的舞者，一个是优秀的诗人，他们在一起是彼此个性魅力、艺术气场充分吸引的结果，而他们的分离则不仅是性格、年龄使然，还在于它发生在那个东西方文化尚不能充分包容的时代里。从某种意义上来说，一个"快活"的舞蹈家和一个"忧伤"的诗人奏出的一定是一篇不和谐的乐章，但不能否认的是，他们都在用真情演奏这篇乐章。

叶赛宁诗选

# 白　桦

有一棵白桦，
立在我窗前，
覆盖着积雪，
像披着银霜。

毛茸茸的枝头，
冰凌儿挂满，
像雪绣的花边，
洁白的流苏闪闪。

白桦笼罩着，
朦胧的寂静，
在灿灿的金辉里，
闪着晶亮的雪花。

姗姗来迟的朝霞，
徜徉在白桦的四周，
将洒遍白雪的枝头，
抹上一层银色的光华。

# 朝霞在湖上织成鲜红的锦缎

朝霞在湖上织成鲜红的锦缎，
雷鸟在松林中凄凄地哭泣。
树穴中的金莺也在低泣，
只有我不哭泣，满心欢喜。
我知道黄昏前你将一路走来，
我们坐在鲜草堆里互相偎依。
我吻醉了，像揉花朵那样揉你，
欢乐的醉鬼没有人会非议。
你会在抚爱中自个儿扔掉丝织的头巾，
我将把醉的你抱进树丛直到露出晨曦。
让雷鸟凄凄地哭泣去吧，
在鲜红的朝霞里愁苦也成了甜蜜。

# 云儿在林里织好了花边……

云儿在林里织好了花边，
大地蒸腾着芳香的雾气。
我乘车出站，一路淤泥——
远离了故乡的林间草地。

森林死寂——不知道悲伤，
夜幕挂起在松树上方。
痛心的思绪催人泪下……
你多么烦闷啊，我亲爱的家乡。

云杉姑娘正满腹忧愁，
车夫在漫不经心地歌唱：
"我将要死在阴暗的牢房，
人们会草草地把我埋葬。"

# 夜色像煤烟……

夜色像煤烟，
流进了窗户；
白色的纱线，
正在织成布。

风吹着油灯，
影儿在跳舞；
陈旧的挂帘，
敲打着门窗。

黑色的小径，
紧靠在窗旁；
妈妈唱着歌，
摇着小姑娘。

瞌睡的摇篮，
老在嘎嘎叫：
"睡吧，小鱼儿，
睡吧，梦个香甜！"

# 日　出

在蓝幽幽的天边，
点燃起红霞一片，
一条彩带出现了，
闪着金色的光焰。
旭日的万道金箭，
从高空折回光线，
引来反射的链锁，
又把光撒向远天。
那灿烂的金光哟，
顷刻把大地照遍。
那蔚蓝的苍穹哟，
在我的周围展现。

# 狗之歌

早晨，在黑麦秆搭的狗窝里，
破草席上闪着金光：
母狗生下了一窝狗崽——
七条小狗，茸毛棕黄。

母狗不停地亲吻着子女，
直到黄昏还在给它们舔洗，
一股股乳汁像融化的雪水，
流在它腹下——带着体温。

黄昏时分，一群母鸡，
纷纷跳上炉口前的平台，
愁眉不展的主人走来，
把七条小狗装进了麻袋。

母狗在起伏的雪地上奔跑，
紧紧地跟着自己的主人……
而在那还没有结冰的水面，
久久地、久久地抖着波纹。

它舔着两肋的汗水，
有气无力地返回家来，
它觉得房顶上面的月牙儿，
正像是它的一条小狗。

它抬头望着朦胧的夜空，
发出响亮的、怨恨的悲鸣，
淡淡的月牙儿溜走了，
躲到山冈背后的田野中。

于是它沉默了，仿佛挨了石头，
和听到奚落的话语，
滴滴泪水流了出来，
宛如颗颗金星滴落在雪上。

# 母 牛

衰老了，牙齿已脱落，
岁月的印记刻在双角。
牧人的鞭打粗暴无情，
赶着它走过一片片草坪。

喧嚣使它心中不适，
老鼠在墙角抓挠撕咬。
它想着心事，满腹忧愁，
怀念那只四蹄洁白的小牛。

把儿子从母亲身边夺走，
生养娇儿还有什么快乐意义？
它被拴在白杨树下的木桩上，
小风儿吹得它全身哆嗦。

不用多久，当荞麦飘香，
小牛的命运它也会亲尝，
人们会把绳索套在它的颈上，
然后会牵着它走向屠场。

它把双角刺入泥土——
可怜、忧伤、消瘦无力。
它梦见了阳光灿烂的树林，
还有那青草肥美的牧场。

# 马 群

连绵不断的青山，山上的马群——
鼻孔从岁月吹捧金色的浮尘。

飞扬的马鬃好像黑漆一般，
从高高的山冈冲向蓝色的海湾。

一颗颗脑袋抖动在平静的水里，
月亮用银做的缰绳去套这些马匹。

被自己的影子吓得喷鼻、不安，
等着用长鬃挡住新的一天。

春天的日子在马儿的耳朵上嗡嗡，
用亲切的期待欢迎第一批苍蝇。

但是到傍晚，马儿又到了草原，
尥着蹶子，耳朵啪啪地直扇。
这嗡嗡声绕着马蹄，越来越响亮，
低沉到空气中，高挂到柳树枝儿上。

只有水波一直在涌向星星，
水里闪现着灰烬一样的苍蝇。


太阳落山，寂静又笼罩草场。
牧童把一支小小的角笛吹响。

马儿出神地听着，它们在想象：
是羽毛蓬乱的神鸟在向它们歌唱。

活泼的回声滑过它们的嘴边，
把这些幻想带到神秘的草原。

故乡啊，我热爱你的白天和黑夜，
就为你编了这段诗歌和音乐。

# 我告别了故乡的小屋

我告别了故乡的小屋，
离开了天蓝色的俄罗斯。
三星高照着池塘边的桦树林，
温暖着老母亲的愁思。

月亮像金色的青蛙，
在平静的水中浮游，
恰似那流云般的苹果花——
老父亲的胡须已花白一片。

我的归来呀，遥遥无期，
风雪将久久地歌唱不止。
苍老的枫树支着一条腿，
守护着天蓝色的俄罗斯。

那些吻着落叶之雨的人，
见到那棵树肯定喜欢，
因为那棵老枫树啊——
它的容颜像我的容颜。

# 给母亲的信

你平安吧，我的老母亲？
我也无恙，祝福你安康！
愿你小屋的上空常常漾起，
那无法描绘的薄暮的光亮。

来信常说你痛苦不安，
为着我而深深地忧伤，
还说你常穿破旧的短袄，
常到大路上翘首远望。

每当那苍茫的黄昏来临，
你眼前总浮现一种幻象：
仿佛有人在酒馆厮打，
把芬兰刀捅进我的心房。

不会的，我的亲娘！放心吧！
这只是揪心的幻梦一场。
我还不是那样的醉鬼：
不见你一面就把命亡。

我依旧是温柔如以往，
心里只怀着一个愿望：
尽快地甩开那不安的惦念，
回到我们那低矮的小房。

我会回来的，当春回大地，
我们白色的花园枝叶绽放，
只是你不要像八年前那样，
黎明时分就唤醒我起床。

不要唤醒我旧日的美梦，
不要为我未遂的宏愿沮丧，
因为我平生已经体验过，
过早的疲惫和过早的创伤。

不用教我祈祷。不必了！
重温旧梦已没有希望。
唯有你是我的救星和慰藉，
唯有你是我无法描绘的光亮。

你就忘掉痛苦不安吧，
不要为我深深地忧伤，
别总穿着破旧的短袄，
走到大路上去翘首远望。

# 我是乡村最后一个诗人

我是乡村最后一个诗人，
在诗中歌唱简陋的木桥，
站在落叶缤纷的白桦间，
我伫立做告别的弥撒。

用身体的蜡点燃的烛光，
将烧尽它那金色的火苗。
月亮这座木制的挂钟，
使我的午夜发出嘶哑的声音。

不久将走出一个铁的客人，
踏上这蓝色田野的小道。
这片朝霞浸染的燕麦，
只剩下一些干瘪的籽粒。

陌生的死气沉沉的打谷场，
给你唱的歌不会使你获得生命！
只有那些马匹和燕麦，
还在为旧日的主人伤心。

风将吮吸尽马匹的嘶鸣，
像跳起追悼的舞蹈。
啊，快了，快了，木制的挂钟就要，
使我的午夜发出嘶哑的声音。

# 我又回到这里，回到亲爱的家……

我又回到这里，回到亲爱的家，
我的乡土，沉思的、温柔的乡土啊！
山那边袅袅升起的暮色，
像用洁白的手在向我招呼。

那阴沉日子留下的白发，
在寒风中散乱地飘动，
那夜晚的忧郁难以抑制地，
在我心湖荡起了波纹。

在教堂的圆屋顶上，
晚霞已投下它的阴影，
我已不能再见到，
昔时共同欢悦的友人。

在欢悦中消磨了年华，
随后你们也走向他方；
只是飞速转动的水磨后面的小溪，
和往日一样喧闹阵阵。

但我仍常伫立在苍茫暮色里，
在折断香蒲的脆声中，
对着烟雾溟蒙的大地祈祷，
保佑那一去不返的遥远的友人。

# 我记得

我记得，亲爱的，记得，
你那柔发的闪光；
命运使我离开了你，
我的心沉重而悲伤。

我记得那些秋夜，
白桦树叶簌簌响；
愿白昼变得短暂，
愿清莹月光久久地照亮。

我记得你对我说过：
"美好的年华就要变成以往，
你会忘记我，亲爱的，
和别的女友成对成双。"

今天菩提树又开花了，
引起我心中无限惆怅；
那时候我多么温情脉脉，
把花瓣撒上你波状的发绺。

爱恋使我无限惆怅，
我的心不会变凉，
它会从别人身上想起你，
像读本心爱的小说那样欢畅。

# 不惋惜，不呼唤，我也不啼哭

不惋惜，不呼唤，我也不啼哭，
一切将逝去，如苹果花丛的薄雾，
金黄的落叶堆满我心间——
我已经再不是青春少年。

心儿啊，你已开始悄悄冷却，
如今再不会那样地跳跃：
这白桦的图案织成的家园，
再不能吸引我赤脚流连。

流浪者的激情哪！越来越不见你，
促使我轻轻吐出火热的言语。
啊，我的白白流逝的华年！
迸发的憎恨和奔放的情感！

如今我已倦于期待未来，
生活呀，难道你是一场幻梦？
仿佛我曾在喧闹的春晨，
在玫瑰色的骏马上尽情驰骋。

槭树的黄叶落地无声，
世人都必将腐朽无踪……
天下的众生啊，你们生生不息，
我愿你永远美好、繁荣！

# 拉起红色的手风琴

拉起来，拉起红色的手风琴。
美丽的姑娘到牧场上约会。
燃烧在心中的苹果，闪出矢车菊的光色，
我拉起手风琴，歌唱那双蓝色的眼睛。

闪动在湖中的缕缕波纹不是霞光，
而是山坡后，你那绣花的丝巾。
拉起来，拉起红色的手风琴。
让美丽的姑娘能听出情人的嗓音。

# 夜那么黑，怎能睡得着

夜那么黑，怎能睡得着，
我常走到河畔的小牧场。
星光像解开一条波纹般的束腰，
天边射过来闪电的反光。
小丘上那棵白桦树小蜡烛，
在融融的月色中闪烁，
走出来吧，我的心上人。

听着竖琴弹奏的小曲。
我要尽情地观赏少女的美貌，
然后伴着竖琴跳起舞，
就这样把你的长头巾摘掉。
带你到黑暗的阁楼，绿色的丛林，
带你到长满白芷的柔软的草地，
直到天边涌现出罂粟花般的晨曦。

# 夜来临

河水悄悄地流入梦乡，
幽暗的松林失去喧响。
夜莺的歌声沉寂了，
长脚秧鸡不再欢唱。

夜来临，四下静悄悄，
只听见溪水轻轻地歌唱。
明月洒下她的光辉，
给周围的一切披上了银装。

大河银星万点，
小溪银波荡漾。
浸水原野上的青草，
也闪着银色光芒。

夜来临，四下静悄悄，
只听见溪水轻轻地歌唱。
明月洒下她的光辉，
给周围的一切披上了银装。

# 失去的东西永不复归

那个清凉的夜晚一去不回，
我再也见不到女友的倩影，
我无法听到那只夜莺，
在花园里唱出快乐的歌声。

那迷人的春夜飞逝而去，
你无法叫它再度降临。
阴沉的秋天降临了，
绵绵黄雨洒落无限愁情。

我的女友如今已长眠墓地，
在她心房珍藏着纯洁的爱情，
秋天的暴雨惊不醒她的梦幻，
也无法使她的血液重新沸腾。

那支夜莺的歌儿已经沉寂，
因为夜莺已经飞向海外，
回响在清凉夜空的动听的歌声，
也已永远地平静了下来。

昔日在生活中体验的欢欣，
早就已经不翼而飞，
现在我心灵上只留下冰冷的感觉：
失去的东西，永不复归。

# 我的生活

仿佛我的生活里注定了艰辛，
痛苦和悲伤堆满我的道路。
仿佛欢乐被永远隔绝在生活之外，
忧愁和创伤折磨着我的胸膛。

仿佛生活里命运只给我艰辛，
在生活那里，我得到无可羡慕的一份。
就这样，我忍受生活里的许多事情，
痛苦和悲伤压迫着我的灵魂。

朦胧的远方预示着幸福和欢乐，
当我来到时，却只闻哭声和叹气。
突然间暴风雨来临，雷霆猛震，
毁掉了我那些奇妙甜美的幻影。

我终于猜透、认清了生活的骗术，
我不再抱怨这无可羡慕的命运。
我的心不再因忧愁和创伤而痛苦，
没有人会帮我把苦难和折磨减轻。

# 莎格纳呀，莎格纳，我的姑娘

莎格纳呀，莎格纳，我的姑娘！<sup>①</sup>
也许因为我来自北方，
我想谈谈那田野的宽广，
还有那月光下起伏的麦浪。
莎格纳呀，莎格纳，我的姑娘！

也许因为我来自北方，
那里连月亮也百倍明亮，
不管设拉子<sup>②</sup>多么美丽，
也好不过梁赞的沃野茫茫。
也许因为我来自北方。

我想谈谈那田野的宽广，
黑麦哺育我的鬈发滋长，
你可以任意把它绕在手指上——
我一点也不会感到痛伤。
我想谈谈那田野的宽广。

---

① 莎格纳——诗人虚构的波斯情侣。
② 设拉子——波斯城市。

谈谈那月光下起伏的麦浪——
从我的鬈发你就可以想象。
戏谑吧，欢笑吧，亲爱的姑娘，
可千万别引起我的回想，
回想那月光下起伏的麦浪。

莎格纳呀，莎格纳，我的姑娘！
还有一个姑娘啊，远在北方。
她长得和你一模一样，
她也许正在凝神，把我遐想……
莎格纳呀，莎格纳，我的姑娘！

## 花朵深深地垂着头……

花朵深深地垂着头，
别了！——这样对我说。
我永远不愿见到那个人，
更不想去看那座院落。

我看见你和这堆黄土，
我忍受着，心灵的忐忑。
当新的爱抚走近，我浑身战栗，
亲爱的，这是为什么，为什么？

因为我理解了全部的生活，
任它含着笑意从我身边走过。
世上的事有时也会重演，
我经常这样对人说。

总之，还会有人走来，
逝去的不会为忧伤折磨。
活着的人们自会谱写下一曲，
比现在存留的更珍贵的歌。

我心爱的和她心上的人儿，
幽静里，倾听着这支歌。
那时，或许她还会想起我，
就像想起那不重开的花朵。

# 出嫁前的告别晚会

我要戴上红色的项链，
用蓝色的绣花带系好我的衣裳。
姑娘们，请你们替我把琴手叫来，
和我这温柔的女友说一声再见。

我的新郎脾气嫉妒又阴沉；
根本不许我瞧瞧周围的小伙。
我只能歌唱——像一只孤单的鸟儿，
啊，你们的舞步跳得更快更火热吧！

结束姑娘的生活是多么伤心哟，
满脸泪痕的新娘只能忧郁地生活。
新郎会把我带到房门外，
对我少女的节操仔细盘问。

女伴们，我多么害羞、拘谨，
从里到外我都感到冷冰冰，
和小姑子也难谈上个三言五语，
过苦日子也没啥，只要是没有男人。

# 再见吧，我的朋友，再见

再见吧，我的朋友，再见，
亲爱的，我会常把你想念。
命中注定的这次离别，
为你我许诺来世的聚首。

不告而别了，我的朋友，
不必伤心或愁眉不展。
人世间，死不算什么新鲜事，
可活着，也并不更为新鲜。